学术近知丛书·经济与管理系列

本书为国家社会科学基金项目
“国家非物质文化遗产数字档案资源协同整合机制研究”
（编号：20BTQ099）的阶段性成果。

非物质文化遗产的档案价值与开发研究

A Study of Archival Value and Development of Intangible Cultural Heritage

锅艳玲 著

人民出版社

目 录

图表目录

序　言

我国非物质文化遗产（以下简称“非遗”）分布广泛，种类繁多，近些年来非遗保护与传承得到国家与社会的空前重视，学术研究空前高涨，研究成果层出不穷。随着时间的久远、空间的扩大，传承人的记忆面临破碎、覆写、蚕食等危险，仅关注非遗中时空关联、传承人的记忆是不完整的、碎片的、断裂的以及不深刻的。档案作为历史的原始记录，完整、真实地记录了社会经济、生活等方方面面，非遗档案价值挖掘与利用在非遗保护与传承中是永远绕不开的话题。这个维度的关注，对非遗保护和传承效果可能不是立竿见影的，但影响势必是深刻的，由此也引发人们对其档案价值深度挖掘与利用的思考。强化非遗的记忆特色，发挥档案的功能，润物无声地保护与传承非遗，势在必行。

在这种背景下，作者以档案学与非物质文化保护等众多学科知识背景为基础，以档案价值与档案的价值对比为逻辑起点，对尚不明确的档案价值概念进行认真思考，认为在非物质文化遗产多维的、立体的价值体系中，档案价值是非物质文化遗产的具体价值形态之一，表现为满足主体在寻求凭证或参考等方面需求而具有的意义。非遗保护与传承的必由之路是为其建档，并对档案进行收、藏、管、用，从而使其形成可利用的档案资源体系，进而成为社会资源，为传承、保护非遗提供原始记录，为后人利用提供凭证和参考。因此，档案化建设是非物质文化遗产档案价值实现的基础。而在数字化建设渗透各领域的今天，非遗档案资源的数字化建设，是传统文化与现代技术的结合点，是非物质文化遗产强大生命力的内在要求及体现。建设覆盖全国范围的非物质文化遗产档案数据库系统是一项需要全国联动的事业，能否实现不仅需要理论研究，更是需要标准、体制、制度的支撑，需要档案馆、图书馆、博物馆、文化馆、非物质文化遗产保护单位等多方协作。

该项内容的研究具有一定的挑战性，是一次非常有意义的学术探索。本书站在非遗保护学术的前沿，及时反映该领域最新的学术成果，可以说为非物质文化遗产的档案价值与开发提出了比较完整的框架，使非遗档案价值一目了然，建档保护路径更加清晰可现，非遗档案价值利用更加充分。

作者一旦落墨，就无丝毫苟且。认真严谨，词旨精朗，风中静思是作者一贯的风格。本书以其渊博与厚实，耐得反复推敲与借鉴。仰观与俯察是作者长期的研究方法，自然也是学术研究之坦途，本书彰显了作者扎实的学养和卓越的见识。作者以发现问题、分析问题、解决问题为路径，探讨非物质文化遗产档案固有的社会功能和价值，还挖掘出了非遗保护中一些重要价值和特殊技艺，它们是不因岁月流逝而褪色的真实记忆。本书是作者颇具开拓性的力作，值此付梓之际，聊缀数语，以表祝贺。

中国人民大学教授、博导张美芳

2021 年 7 月 26 日

前　言

“非物质文化遗产”是人类社会进入21世纪后引起多个领域关注的新名词，但非物质文化遗产并不是新事物，千百年来以民间文学、传统音乐、传统舞蹈、传统技艺等多样的形式展现着人类灿烂悠久的文明，是文化遗产的重要组成部分，是国家的根基、民族的血脉，对于人类文化的发展与繁荣、国家和谐社会的建设、个人与族群的身份认同弥足珍贵，需要世世代代传承。

我国是四大文明古国中文明唯一得以延续的国家，在上下5000多年文明传承与发展中积累了丰富的非物质文化遗产。现代工业、全球经济一体化、人口迁移、旅游业等在促进经济发展的同时，却使大量非物质文化遗产面临失存、失真、失传、失众的危险，保护非物质文化遗产刻不容缓。目前，非物质文化遗产的保护与传承已被纳入历史学、人类学、经济学、艺术学等诸多学科的研究范畴，非物质文化遗产学教育与学科建设也已经取得初步成果。在2021年5月发布的《“十四五”非物质文化遗产保护规划》中，将“加强非遗调查、记录和研究”作为新时代非遗保护的第一项主要任务，并在完善非遗记录体系、加强非遗档案和数据库建设等方面提出具体要求，这是国家非物质文化遗产保护实践的需要，是档案学人义不容辞的责任！本书基于档案学的视角，遵循提出问题—分析问题—解决问题的逻辑思路，以非物质文化遗产档案价值为切入点，紧紧围绕“非物质文化遗产的档案价值及其开发”这一主题，提出档案价值实现的路径，以期促进非物质文化遗产保护，也为档案学的可持续发展添砖加瓦。本书主要包括以下五部分内容。

绪论主要为研究进行铺垫。随着非物质文化遗产保护的实践与研究在全球范围内如火如荼地展开，档案领域积极参与，非物质文化遗产档案的概念、范围、价值，非物质文化遗产建档及管理、档案数字化、开发利用等方面已经取得了一定的成果。但总体来看，存在着研究主体之间缺乏沟通合作，研究内容覆盖面不全且缺乏系统性，非物质文化遗产档案价值及开发研究表面化、片面化现象，宏观性、概念性研究有余而操作性研究不足等问题。本部分指出，非物质文化遗产具有天然的档案价值，而档案价值恰是档案部门研究非物质文化遗产的内在驱动力，非物质文化遗产档案价值开发理应成为档案领域研究的主要内容，这不仅有利于完善非物质文化遗产价值体系研究，从而使其得以更好地保护与传承，也与档案事业从“国家模式”向“社会模式”转型的要求、与档案学可持续发展的要求相一致，彰显了档案事业在新时代中国特色社会主义建设中的贡献力。

第一章为非物质文化遗产概述，主要分析了非物质文化遗产的概念、特点及价值体系，为进一步研究奠定基础。通过比较 2003 年联合国教科文组织（UNESCO）的《保护非物质文化遗产公约》和 2011 年的《中华人民共和国非物质文化遗产法》中对非物质文化遗产的界定，可以发现，虽然表述方法不同，但二者关于非物质文化遗产的基本构成要素及核心观点一致，即非物质文化遗产是由客体要素、主体要素和时空要素构成的。其中客体要素主要指非物质文化遗产的表现形式，主体要素主要指非物质文化遗产的传承者、保护者、研究者、享用者等主体，时空要素主要指非物质文化遗产在发展、演变中所涉及的空间与时间。在非物质文化遗产这一概念中，“非物质”的理解至关重要。事实上，非物质文化遗产绝不是不依赖任何物质的一种虚无缥缈的存在，大多数非物质文化遗产都需要有形的、物质的载体来体现其工艺、技艺、知识、信仰等，可以说非物质文化遗产是物质因素和非物质因素的结合体，其中物质因素是媒介，是载体，而其承载的精神、价值、观念等才是非物质文化遗产的核心，物质因素具有一定的动态性，而其所承载的精神、价值、观念等核心要素具有一定的稳定性。非物质文化遗产具有多维的、立体的价值体系，本书根据马克思的“两个尺度”思想对其价值体系进行了剖析，从主体尺度来看，与非物质文化遗产发生相互关系的主体是多元的，包括传承者、行政管理部门、文化事业部门乃至社会公众，不同主体对非物质文化遗产所产生的需求也不一样；从客体尺度来看，非物质文化遗产具有多重属性，这些属性既能满足主体的多种需求，也对主体的实践活动提出了相应的规制，“两个尺度”共同决定了非物质文化遗产对人类社会的多元价值。

第二章为非物质文化遗产档案价值分析。通过对档案的价值与档案价值的比较,发现二者既相互区别又相互联系。档案价值是从产生需要的社会生活领域对价值细分的一种结果,表现为人们对凭证、参考等方面需要的一种满足,它的并列概念是经济价值、文化价值、科学价值等。而档案的价值是从客体角度对价值细分的结果,是档案这一客体所具有的全部价值的总和,包括档案价值、历史价值、文化价值等,它的并列概念是图书、情报等客体的价值。利用马克思的"两个尺度"思想,从客体属性来看,非物质文化遗产将人类的生产、生活进行了客观、真实的记录,因此本身具有原始记录性,另外知识性、文化性、活态流变性等也属于其客体属性。从主体需求来看,能满足档案界学科发展和完善、优化档案资源结构、承担知识管理职责、履行社会记忆构建职责的需要,也能满足人类文化发展与繁荣、和谐社会建设、经济发展、寻求身份认同的需要,因此档案价值是非物质文化遗产的具体价值形态之一。非物质文化遗产的档案价值是指因非物质文化遗产这一客体能够满足主体在寻求凭证、参考等方面的需求而具有的意义,与经济价值、教育价值等其他价值形态相较而言,具有客观性、基础性、增值性、不可替代性等特点。非物质文化遗产与档案不同,因此二者的档案价值开发方式不同,非物质文化遗产档案价值的开发需要经过其特有路径。

第三章为非物质文化遗产档案化建设,这是非物质文化遗产档案价值开发的基础。价值总是在利用中实现的,但与有形的物品利用不同,有形物品是在创造出来以后才能被利用,而非物质文化遗产是一种文化事象,其利用与形成、演变是同时进行的。总体来看,非物质文化遗产的价值主要是通过生产生活实践、再创造、教育、宣传、旅游开发等途径实现的。档案价值旨在为人们的生产生活提供凭证和参考,但非物质文化遗产本身是无形的,是活态存在的,这种存在方式决定了只有将非物质文化遗产以固化方式保存下来,才能使其具有客观记录过去、见证当下的功能,才能使其档案价值得以发挥。档案化建设是指通过为非物质文化遗产建档,并对档案进行管理、开发,形成系统的档案资源,进而通过档案全景地反映其演变、传承过程,全面展示其表现形式、价值和内涵。非遗档案的真实性、可靠性、可信性为人们提供凭证和参考,因此档案化建设是非物质文化遗产档案价值实现的基础。

第四章为非物质文化遗产档案价值开发,尤其是数字化建设,是大数据环境下非物质文化遗产档案价值开发的主要途径。在以互联网、大数据、社交媒体为主要特征的现代社会,非物质文化遗产档案资源的数字化建设成为档案价值进一步开发的途径。实践证明,档案资源的数字化建设,是传统文化与现代技术的结合点,是非物质文化遗产强大生命力的内在要求及体现。现代信息技术为数字档案采集加工与处理、组织与存储、开发与利用等方面都提供了强大的支持。数据库因在数据存储和管理方面的强大优势也被广泛应用到非物质文化遗产的保护中。本部分以中国非物质文化遗产网·中国非物质文化遗产数字博物馆为线索,访问了各省级非物质文化遗产网、福客民俗网以及一些非物质文化遗产专门网站共 28 个,对我国非物质文化遗产数据库的建设情况进行了基本调查,了解到目前我国非物质文化遗产数据库虽然数量不少,但不成体系,缺少一个权威的、系统的档案数据库,建设覆盖全国范围的非物质文化遗产档案数据库系统,不仅必要而且可行。本部分初步构建了全国非物质文化遗产档案数据库系统的整体框架,并为子库中档案采集与转化模块、档案信息组织模块、档案信息挖掘模块、档案信息的发布与展示模块以及档案数据库管理模块的进一步完善提出建议。通过数字化建设,使公众借助网络就可以很方便地利用档案资源及开发成果,不仅有助于档案资源的安全保存,更有利于实现档案资源向社会资源的转换。

非物质文化遗产犹如夜空繁星,绚烂又迷人,研究、开发其档案价值,不仅直接回应了非物质文化遗产保护与传承中对档案学的呼唤,也体现了档案学的社会责任与价值,促进了档案学的可持续发展。在前人研究成果的基础上,本书理论与实践相结合,尽可能阐述得全面系统,以便为非物质文化遗产保护和档案学领域的实践工作和理论研究提供借鉴,但非物质文化遗产保护是一项系统工程,极具挑战性,需要持续不断地关注与深入研究,由于笔者水平有限,难免有疏漏之处,恳请专家学者、广大读者批评指正。

绪　论

一、研究背景与意义

文化就像一条源远流长的河流，流过历史，流到今天，流向未来。作为文化遗产的重要组成部分，非物质文化遗产是国家的根基、民族的血脉，对于人类文化的发展与繁荣、国家和谐社会的建设、个人与族群的身份认同弥足珍贵，需要世世代代传承。而如今现代工业发展、全球经济一体化蔓延、人口迁移、旅游业发展等在促进经济发展的同时，却使非物质文化遗产陷于失存、失真、失传、失众的危险境地，保护非物质文化遗产，刻不容缓。

（一）研究背景

1. 非物质文化遗产保护实践的广泛开展

1972 年，在全球范围内文化遗产和自然遗产都迫切需要保护的背景下，UNESCO 通过了《保护世界文化和自然遗产公约》，但在该公约中的保护对象主要是指文物、建筑群、遗址等物质形态的文化遗产。随后，非物质文化遗产被严重破坏和逐渐消亡的事实很快引起了 UNESCO 的关注，“非物质遗产”“无形遗产”等概念也逐渐被提出。2001 年，《世界文化多样性宣言》中强调了非物质文化遗产对人类文化多样性的意义。2003 年，《非物质文化遗产公约》正式提出并界定了“非物质文化遗产”这一概念。2001 年、2003 年、2005 年 UNESCO 分别公布了三批人类口头和非物质遗产代表作名录，自 2009 年以后公布名录更名为人类非物质文化遗产代表作名录。除此之外，UNESCO 还公布了急需保护的非物质文化遗产名录和优秀实践名录。

非物质文化遗产保护不仅得到国际组织的关注，各国也在探索适合本国国情的保护措施。在日本，1949 年至 1950 年间，5 件国宝被烧毁，直接推动日本政府于 1950 年颁布《文化财保护法》，其中首次以法律的形式确定了无形文化遗产的范畴。随后日本的“人间国宝”认定制度不仅对于日本非物质遗产的传承和保护产生了很大影响，而且经 UNESCO 推广后，得到了韩国、泰国、菲律宾、法国、中国等国家的借鉴。

在韩国，1962 年颁布的《文化财保护法》使当时受到严重冲击的包括非物质文化遗产在内的文化遗产重新回归到民众的视野中，各种民俗、节庆、舞蹈等不仅被韩国民众视为珍宝，更成为他们精神生活的重要组成部分，形成了全体民众共同参与的非物质文化遗产保护体系，商业运作和旅游业也成为非物质文化遗产保护中不可小觑的力量。①

在法国，文化遗产的保护从 20 世纪 60 年代开始由国家行为向街区、村镇延伸，并将每年 9 月的第 3 个周末定为“文化遗产日”，这不仅增强了法国民众的历史文化遗产保护意识，更是对“欧洲文化遗产日”的确立产生了直接影响。

20 世纪 60 年代，意大利经济迎来了快速发展，当历史文化遗产保护与经济发展成为一对对抗性矛盾时，意大利博洛尼亚市政当局第一次提出“把人和房子一起保护”的口号。② 这种“反发展”的整体性保护理念对意大利辉煌灿烂的历史文化得以保存发挥了重要作用。意大利还通过在“文化遗产周”开放平时不对外开放的古迹以及所有国家级文化和自然遗产等方式，将文化遗产与现代生活密切联系起来。

我国自古以来就有保护民间文化的传统，但系统性、持续性不强，未形成国家规模事业。近年来，在 UNESCO 的不断推动、社会民主进程的加快、公众文化自觉的唤醒等多种因素共同作用下，我国的非遗保护实践得到广泛、深入的开展，主要表现在如下方面。

第一，积极参与国际非物质文化遗产保护活动。2004 年 8 月，正式加入 UNESCO 的《保护非物质文化遗产公约》，并在人类非物质文化遗产代表作申报工作中成果突出，目前已有 42 个项目被列入“人类非物质文化遗产名录”，如表 0-1 所示。

---

① 王文章：《非物质文化遗产概论》，文化艺术出版社 2006 年版，第 248—250 页。

② 王文章：《非物质文化遗产概论》，文化艺术出版社 2006 年版，第 251 页。

表 0-1　中国被列入人类非物质文化遗产名录项目汇总表

序号	项目名称	列入年份	名录类型	申报方式
1	古琴艺术	2008	人类非物质文化遗产代表作名录	单独申报
2	昆曲	2008	人类非物质文化遗产代表作名录	单独申报
3	蒙古族长调民歌	2008	人类非物质文化遗产代表作名录	联合申报（中国、蒙古国）
4	新疆维吾尔木卡姆艺术	2008	人类非物质文化遗产代表作名录	单独申报
5	羌年	2009	急需保护的非物质文化遗产名录	单独申报
6	中国木拱桥传统营造技艺	2009	急需保护的非物质文化遗产名录	单独申报
7	黎族传统纺染织绣技艺	2009	急需保护的非物质文化遗产名录	单独申报
8	中国篆刻	2009	人类非物质文化遗产代表作名录	单独申报
9	中国雕版印刷技艺	2009	人类非物质文化遗产代表作名录	单独申报
10	中国书法	2009	人类非物质文化遗产代表作名录	单独申报
11	中国剪纸	2009	人类非物质文化遗产代表作名录	单独申报
12	中国传统木结构建筑营造技艺	2009	人类非物质文化遗产代表作名录	单独申报
13	南京云锦织造技艺	2009	人类非物质文化遗产代表作名录	单独申报
14	端午节	2009	人类非物质文化遗产代表作名录	单独申报
15	中国朝鲜族农乐舞	2009	人类非物质文化遗产代表作名录	单独申报
16	格萨（斯）尔	2009	人类非物质文化遗产代表作名录	单独申报
17	侗族大鼓	2009	人类非物质文化遗产代表作名录	单独申报
18	花儿	2009	人类非物质文化遗产代表作名录	单独申报
19	玛纳斯	2009	人类非物质文化遗产代表作名录	单独申报

续表

序号	项目名称	列入年份	名录类型	申报方式
20	妈祖信俗	2009	人类非物质文化遗产代表作名录	单独申报
21	蒙古族呼麦歌唱艺术	2009	人类非物质文化遗产代表作名录	单独申报
22	南音	2009	人类非物质文化遗产代表作名录	单独申报
23	热贡艺术	2009	人类非物质文化遗产代表作名录	单独申报
24	中国传统桑蚕丝织技艺	2009	人类非物质文化遗产代表作名录	单独申报
25	藏戏	2009	人类非物质文化遗产代表作名录	单独申报
26	龙泉青瓷传统烧制技艺	2009	人类非物质文化遗产代表作名录	单独申报
27	宣纸传统制作技艺	2009	人类非物质文化遗产代表作名录	单独申报
28	西安鼓乐	2009	人类非物质文化遗产代表作名录	单独申报
29	粤剧	2009	人类非物质文化遗产代表作名录	单独申报
30	麦西热甫	2010	急需保护的非物质文化遗产名录	单独申报
31	中国水密隔舱福船制造技艺	2010	急需保护的非物质文化遗产名录	单独申报
32	中国活字印刷术	2010	急需保护的非物质文化遗产名录	单独申报
33	中医针灸	2010	人类非物质文化遗产代表作名录	单独申报
34	京剧	2010	人类非物质文化遗产代表作名录	单独申报
35	赫哲族伊玛堪	2011	急需保护的非物质文化遗产名录	单独申报
36	中国皮影戏	2011	人类非物质文化遗产代表作名录	单独申报
37	福建木偶戏后继人才培养计划	2012	优秀实践名录	单独申报
38	中国珠算——运用算盘进行数学计算的知识与实践	2013	人类非物质文化遗产代表作名录	单独申报

续表

序号	项目名称	列入年份	名录类型	申报方式
39	二十四节气——中国人通过观察太阳周年运动而形成的时间知识体系及其实践	2016	人类非物质文化遗产代表作名录	单独申报
40	藏医药浴法——中国藏族有关生命健康和疾病防治的知识与实践	2018	人类非物质文化遗产代表作名录	单独申报
41	太极拳	2020	人类非物质文化遗产代表作名录	单独申报
42	送王船——有关人与海洋可持续联系的仪式及相关实践	2020	人类非物质文化遗产代表作名录	联合申报（中国、马来西亚）

第二，建设非物质文化遗产保护的法律法规体系。2005 年，国务院办公厅和国务院分别颁发了《关于加强我国非物质文化遗产保护工作的意见》《关于加强文化遗产保护的通知》等文件，将每年 6 月的第 2 个星期六确定为我国的“文化遗产日”，极大地增强了公众非物质文化遗产保护的意识。2008 年，文化部《国家级非物质文化遗产项目代表性传承人认定与管理暂行办法》对传承人的认定标准、权利、义务和资助方案等予以规定。2011 年，《中华人民共和国非物质文化遗产法》通过并于当年 6 月 1 日起实施，云南、福建、江苏、广西、浙江、河北等多个省（区、市）也出台了地方性政策。2021 年，中共中央办公厅、国务院办公厅印发了《关于进一步加强非物质文化遗产保护工作的意见》。

第三，中国特色的国家、省、市、县四级非物质文化遗产代表作名录体系已经形成，到 2021 年为止，我国已公布了五批国家级非物质文化遗产代表性项目名录（共 1557 项），通过全国范围内非物质文化遗产项目普查，已经对我国各地、各民族生产生活中非物质文化遗产分布、传承情况有了较为全面、立体的把握。在《“十四五”非物质文化遗产保护规划》中提出要研究启动第二次全国非遗资源普查。

第四，由文化部、国家发改委、教育部、国家民委、财政部、建设部、旅游局、宗教局、文物局组成的非物质文化遗产保护工作部际联席会议制度形成。这一制度的形成，实现了多元主体协同，体现了非物质文化遗产保护系统性、复杂性的特点，并在保护工作中提供政策、资金、专业、人才等方面的支持，极大地推动了我国非物质文化遗产保护实践的开展。

2. 档案领域的积极响应

历史悠久、内容丰富、种类多样的非物质文化遗产是人类历史发展的结晶，其保护与传承需要包括档案界在内的全社会力量的参与。在《保护非物质文化遗产公约》《中华人民共和国非物质文化遗产法》等文件中，都明确将立档、建档、建数据库等视为保护非物质文化遗产的必要手段，这些规定为档案界参与非物质文化遗产的抢救和保护提供了法律保障。在2021年5月文化和旅游部印发的《"十四五"非物质文化遗产保护规划》中将"加强非遗调查、记录和研究"作为新时代非物质文化遗产保护的首要任务，在研究启动第二次全国非遗资源普查的同时提出完善非遗记录体系，加强非遗档案和数据库建设，制定非遗档案资源与数据库建设的标准和规范等具体任务，推动社会参与和社会利用。新时代档案资源体系建设对非物质文化遗产档案质量提出较高要求，档案界需要在非物质文化遗产保护实践和理论研究方面积极参与。

档案部门积极参与到非物质文化遗产的调查、记录、建档、保存、传承、传播等保护实践活动中，主要表现在四个方面：其一是征集、接收当地的非物质文化遗产档案，如浙江省台州市档案馆、江苏省常州市档案馆、江苏省扬州市档案馆、苏州市工商档案管理中心、沈阳市于洪区档案馆、张家界永定区档案馆、湖南省麻阳苗族自治县档案馆、云南省档案馆、北京市大兴区档案馆、河北省保定市档案馆等多家档案馆开展的档案征集活动，丰富馆藏资源。其二是为非物质文化遗产以及有关的保护实践活动建立档案，目前已有湖北省鄂州市档案馆、广西省南宁市档案馆、山西省太原市档案馆、陕西省档案馆、江苏省苏州市档案馆等单位都开始不同程度地为当地的非物质文化遗产建立档案。其三是建设非物质文化遗产档案数据库，如福建省龙岩市档案馆、山西省太原市档案馆、江西省新余市档案馆等单位正在建设或筹备建设非物质文化遗产档案数据库。其四是利用馆藏档案，以展览或出版物的方式宣传非物质文化遗产，提高人们的保护意识。如北京市海淀区档案馆举办的长期展览《华彩海淀·非物质文化遗产档案集萃》、《浙江档案》杂志社主编的《传人——浙江省国家级非物质文化遗产传承人口述档案集萃》、北京市朝阳区档案馆在其档案信息网上发布了《国色天香——朝阳区非物质文化遗产保护成果展》，这些成果为公众展示了某一区域精彩纷呈的非物质文化遗产资源。

国外档案领域也已经比较深入地参与到非物质文化遗产保护中。在加拿大国家图书馆与档案馆(LAC)网站的“热门主题”中,专门设有“原住民遗产”这一主题,通过原住居民的文献遗产来反映其在加拿大国家政治、经济、社会、文化等方面发展的贡献,这些遗产时间跨度很长,既包括早期的土著神话、育空地区的考古发现,也包括当今获奖的一些文学及电影作品,这些遗产以虚拟展览、数字化文献、在线数据库等方式供人们查询研究。由美国国会图书馆主导,多个高校图书馆、档案馆参与的“美国记忆”工程通过文本、照片、地图、动画、音频、视频等方式展示了印第安人历史、非裔美国人历史、运动与娱乐、表演艺术与音乐、文化与民俗、宗教、文学等多个主题。日本亚洲文化中心建设的亚太非物质文化遗产数据库以文档、音频、视频等形式展示了其组织的所有非物质文化遗产活动与项目的详细记录。①

3. 档案价值是档案部门参与非物质文化遗产保护的内在驱动力

档案部门在非物质文化遗产保护中积极参与,但这与档案部门在构建社会记忆、满足身份认同等方面应当承担的职责相比仍有很大的发展空间。其中客观原因主要是在非物质文化遗产保护实践活动中,档案部门处于相对被动的位置。在非物质文化遗产保护工作部际联席会议的成员单位中,并没有档案部门。在此影响下,各省、市所公布的非物质文化遗产保护工作联席会议的成员单位中,也没有档案部门的位置,这就使得档案部门处于比较尴尬的境地。因此,整体来看,在非物质文化遗产保护活动中,各档案部门的参与度参差不齐,一些档案馆显示出较高的热情,成果也比较显著,而有些档案馆或由于认识不足,或囿于经费、人力等资源的不足,参与较为有限。并且在开展保护实践活动时,档案部门往往是“单打独斗式”进行档案征集、编研、展览等,鲜见与文化馆、博物馆、群艺馆、图书馆或其他机构的合作与沟通,也未与其他档案部门形成合力,在非物质文化遗产保护工作中贡献不足。

主观原因主要是受传统的主流档案观及传统档案业务工作机制的深刻影响,档案部门在思想认知和工作机制方面对非物质文化遗产保护参与工作准备不足,②参与动力相对不足。价值是人类一切实践活动的基本内容和普遍

---

① 徐拥军、王薇:《美国、日本和台湾地区文化遗产档案数据库资源建设的经验借鉴》,《档案学通讯》2003 年第 5 期。

② 王巧玲、孙爱萍、陈考考:《档案部门参与非物质文化遗产保护工作的现状及对策研究》,《北京档案》2005 年第 1 期。

问题，“价值是生活的命根，没有价值，我们便不复生活；没有价值，我们便不复意欲和行动，因为它给我们的意志和行动提供方向”①。非物质文化遗产及其档案价值对于档案研究者、档案管理者、档案利用者具有的积极意义，这将为档案部门深入参与非物质文化遗产保护实践与研究活动提供内在驱动力。

一方面，非物质文化遗产通过传统音乐、民间文学、传统技艺等“非物质”的形式直接表达、传承了民间千百年来形成的生活态度、知识体系、伦理观念、价值理念，如“送王船”通过多日禳灾祈安仪式表达中国闽南和马来西亚马六甲沿海地区人与自然和谐共处的价值理念，“二十四节气”反映人们对时令、气候、物候等方面的认知并用来指导社会实践，成为中华民族文化认同的重要载体。非物质文化遗产本身所具有的记录性、知识性、文化性、活态流变性等属性是其档案价值的物质承担者，是实现价值的前提和必要条件。另一方面，“为党管档，为国守史，为民服务”是档案工作者的神圣职责，非物质文化遗产以其特有的方式记载了人类音乐、曲艺、舞蹈、科技等各领域历史，对于满足人们对美好生活的向往起到基础性作用。非物质文化遗产档案资源是档案部门履行其历史记忆、社会教育、学术研究等功能时不可或缺的要素，是发展档案事业、完善档案学研究的必要组成部分。通过非物质文化遗产的档案价值与开发研究，将其客体属性与不同层次主体需求相结合，探求非物质文化遗产对档案界的价值，能够使档案界变被动为主动，自愿并有目的、有章法地参与到非物质文化遗产的保护事业中。

（二）研究意义

1. 理论意义

融合档案学、文化遗产保护等学科的内容，对完善非物质文化遗产的价值体系至关重要。非物质文化遗产表现形式多样，内容复杂，蕴含着丰富的历史资源、文化资源、经济资源、教育资源，具有多种价值形态，这些价值形态相互关联构成了非物质文化遗产动态的、多维的价值体系。虽然其中的旅游价值、经济价值、文化价值、历史价值等具体价值形态已引起相关领域的重视，但处于基础位置的档案价值却较少被关注，本研究以非物质文化遗产的档案价值

---

① ［德］马克斯·韦伯：《社会科学方法论》，韩水法等译，中央编译出版社 2002 年版，第 6 页。

及其开发为切入点，融合档案学、社会学、文化遗产学等学科研究视角，构建了非物质文化遗产的价值体系，厘清了档案价值与其他价值形态之间的密切关联。

另外，研究非物质文化遗产档案价值及其开发，对于档案工作、档案事业乃至档案学研究都具有积极作用，有利于档案学可持续性建设与完善。档案学“是实践性很强的综合性科学，档案学的建设必须坚持开放性的思维方式，不断完善和发展档案学理论体系”①。档案学是包容性极强的学科，如果以周连宽的《县政府档案处理法》（1935 年）、程长源的《县政府档案管理法》（1936 年）、何鲁成的《档案管理与整理》（1938 年）②等著作的出版为始，时至今日我国档案学建设已经有 80 多年的历史，在其发展过程中与历史学、管理学、数据科学等多学科交叉共建，其理论体系建设的动态性，彰显了档案学不断创新和发展的生命力。非物质文化遗产保护与传承作为一个系统工程、作为一个社会性命题，并不天生属于某学科特定的研究范畴，从古代的《诗经》《永乐大典》《四库全书》到“中国民族民间文艺十套集成志书”“中国木版年画档案数据库”“中国唐卡文化档案”“中国唐卡文化数据库”“非物质文化遗产记录工程”“国家级非物质文化遗产代表性传承人抢救性记录工程”等，无不彰显了非物质文化遗产保护与传承实践中自发产生的对档案学的诉求，从自发到自觉的转化恰恰是档案学社会职责的体现，也是档案学强大生命力的凸显。

2. 实践意义

虽然我国档案资源丰富，但由于历史传统及体制原因，档案馆中保存的资源大多来自政府、国有企业等机构，随着档案管理由“国家模式”向“社会模式”转换，档案部门需要在社会记忆构建、身份认同、知识管理中承担重要职责，而已有的馆藏结构尚不能支撑档案部门胜任这些社会职责。研究非物质文化遗产的档案价值并将其转变成档案资源，有利于丰富档案资源，完成档案部门使命。可以说，如果将非物质文化遗产这一重要资源排除在档案工作之外，所构建的集体记忆一定是残缺不全的，一些身份认同一定是无法完成的，大量隐性知识一定会在知识管理中遗漏。因此研究非物质文化遗产的档案价值是完成档案部门职责的必然要求。

---

① 冯慧玲、张辑哲：《档案学概论》，中国人民大学出版社 2006 年版，第 213 页。

② 吴宝康：《档案学理论与历史初探》，四川科学技术出版社 1986 年版，第 159 页。

在多年的非物质文化遗产保护研究和实践中已形成了多种保护模式，如活态保护模式、生态圈保护模式、博物馆式保护模式、档案化保护模式等。其中档案化保护将非物质文化遗产资源转化为档案资源，这是众多非物质文化遗产（尤其是濒临消失的非物质文化遗产）在现代社会中行之有效的保护手段，比如随着集体劳动、传统村落在现代社会中的快速消亡，其所承载的传统仪式、礼俗等也失去了活态传承的空间，档案化保护是这些非物质文化遗产项目得以留痕的主要途径，也是非物质文化遗产档案价值实现的基础。为了实现价值增值，还可利用数字化手段对档案资源进行深度开发，并与公众共享，从而将非物质文化遗产档案资源转化为一种社会资源，促进档案价值的全面实现。因此研究非物质文化遗产档案价值及其开发有利于进一步优化档案化保护效果，使非物质文化遗产得以更好地保护与传承。

二、国内外研究现状

（一）非物质文化遗产研究现状

1. 国外非物质文化遗产研究现状

（1）检索概述

为了解国外在非物质文化遗产方面的研究状况，笔者 2021 年 7 月选择了 ProQuest—Academic Research Library、ProQuest 硕博论文、Elsevier Science Direct、Springer 等数据库进行检索，为了提高查准率，拟定的检索策略为标题中含有“intangible cultural heritage”或含有“intangible heritage”，并且语种为“English”，检索结果汇总如表 0-2 所示：

表 0-2　国外非物质文化遗产研究成果检索情况汇总表

ProQuest—Academic Research Library	ProQuest 硕博论文	Elsevier Science Direct	Springer 电子期刊数据库	总计
93	4	36	152	285

（2）检索结果分析

根据检索结果，笔者将国外非物质文化遗产的研究成果分为五类。

第一类研究成果为非物质文化遗产概念及范围的探讨。在 UNESCO 的《非物质文化遗产保护公约》中，首次对非物质文化遗产进行明确界定，由于特定的时代背景，该界定侧重与物质文化遗产相区别，并将非物质文化遗产划分为五类，而 Tullio Scovazzi（2015）提出该概念的三个要素，分别是客体要素（表现形式）、主体要素（社会要素）和空间要素（文化空间，不仅指地理空间）。[①] 研究人员发现 UNESCO 的界定在操作性上有一定的欠缺，主要是在保护实践中无法将物质文化遗产和非物质文化遗产绝对分开。如 Richard Kurin 以日本的能乐剧院和印度的库提亚特姆剧院、麦加朝圣为例，说明非物质文化遗产与物质文化遗产是密切联系的，在实践中无法也不必将二者绝对分开。[②] 另外由于该概念的开放性和包容性，剧院、教堂等历史空间、风水[③]等现象是否可视为一种非物质文化遗产也进入人们的讨论范畴。

第二类研究成果集中在非物质文化遗产的保护实践。该类研究成果数量较多，所涉及角度也比较广泛。包括非物质文化遗产的教育传承、普查、评估、相关法律问题、保护技术的改进与信息技术应用等。如 Federico Lenzerini 提出非物质文化遗产是人类文化权利的组成部分。[④] Anna Goral 在博物馆广泛运用现代信息技术的背景下，提出 E-Heritage，并从非物质文化遗产的教育、数字归档、传播三个方面讨论如何以数字化的形式完整再现非物质文化遗产。[⑤] Elvan Yalcinkaya 以土耳其传统婚姻为例说明戏剧创作、表演也是非物质文化遗产教育传承的一种方式。[⑥] Dachlan、Rangga 分析了印度尼西亚的非物质文化遗产在线普查的状况，并指出法律监管方面的缺失。[⑦] Li Ying，Duan Peng 从"互联网+"的角度，探讨了非物质文化遗产保护模式，构建"互联网+非物质

---

① Tullio Scovazzi，"Intangible Cultural Heritage as Defined in the 2003 UNESCO Convention"，*Cultural Heritage and Value Creation*，2014，pp.105-126.

② Richard Kurin，"Safeguarding Intangible Cultural Heritage in the 2003 UNESCO Convention: A Critical Appraisal"，*Museum International*，Vol.56，No.1-2，2010，pp.66-77.

③ Zhang Dongjie，De Xin，Lao Shifu，Wang Xiaoxiong，"Should Feng Shui Be Recognized as an Intangible Cultural Heritage"，*Beijing Review*，Vol.56，No.1-2，2007，pp.46-47.

④ Lenzerini，Federico，"Intangible Cultural Heritage: The Living Culture of Peoples"，*European Journal of International Law*，Vol.22，No.1，2011，pp.101-120.

⑤ Goral，Anna，"E-heritage-the Potential of Digitization for the Continuity of Transmission of Intangible Cultural Heritage"，*Zarzadzanie W Kulturze*，Vol.13，No.1，2012，pp.87-100.

⑥ Yalcinkaya，Elvan，"Creative Drama Study about Intangible Cultural Heritage: Turkish Wedding Traditions"，*Creative Education*，Vol.6，Vol.1，2015，pp.22-31.

⑦ Dachlan，Rangga，"Indonesia's Implementation of Inventory Obligation under UNESCO's Intangible Cultural Heritage Convention: Problems in the Online Inventories"，*International Journal of Cultural Property*，Vol.22，No.1，2015，pp.131-151.

文化遗产保护”新模式,为非物质文化遗产保护实践创造新思路与方法。① Zhang Yue 等人基于青瓷文化产业园的资源特征提出建设数字景区,运用数字化技术打造立体虚拟现实景区。②

第三类研究成果集中在博物馆、档案馆等机构在非物质文化遗产保护中的作用。如 K.McCardwell 以瓦努阿图文化中心、霍尼曼博物馆等 5 个博物馆为案例,论证了通过社区参与,博物馆使非物质文化遗产再现,成为文化遗产保护的新视角。③ 而 Hyojung Cho 从目的、内容、技术等方面分析了韩国博物馆的“泡菜”展览,认为当前博物馆展览非物质文化遗产主要基于文化遗产的物质方面,因此博物馆需要新的范式来诠释、展现非物质文化遗产。④ Sheenagh Pietrobruno 以伊斯兰教的托钵僧舞蹈仪式为例说明档案馆在保存文化遗产方面存在的僵化、因过于受政治力量影响而可能存在不真实等方面的问题,提出可利用 YouTube、Wiki、档案馆 2. 0 等理念进行社会归档,并将公众上传到 YouTube 的视频视为档案,按照来源原则进行管理。⑤ Sheenagh Pietrobruno 又提出相对于僵化的保护模式,通过社交媒体、基于用户产生的内容会更加全面、动态、真实。⑥ Mazlina Pati Khand 等人研究探讨了文化遗产机构在保存和保护 ICH 藏品方面可获得的文件战略方法以审查马来西亚国家档案馆、国家博物馆和国家图书馆对 ICH 藏品进行记录的实施情况。⑦ James

① Li Ying, Duan Peng, “Research on the Innovation of Protecting Intangible Cultural Heritage in the ‘Internet Plus’ Era”, *Procedia Computer Science*, Vol.154, 2019, pp.20-25.

② Zhang Yue, Han Mingqing, Chen Weiwei, “The Strategy of Digital Scenic Area Planning from the Perspective of Intangible Cultural Heritage Protection”, *EURASIP Journal on Image and Video Processing*, Vol.2018, No.1, 2018, pp.1-11.

③ McCardwell, K, “Intangible Heritage and the Museum: New Perspectives on Cultural Preservationg”, *Choice*, Vol.116, No.4, 2013, p.923.

④ Cho, Hyojung, “Fermentation of Intangible Cultural Heritage: Interpretation of Kimchi in Museum”, *Museum Management and Curatorship*, Vol.28, No.2, 2013, p.209.

⑤ Sheenagh Pietrobruno, “Youtube and the Social Archivng of Intangible Heritage”, *New Media Society*, Vol.15, No.8, 2013, pp.1259-1276.

⑥ Sheenagh Pietrobruno, “Between Narratives and Lists: Performing Digital Intangible Heritagethrough Global Media”, *International Journal of Heritage Studies*, Vol.20, No.7-8, 2014, pp.742-759.

⑦ Khan M P, Aziz A A, *Daud K A M*, “Documentation Strategy for Intangible Cultural Heritage (ICH) in Cultural Heritage Institutions: Mak Yong Performing Art Collection: 7th International Conference EuroMed 2018, Nicosia, Cyprus, October 29 - November 3, 2018, Proceedings, Part I, 2018”, *Digital Heritage*, 2018, pp.470-479.

Monren 等人结合菲律宾吕宋岛的烹饪文化遗产研究如何为非物质文化遗产形成文献记录。①

第四类研究成果集中在非物质文化遗产实践中相关影响因素的分析方面。如气候变化对文化遗产尤其是非物质文化遗产也有重要影响，Hee-Euu Kim 提出联合国的《气候变化框架公约》更多关注的是温室效应、碳排放量，而对非物质文化遗产却很少关注，针对气候变化中非物质文化遗产保护的法律和政策也很少见，可能会导致一些非物质文化遗产的生存更加困难。② 旅游开发对非物质文化遗产保护实践有利有弊，Li Wei、liu Dan 通过分析沈阳非物质文化遗产的旅游资源，提出一些交互式模型。③ María Luisa Palma 等人以塞尔维亚的春季嘉年华（春季嘉年华是通过物质和非物质文化遗产来表达居民与居住地关联的庆祝活动）为例，通过实证分析证明庆祝活动中与过去相关联的知识、经验、组织机构是影响人们参加热情的重要变量。④ Gerardo Fernandez Juarez 过度旅游开发给玻利维亚喀喀高地的非物质文化遗产带来巨大损害的事件，分析非物质文化遗产保护中如何把握与权衡商业开发的度。⑤

第五类研究成果主要为具体非物质文化遗产项目的研究。如 Zheng Wei 等人专门研究在中国西南地区利用火草纤维制作纺织品的技艺⑥，赣绣文化、岭南潮绣、贵州苗银及其工艺、茶文化、不丹的布及制布工艺、日本的捕鱼文化及能剧、伊斯兰教的托钵僧舞蹈仪式等都纳入了人们的研究范畴。

---

① Jame Monren T.Mercado，Avi Ben P.Andalecio，"Ysla de Panciteria：A Preliminary Study on the Culinary Heritage Significance of Pancit Using the Heritage Documentation Approach—the Case of Luzon Island，Philippines"，*Journal of Ethnic Foods*，Vol.7，No.2-3，2020，pp.97-112.

② Kim，Hee-Euu."Changing Climate，Changing Culture：Adding the Climate Change Dimension to the Protection of Intangible Cultural Heritage"，*International Journal of Cultural Property*，Vol.18，No.3，2011，pp.259-290.

③ Wei Li，Dan Liu，"Shenyang Intangible Cultural Heritage Tourism Development Model"，*Cross-Cultural Communication*，Vol.9，No.5，2013，pp.43-46.

④ María Luisa Palma，Luis Palma，Luis Fernando Aguado，"Determinants of Cultural and Popular Celebration Attendance：The Case Study of Seville Spring Fiestas"，*Journal of Cultural Economics*，Vol.37，No.1，2013，pp.87-107.

⑤ Juarez，Gerardo Fernandez，"A Threatened Sanctuary：Pachjiri Hill（Bolivia）and its Preservation an Intangible Cultural Heritage by UNESCO"，*Revista de Antropologia Social*，Vol.23，2014，pp.137-156.

⑥ Zheng Wei，Xu Xiaodan，Wen Jun，"The Ethnic Textile Use of Natural Fibers from Fireweed（Gerbera delavayi）in Southwest China"，*Economic Botany*，Vol.71，No.4，2017，pp.380-386.

2. 国内非物质文化遗产研究现状

(1)检索概述

主要通过图书、期刊论文、学位论文的检索来了解国内关于非物质文化遗产的研究状况。首先,以读秀数据库“图书”子库为检索平台,于 2021 年 7 月以书名中包含“非物质文化遗产”为检索条件,找到相关中文图书共 2284 种,其出版年度分布情况如图 0-1 所示。

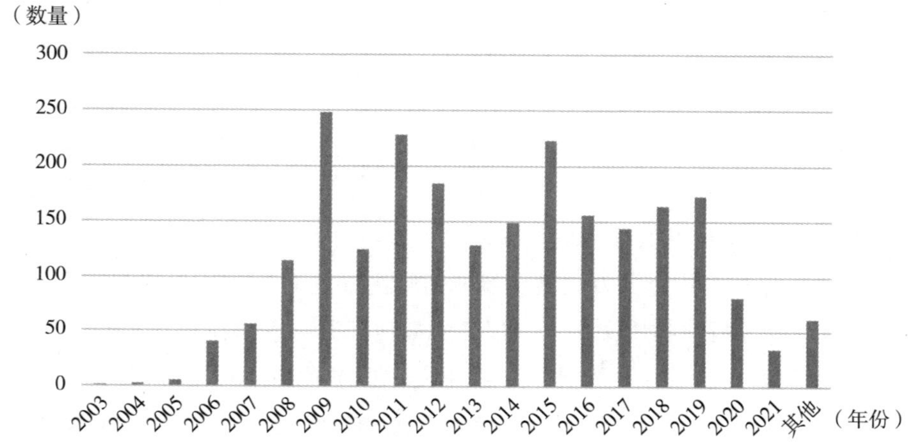

图 0-1 国内非物质文化遗产研究图书出版年度分布情况汇总图

其中年度为“其他”的图书为在该库中出版时间不详,通过其他途径也无法确定出版年代的图书。从图书所属学科来看,以上所检索到的图书涉及学科领域众多,其中历史地理为 903 种、医药卫生为 138 种、艺术为 263 种、文化科学教育体育为 453 种、文学为 68 种、政治法律为 36 种、工业技术为 28 种、经济为 27 种、综合性图书为 8 种、哲学宗教为 5 种、环境科学和安全科学为 2 种、语言文字为 1 种。

其次,于 2021 年 7 月在中国期刊全文数据库中,以篇名含有“非物质文化遗产”进行了初级检索,共检索到 13824 条结果,所涉及的学科领域包括文化、旅游、音乐舞蹈、体育、美术书法雕塑与摄影、戏剧电影与电视艺术、档案及博物馆等共 40 个门类。其年度分布情况如图 0-2 所示。

最后,整合中国博士学位论文数据库与中国优秀硕士学位论文数据库两个平台检索的学位论文。在每一个数据库中,都以题名中包含“非物质文化

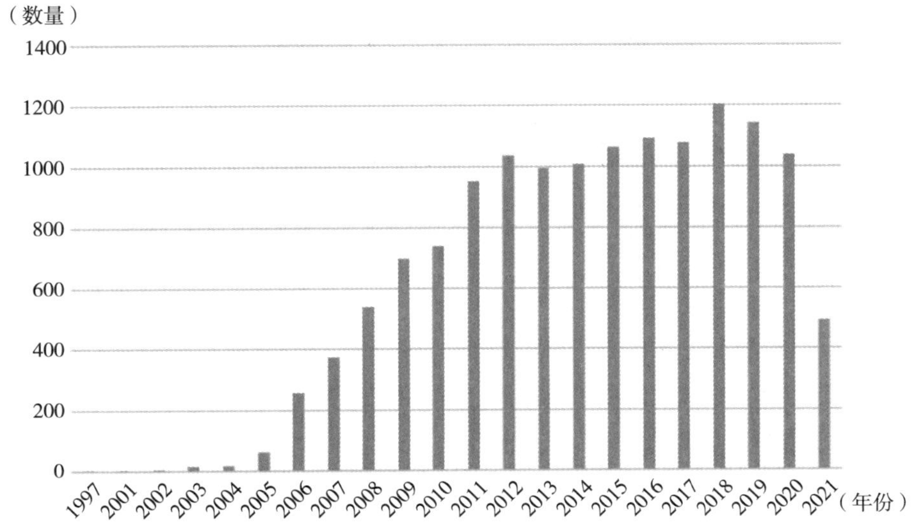

图 0-2　国内非物质文化遗产研究期刊论文年度发表情况汇总图

遗产”为检索策略，其中中国博士学位论文数据库共检索到 66 条结果，中国优秀硕士学位论文数据库共检索到 1312 条结果。检索结果年度分布情况如图 0-3 所示。

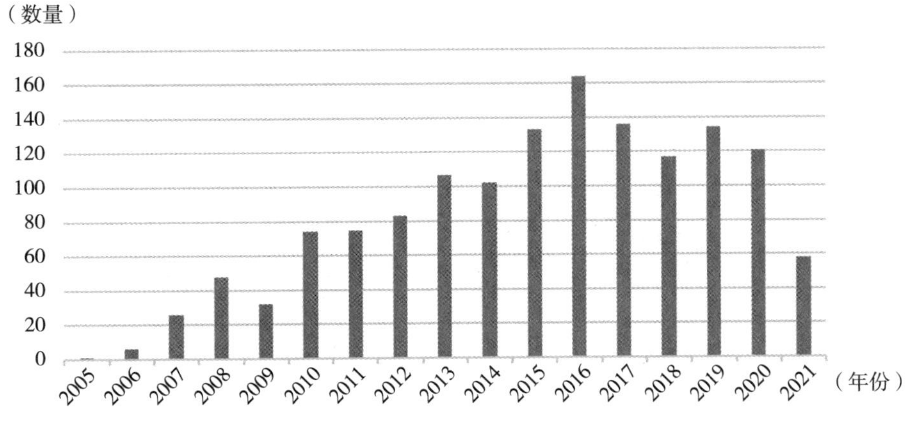

图 0-3　国内非物质文化遗产研究学位论文年度分布情况汇总图

（2）检索结果分析

经过对检索结果的分析汇总，将国内的非物质文化遗产研究分成三个阶段。第一阶段是 2005 年以前，在该阶段，非物质文化遗产并未成为热门的研究话题，因此研究主要针对概念、特征、价值等基础性问题，呼吁法律、教育等方面的关注。乔晓光主编的《交流与协作——中国高等院校首届非物质文化遗产教育教学研讨会文集》是我国较早出版的关于非物质文化遗产的图书，该书由73篇会议论文构成，内容广泛，大多是呼吁立法、呼吁公众的非物质文化遗产保护意识、介绍非物质文化遗产保护的重要性等，对当时的研究来说是不可多得的及时雨，然而研究内容的系统性及深度都有进一步拓展的空间。

第二阶段是2006年至2010年间，我国非物质文化遗产研究成果以突飞猛进的速度增长，从内容上来看，呈现出一个由浅入深，由单一到多元的态势。如在早期的研究成果中，大多以非物质文化遗产的介绍、宣传为主，如《国家级非物质文化遗产大观》介绍了民间文学、民间音乐、民间舞蹈、曲艺等十大类518项非物质文化遗产。与此同时，一些学者初步开始理论性研究，如价值、分类、保护研究、社会传承、教育、申报、开发利用等方面的研究，也有从某一民族、区域或专业的角度开展的研究，如相关法律问题、数字化建设、档案管理等。

第三阶段是自2011年以来，非物质文化遗产研究成果数量增速放缓，开始实现稳步增长。2011年，《中华人民共和国非物质文化遗产法》公布，非物质文化遗产及其保护得到了文化、教育、旅游、法律等各领域较为普遍的关注，研究主题与上一个阶段比较一致，一些学者对非物质文化遗产进行了持续关注和研究，因而更加有深度。如在数字化方面，已不仅局限于探讨数字化技术在非物质文化遗产保护中应用的必要性、优势、劣势等方面，而是将多媒体技术、数据库技术、模式识别等具体技术与非物质文化遗产保护结合，对各类非物质文化遗产产生、传承、发展等内容持续关注，进行更加具体的应用性研究。如陈新宇等人在《基于体感识别的非物质文化遗产数字化交互技术》一文中提出"将体感识别技术应用于非物质文化遗产数字化交互过程"，进而提出"综合应用Kinect和Leap Motion体感识别设备实现非物质文化遗产数字化展示与交互"。①

---

① 陈新宇、牛熠、邓毓博、杨裔：《基于体感识别的非物质文化遗产数字化交互技术》，《甘肃科学学报》2015年第2期。

（二）档案领域非物质文化遗产研究现状

1. 国外档案及相关领域的非物质文化遗产研究现状

（1）检索概述

为了解国外档案及相关领域对非物质文化遗产研究的状况，笔者选择了ProQuest—Academic Research Library、ProQuest 硕博论文、Elsevier Science Direct、Springer 等数据库进行检索，为了提高查准率，拟定的检索策略为标题或摘要中含有“intangible cultural heritage”并且含有“archives”“archival”“record”三者中任何一个，语种为“English”，检索结果汇总如表 0-3 所示。

表 0-3　国外档案及相关领域非物质文化遗产研究成果检索情况汇总表

ProQuest—Academic Research Library	ProQuest 硕博论文	Elsevier Science Direct	Springer 电子期刊数据库	总计
8	2	18	126	154

（2）检索结果分析

根据对检索结果的汇总分析，将国外档案及相关领域对非物质文化遗产的研究分为建档、用档、管档及信息技术应用四类。

第一类是关于为非物质文化遗产建立档案。如 Alice Bellagamba 提出在冈比亚建立口述档案馆及国家博物馆以保存非洲的有形、无形文化遗产。① Guido Carlo Pigliasco 介绍了在 Sawau 项目中通过建立档案馆保存斐济等国家和地区人们共同记忆的做法。② 网络环境下，非物质文化遗产建档也出现了新的形式，如 Flicker 作为照片分享的网站，澳大利亚的遗产保护机构将其视为公众展示档案的平台，Cristina Garduño，Freeman 以悉尼歌剧院为例，论述在 Flicker 中社会成员以自组织的方式存储、组织、管理非物质文化遗产的数字照片档案。③ Pietrobruno Sheenagh 提出了非物质文化遗产的“社会归档”，强

① Bellagamba，Alice，“Before It Is Too Late：Constructing an Archive of Oral Sources and a National Museum in Independent Gambia”，*Africa Today*，Vol.52，No.4，2006，pp.28-52，154.

② Pigliasco，Guido Carlo，“Intangible Cultural Property，Tangible Databases，Visible Debates：The Sawau”，*Intangible Journal of Cultural Property*，Vol.16，No.3，2009，pp.255-272.

③ Cristina，Garduño，Freeman，“Photosharing on Flickr：Intangible Heritage and Emergent Publics”，*International Journal of Heritage Studies*，Vol.16，Nos.4-5，2010，pp.352-368.

调建档的公众参与,即个人可将非物质文化遗产的视频材料上传到 YouTube,进而将 YouTube 转化成数字遗产的档案馆。①

第二类是关于非物质文化遗产档案的利用。在 Kolovos Andy 的博士论文(2010)中,针对传统民俗档案利用率降低的现象,提出研究公众对民俗档案利用的需求,在出版物、展览及公共实践中增加对档案的利用。② Fernando G. Alberti 和 Jessica D.Giusti 研究文化遗产、旅游和当地竞争力的关系时,论证档案馆、博物馆作为文化遗产保存的重要阵地,应该与旅游产业相结合,促进当地的竞争力。③ 非物质文化遗产档案在非物质遗产的发展、传承、研究中也具有重要作用,如 Nicole Ferdinand 和 Nigel L.Williams 利用档案研究了特立尼达和多巴哥风格的嘉年华是如何发展到北美和欧洲范围的。④ Chen Zhaoyu 等人研究澳门和国家级名录遗产项目,通过对相关人员调查构建非物质文化遗产的体验景观框架。⑤

第三类是关于在非物质文化遗产建档、用档、管档中现代信息技术的使用。Kolovos Andy 指出,民俗档案的保存一直是民俗活动的重要内容,并针对目前民俗档案整理、描述、利用等状况,提出了采用知识组织原则管理民俗档案。⑥ Pietrobruno Sheenagh 分析了在 YouTube 中将用户上传的视频档案按来源原则进行管理。⑦ Atsushi Hiyama、Yusuke Doyama 针对传统手工艺工匠老龄化且无传承人的情况,分析了视频或图文并茂的教科书在记录传统技能方

---

① Sheenagh, Pietrobruno, "YouTube and the Socialarchiving of Intangibleheritage", *New Media & Society*, Vol.15, No.8, 2013, pp.1259-1276.

② Kolovos Andy, *Archiving Culture: American Folklore Archives in Theory and Practice*, Indiana University, 2010.

③ Fernando G.Alberti, Jessica D.Giusti, "Cultural Heritage, Tourism and Regional Competitiveness: The Motor Valley", *City, Culture and Society*, Vol.3, No.4, 2012, pp.261-273.

④ Nicole Ferdinand, Nigel L.Williams, "International Festivals as Experience Production Systems", *Tourism Management*, Vol.34, 2013, pp.202-210.

⑤ Chen Z, Suntikul W, King B, "Constructing an Intangible Cultural Heritage Experiencescape: The Case of the Feast of the Drunken Dragon (Macau)", *Tourism Management Perspectives*, Vol.34, 2020, pp.1-11.

⑥ KolovosAndy, *Archiving Culture: American Folklore Archives in Theory and Practice*, Indiana University, 2010, pp.3-17.

⑦ Sheenagh, Pietrobruno, "YouTube and the Socialarchiving of Intangibleheritage", *New Media & Society*, Vol.15, No.8, 2013, pp.1259-1276.

面的不足(如不能包含一些不可视但非常重要的信息、只专注非物质文化遗产可见的表现形式或物质载体,而不关注遗产形成的过程等),发明了一种穿戴式显示系统,通过多种传感器和触觉反馈系统来进行非物质文化遗产的归档和培训。① Tan Guoxin 等人认为,当前非物质文化遗产保护倾向于数字化保护和虚拟重建,而对多媒体资源的元数据语义模型则很少研究,非物质文化遗产中含有大量异构信息,研究元数据结构及应用技术对异构多媒体信息的集成和组织非常重要,进而将非物质文化遗产信息分为三层(底层为文本、图片、音频、视频等基于文本和基于网格的多媒体信息;中层为基于特征的多媒体信息,如 3D 模型;顶层为基于语义的多媒体信息,如语义模型、知识本体)以研究不同层次的元数据结构,构建了非物质文化遗产多媒体语义模型,且以端午节为案例将该模型进行了修正。② Marilena Alivizatou-Barakou 等人通过语义分析、3D 可视化等技术分析、捕获非物质文化遗产资源,开发非物质文化遗产项目,以此推动遗产的传输与保护等工作。③ Ioannis Rallis 等人借助视频和运动捕获设备产生的大量数据,为捕捉、记录和存储非物质文化遗产内容提供了巨大的可能性。④

2. 国内档案及相关领域的非物质文化遗产研究现状

(1)检索概述

笔者主要通过图书、期刊论文、学位论文的检索来了解国内档案及相关领域在非物质文化遗产方面的研究状况。首先,于 2021 年 8 月在读秀知识库的“图书”子库中,以“T=非物质文化遗产 * T=档案”“T=非物质文化遗产 * S=档案”“T=非物质文化遗产 * K=档案”为检索表达式进行了专业检索,将结

---

① Atsushi Hiyama, Yusuke Doyama, “Wearable Display System for Handing Down Intangible Cultural Heritage”, *Virtual and Mixed Reality*, 2011, Held as Part of HCI International 2011, pp.9-14.

② Guoxin Tan, Tinglei Hao, Shaoquan Liang, “Research on Construction Method of Multimedia Semantic Model for Intangible Cultural Heritage”, *Instrumentatibn, Measurement, Circuits and Systems* (ICIMS 2011 AICS 127), 2011, pp.889-896.

③ Alivizatou-Barakou M.et al. “Intangible Cultural Heritage and New Technologies: Challenges and Opportunities for Cultural Preservation and Development”, *Springer International Publishing*, 2017, pp.129-158.

④ Rallis I., Voulodimos A., Bakalos N., Protopapadakis E., Doulamis N., Doulamis A. “Machine Learning for Intangible Cultural Heritage: A Review of Techniques on Dance Analysis”, *Visual Computing for Cultural Heritage*, Springer, Cham, 2020, pp.103-109.

果合并、去重后共得到16种有效结果。由于检索结果数量较少，为了保证查全率，又分别将以上专业检索表达式中的“非物质文化遗产”转换成“文化遗产”进行扩检，共检索到29种图书（包括以上16种）。

在这些图书中，大多数是以照片、口述资料等档案为原材料，展示传统戏剧、传统手工技艺等各类非物质文化遗产，介绍其社会文化背景、传承、保护等情况，大量档案的应用，保证了图书内容的真实可靠，但内容大多侧重对非物质文化遗产的展示、介绍，普遍缺乏理论深度。周耀林的《非物质文化遗产档案管理理论与实践》①以非物质文化遗产档案为研究起点，系统地研究了档案收集、整理、鉴定、保管、传承人档案的建立和管理等内容，并针对档案管理中存在的问题，提出了信息化建设、制度创新、政策推进等策略，堪称非物质文化遗产档案化保护的奠基之作。何永斌、邹吉辉、李生军的《四川民族地区国家级非物质文化遗产》②，张益民的《浦江方言内涵探究——回溯非物质文化遗产》③分别以四川民族地区32个国家级非物质文化遗产项目和浦江土话为研究对象，将非物质文化遗产保护理念同档案资源建设与开发对接。

其次，在中国期刊全文数据库中，分别将“非物质文化遗产”与“档案”“档案价值”“档案管理”“档案化”“档案式”等词组配，进行主题检索，得到的检索结果共有576篇，除去80篇结果是重复、与研究主题无关或是报道资讯而不计入统计范围，实际获得文献数量为496篇。年代分布情况如图0-4所示。

最后，整合中国博士学位论文数据库和中国优秀硕士学位论文数据库两个检索平台的学位论文。在每一个数据库中，仍利用中国期刊全文数据库检索时拟定的检索策略进行检索，将以上检索结果进行合并且排除不相关论文后，获得有效论文共82篇，其中博士学位论文7篇，其余为硕士论文。检索结果汇总如表0-4所示。

---

① 周耀林：《非物质文化遗产档案管理理论与实践》，武汉大学出版社2013年版，第78—192页。

② 何永斌、邹吉辉、李生军：《四川民族地区国家级非物质文化遗产》，四川大学出版社2009年版，第97页。

③ 张益民：《浦江方言内涵探究——回溯非物质文化遗产》，中国书籍出版社2013年版，第69页。

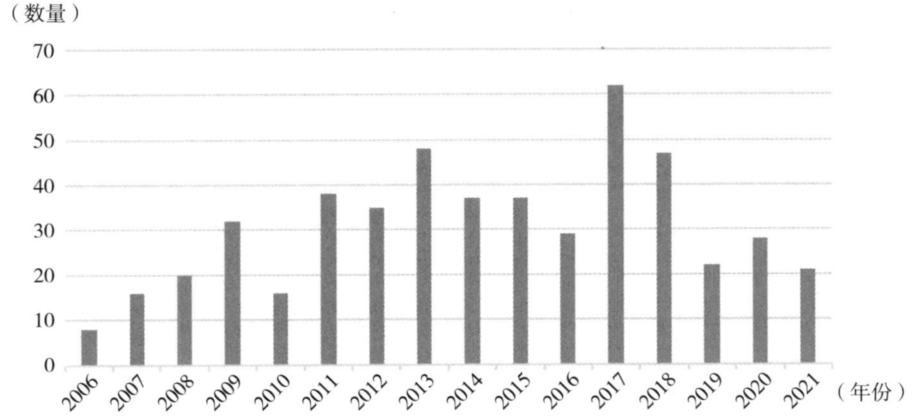

图 0-4　国内档案及相关领域非物质文化遗产研究期刊论文年度汇总图

表 0-4　国内相关学位论文汇总表

年度	数量	年度	数量
2005	1	2006	0
2007	3(其中 1 篇为博士论文)	2008	3(其中 1 篇为博士论文)
2009	0	2010	8(其中 1 篇为博士论文)
2011	5	2012	6
2013	15	2014	5
2015	8(其中 1 篇为博士论文)	2016	5
2017	9(其中 2 篇为博士论文)	2018	3
2019	6(其中 1 篇为博士论文)	2020	4
2021	1	总计	82

(2)检索结果分析

通过对检索结果的汇总分析可知,档案及相关领域在非物质文化遗产的研究中主要围绕以下九类主题展开。

第一类是关于非物质文化遗产档案概念。2007 年,赵林林、王云庆等为非物质文化遗产档案提出了较为宽泛的界定①,并得到了周耀林等多位学者的支持。另外也有孙展红、薛鹤婵等学者对该概念进行了较为狭义的界定。

① 赵林林、王云庆:《非物质文化遗产档案的特征与意义》,《档案与建设》2007 年第 12 期。

第二类是关于非物质文化遗产档案的分类。从微观层面来看，专家学者聚焦于一个非物质文化遗产项目，对其档案进行分类，如王云庆、樊树娟将其分为与该文化事象形成和发展历程相关的档案、实物档案、传承人档案、与“申遗”有关的档案资料以及非物质文化遗产调查研究和遗产项目开发利用过程中形成的档案资料共五类。① 周耀林等人将其划分为本体档案、申报与保护档案以及传承人档案三类。② 虽然二者类目体系不同，但所涉及的外延大致相同。持较狭义观点的学者是以“申遗”为核心对非物质文化遗产档案进行的界定，分类自然也是以“申遗”为标志的，如薛鹤婵将非物质文化遗产档案划分为三类：申报单位通过各种途径收集到的关于该项目的所有档案及资料、申报过程中形成的档案以及申报成功后对该项目管理过程中形成的各种档案。③ 也有学者从较为宏观的层面，着眼于某一区域、某一类型的非物质文化遗产进行研究。如邢素华将音乐类非物质文化遗产档案分为文字类、乐谱类、乐器类、音响类、录像类、照片类共六类。④ 汤建容基于武陵山区非物质文化遗产的分析，提出其档案应包括实物档案、书籍档案、人物档案、声像档案、“申遗”档案共五类⑤，2018 年提出渝东南地区非物质文化遗产按其项目、地域、载体三种标准划分。⑥

第三类是关于非物质文化遗产档案的价值。如单晓维通过对档案的覆盖范围、内容、作用等方面的分析研究了其文化价值⑦，继而探讨优化非物质文化资源、编研非物质文化遗产档案精品、拓宽宣传渠道三个问题。锅艳玲通过概述非物质文化遗产的概念与特点对非物质文化遗产档案的价值进行界定与解析研究，并对其档案价值进行开发。⑧

---

① 王云庆、樊树娟：《非物质文化遗产档案及其内容研究》，《山东档案》2013 年第 2 期。

② 周耀林、戴旸、程齐凯：《非物质文化遗产档案管理理论与实践》，武汉大学出版社 2013 年版，第 66 页。

③ 薛鹤婵：《非物质文化遗产档案及其管理》，《大众文艺》2009 年第 4 期。

④ 邢素华：《音乐类非物质文化遗产的记录和存储》，《山东大学学报(哲学社会科学版)》2007 年第 4 期。

⑤ 汤建容：《武陵山区非物质文化遗产档案及其分类》，《兰台世界》2012 年第 29 期。

⑥ 汤建容：《渝东南地区非物质文化遗产图像档案及其分类》，《科技视界》2017 年第 21 期。

⑦ 单晓维：《谈非物质文化遗产档案文化价值的实现》，《兰台世界》2014 年第 35 期。

⑧ 锅艳玲：《非物质文化遗产的档案价值与开发研究》，《档案学通讯》2016 年第 6 期。

第四类是关于非物质文化遗产建档。根据国际、国内相关法律法规的要求，建档是非物质文化遗产保护的重要内容。张春珍阐述了建立非物质文化遗产档案的必要性①，滕春娥在其博士学位论文中提出在社会记忆视角下，将建档视为动态过程，用档案资源和档案方法、手段、档案工作、档案学理论去指导非物质文化遗产保护工作。② 杨佳钰对传统美术类非遗传承人档案构成、建档保护主体、档案保护形式进行分析，建议加强非物质文化遗产建档保护社会协同参与及非物质文化遗产档案数字化管理。③

随着档案学界对这一问题研究逐渐深化，建档原则、归档范围等问题也受到了一定的关注，孙展红提出应遵循依项建档、分级建档以及抢救性三条原则④，李英提出建档应遵循及时性、真实性、系统性、保护性等原则⑤，孙康燕等人探讨了非物质文化遗产文件材料的归档范围⑥，王云庆等人为传承人建档进行了路径设计⑦，唐峰为少数民族非物质文化遗产建档提供了具体步骤与构建宏观策略⑧。

第五类是关于非物质文化遗产档案管理。这是最为活跃的领域，研究层次可分为宏观和微观。从宏观层次看又可分为两个阶段：在 2010 年前，大多数研究主要是基础性的铺垫，表现为呼吁、提出策略建议等，涉及角度众多，如在孙展红、薛鹤婵等人的研究成果中提出建立协调有效的工作机制、强化规范化管理、加强法规建设、加强非物质文化遗产档案的集中系统管理等策略。自 2011 年后，研究内容更加专深，角度的选择也更加具有针对性。如周耀林、程齐凯基于群体智慧的理念设计了非物质文化遗产档案管理体制，并从政策、管理、基础设施和标准规范四个方面论证了该

---

① 张春珍：《对建立非物质文化遗产档案的思考》，《山西档案》2008 年第 1 期增刊。

② 滕春娥：《社会记忆视角下非物质文化遗产建档保护研究》，博士学位论文，吉林大学，2019 年。

③ 杨佳钰：《传统美术类非物质文化遗产建档保护研究》，《档案》2020 年第 5 期。

④ 孙展红：《浅谈非物质文化遗产档案管理》，《黑龙江档案》2009 年第 3 期。

⑤ 李英：《非物质文化遗产档案的特点和建档原则》，《档案管理》2012 年第 1 期。

⑥ 孙康燕：《非物质文化遗产文件材料归档范围研究》，《兰台世界》2012 第 2 期增刊。

⑦ 王云庆、李许燕：《为非物质文化遗产传承人建档的路径探析》，《浙江档案》2011 年第 12 期。

⑧ 唐峰：《少数民族非物质文化遗产建档问题研究》，《贵州民族研究》2017 年第 12 期。

体制的实现路径。[①] 杨红从法律政策背景讨论档案管理[②],陈玉萍、徐拥军则从法规制度和组织体系建设两个角度讨论非物质文化遗产档案管理[③],王箐针对非遗档案的特点采用区块链技术来解决档案管理中存在的问题、优化档案管理方法。[④]

从微观角度来看,相关研究成果主要有两类:第一类是着眼于某一非物质文化遗产,如传统风俗、民间文学、朗溪竹板桥造纸技艺、传统戏剧类、德江傩堂戏、传统武术、中医药等,专门研究该类文化遗产的档案管理。如刘敏以德江傩堂戏为例,分析其档案未进行专门化管理、档案流失严重、档案损坏严重、尚未建立传承人档案等问题,提出了相应的对策和建议。[⑤] 张梅洁、叶立文对美术类非物质文化遗产的内容与价值进行分析,提出强化非遗普查工作、完善美术类非遗的归档范围、美术类非遗传承人的档案保护、构建美术类非遗数据库的四大非遗档案管理对策。[⑥] 第二类是着眼于档案管理的主体、客体、收集、分类等某一点进行重点研究。如王巧玲、孙爱萍专门研究了档案馆、博物馆、纪念馆和艺术馆等其他文化事业机构、档案行政部门、社会公众等相关主体以及各主体在非物质文化遗产保护中的职责、优势、劣势等,并指出各类主体应在发挥各自优势的基础上密切合作。[⑦] 非物质文化遗产的档案管理由若干环节、方面构成,一些重点、难点问题的确需要大量的专门研究。

第六类是关于非物质文化遗产的档案化保护。作为一种保护模式,档案化保护是指"将无形的非物质文化遗产用文字或形成图像的手段将其保留下来,并按照特定的管理方式存档"[⑧]。目前这一模式得到了更进一步的探索及应用,关于此类研究成果大致分为两类。一类为该保护模式提供理论上的支

---

① 周耀林、程齐凯:《论基于群体智慧的非物质文化遗产档案管理体制的创新》,《信息资源管理学报》2011 年第 2 期。

② 杨红:《非物质文化遗产档案管理法律政策背景研究》,《中国档案》2012 年第 12 期。

③ 陈玉萍、徐拥军:《非物质文化遗产档案管理制度建设》,《兰台世界》2014 年第 14 期。

④ 王箐:《运用区块链技术管理非物质文化遗产档案探析》,《兰台内外》2018 年第 4 期。

⑤ 刘敏:《谈非物质文化遗产档案管理工作——以德江傩堂戏为例》,《陕西档案》2013 年第 5 期。

⑥ 张梅洁、叶立文:《美术类非遗档案管理的保护策略研究》,《档案管理》2021 年第 4 期。

⑦ 王巧玲、孙爱萍:《非物质文化遗产档案工作相关主体分析》,《山西档案》2013 年第 2 期。

⑧ 覃美娟:《非物质文化遗产档案式保护研究》,硕士学位论文,广西民族大学,2007 年。

撑,如覃凤琴阐述了档案化保护的必要性、意义,并从建档、保存、传播、保护四个方面进行分析。[①] 吴品才、储蕾提出非物质文化遗产与档案的共同属性、隐性知识的显性化理论、文件横向运动理论、口述档案理论、文件生命周期理论等为非物质文化遗产的档案化保护提供了坚实的理论基础[②]。徐欣云以档案"新来源观"的视角研究非物质文化遗产,并主张以此为非物质文化遗产档案化保护这一保护模式找到突破口。[③] 另一类研究集中于档案化保护模式在具体非物质文化遗产保护中的应用,着眼于微观,探索其具体应用。如子志月、肖黎煜、陈晓艳等研究布朗族、哈萨克族、锡伯族、柯尔克孜族、维吾尔族等少数民族非物质文化遗产档案化保护的策略;陶园、缪晓梅、夏慧等研究徐州琴书、肇庆端砚制作技艺等非物质文化遗产档案化保护的策略;覃美娟、郑美云、朱靓等研究广西、潍坊地区、桂东南等不同区域范围内非物质文化遗产的保护策略,该类研究成果因研究对象具体而更加具有现实指导意义。

第七类是关于非物质文化遗产档案的数字化建设。这是近年来随着信息技术的发展而兴起的研究点,也是保护工作中行之有效的重要手段。彭毅指出"数字化与多媒体技术是非物质文化遗产档案保存的最好方式",并阐述了各种数字技术在非物质文化遗产档案保护中的应用。[④] 吴志峰专门探讨了将运动捕捉技术运用到传统木偶戏数字化中。[⑤] 戴旸、周耀林提出非物质文化遗产档案信息化建设需要从原则和方法两个层面进行规范,并提出非物质文化遗产档案信息化建设应遵循统一领导,分级管理、维护"本真",适当优先、慎用技术、确保通用、重视效益、保障安全等几项基本原则。[⑥] 叶鹏、周耀林专门提出档案元数据的思想和元数据标准集,为打破异构非物质文化遗产档案

---

① 覃凤琴:《从"非物质"到"外化物质再现"——非物质文化遗产档案式保护及其价值考察》,《档案与建设》2007 年第 10 期。

② 吴品才、储蕾:《非物质文化遗产档案化保护的理论基础》,《档案学通讯》2012 年第 5 期。

③ 徐欣云:《非物质文化遗产档案式保护中的"新来源观"研究》,《档案学通讯》2013 年第 5 期。

④ 彭毅:《非物质文化遗产档案的数字化保护》,《档案与建设》2009 年第 1 期。

⑤ 吴志峰:《基于运动捕捉技术的传统木偶戏数字化研究》,《艺苑》2009 年第 9 期。

⑥ 戴旸、周耀林:《论非物质文化遗产档案信息化建设的原则与方法》,《图书情报知识》2011 年第 5 期。

的信息孤岛,实现档案资源的共享奠定了基础。① 易春燕、黄珊分析壮族非物质文化遗产档案数字化保护的现状、困境,并提出了建立专门机构、调动民众参与的积极性,拓宽筹资渠道、加大资金投入,采取多种途径、培养人才,充分利用技术、开发多样化的数字化产品等策略。② 谢海洋借助档案学前端控制等理论,提出非物质文化遗产分类标准体系建设、数据库建设、基于 GIS 技术的直隶非物质文化遗产地理信息系统建设、基于 Tag 技术的直隶非物质文化遗产网上信息资源的组织与共享机制建设等传播与传承策略。③

"非物质文化遗产档案数据库和数字化的展示平台让非物质文化遗产再现风采"④,是档案数字化建设的核心。戴旸、周耀林认为应将非物质文化遗产档案网站建设成档案的展示平台、信息发布窗口以及信息交流的平台,档案数据库应围绕目录数据库、多媒体数据库、专题数据库和传承人数据库的建设展开,因此提出了面向公众的档案网站建设以及基于长期保存的档案数据库建设。⑤ 徐拥军、王薇结合"美国记忆"工程、日本"亚太非物质文化遗产数据库"等文化遗产数据库建设情况,为我国非物质文化遗产资源库建设提供了可借鉴的经验。⑥ 倪晓春、张蓉认为我国非物质文化遗产档案建设面临多重矛盾,分析了非物质文化遗产档案数字资源库的价值取向与功能定位,因而从资源收集、资源整理、资源开发和资源传播四大方面提出策略设计。⑦

第八类是关于非物质文化遗产档案的开发利用。档案开发利用是展示、传播非物质文化遗产的重要途径,这一点在非物质文化遗产档案这一概念明确后就得到了学界的一致认可。仇壮丽、刘歌宁根据流传于世的女书档案越

---

① 叶鹏、周耀林:《论我国非物质文化遗产档案元数据的创立思路与语意标准》,《忻州师范学院学报》2014 年第 2 期。

② 易春燕、黄珊:《壮族非物质文化遗产档案数字化保护的困境与出路》,《山西档案》2018 年第 1 期。

③ 谢海洋:《档案学语境下直隶非物质文化遗产数字化保护与传播策略研究》,《档案学研究》2018 年第 4 期。

④ 彭毅:《非物质文化遗产档案的数字化保护》,《档案与建设》2009 年第 1 期。

⑤ 戴旸、周耀林:《论非物质文化遗产档案信息化建设的原则与方法》,《图书情报知识》2011 年第 5 期。

⑥ 徐拥军、王薇:《美国、日本和台湾地区文化遗产档案数据库资源建设的经验借鉴》,《档案学通讯》2013 年第 5 期。

⑦ 倪晓春、张蓉:《关于非物质文化遗产档案数字资源库建设的思考》,《档案学通讯》2017 年第 2 期。

来越少、急需抢救和保护的状况提出通过"建立女书档案联合目录、建立数字化女书全文信息数据库、建立女书的标准字型字库、女书字典、研发女书输入法等计算机软件"等方式来对女书档案进行开发。① 孙大东以《衍圣公府档案》的食事档案为例，提出非物质文化遗产的开发利用必须要有长远的眼光，遵循地域性和世界性的原则。② 韩英、章军杰对非物质文化遗产档案资源的开发主体、开发客体、开发途径等进行了研究。③ 王云庆、陈建对展览定位、展览主体、展览筹资、公众认知、展陈手段等几个展览要素进行了分析，并提出优化展览效果的一些建议。④ 韩风结合对"赣傩"这一非物质文化遗产调查了解的结果，提出扩大赣傩档案的收集范围，建设赣傩档案数据库，以促进非物质文化遗产档案合理开发。⑤ 刘永涛分析了非物质文化遗产的属性与图书馆档案资源，根据图书馆不同级别、不同类型、不同传承方式对非物质文化遗产档案资源进行构建、开发与利用。⑥ 邹燕琴通过分析国内外相关案例，提出乡村非物质文化遗产档案"自上而下"和"自下而上"两种开发模式，论述了乡村非物质文化遗产档案开发模式的不足与建议。⑦

第九类是关于非物质文化遗产档案的资源整合。当前我国非物质文化遗产档案资源整合存在资源建设缺失、资源整合还停留在传统文献资源上、对资源间的语义关系描述存在不足等问题，因此非物质文化遗产档案资源整合需要新的方式与途径。施旖基于主题图相关技术，构建非物质文化遗产档案资源语义网与资源层、生成层、应用层和用户层四层模型框架。⑧ 陈剑分析非物质音乐文化遗产档案资源建设工作的必要性，提出非物质音乐文化遗产档案

---

① 仇壮丽、刘歌宁：《"女书档案"的征集、保护与开发研究》，《档案学研究》2008 年第 5 期。

② 孙大东：《非物质文化遗产的开发利用——以衍圣公府食事档案为例》，《中国档案》2008 年第 9 期。

③ 韩英、章军杰：《论非物质文化遗产的档案资源开发》，《档案学通讯》2011 年第 5 期。

④ 王云庆、陈建：《非物质文化遗产档案展览研究》，《档案学通讯》2012 年第 4 期。

⑤ 韩风：《江西非物质文化遗产档案信息开发研究》，《兰台世界》2013 年第 29 期。

⑥ 刘永涛：《图书馆非物质文化遗产档案资源的构建、开发与利用》，《山西档案》2018 年第 6 期。

⑦ 邹燕琴：《留住文化的"根"：乡村非物质文化遗产档案开发模式》，《北京档案》2019 年第 9 期。

⑧ 施旖：《基于主题图的非物质文化遗产档案资源聚合研究》，硕士学位论文，华中师范大学，2017 年。

资源建设的对策以及建立名录体系、借助法律制度开展保护工作的对策。①和璇运用人类学"年代—区域"理论,构建非物质文化遗产档案整体观,打破条块分割,充分体现非物质文化遗产档案之间的有机联系。②

我国档案领域对非物质文化遗产的研究是以非物质文化遗产档案这一客体为出发点,并沿着非物质文化遗产档案概念的"提出与认识—建档—管档—档案开发利用"这一条主线来进行的,这与非物质文化遗产保护的"调查—认定—记录—建档—保存—传承—传播"基本吻合。将上述分析结果进行汇总,如表 0-5 所示。

表 0-5　国内档案及相关领域非物质文化遗产研究内容汇总表

序号	研究内容	主要内容和观点	代表人物
1	非物质文化遗产档案概念	广义的观点	王云庆、周耀林等
		狭义的观点	孙展红、薛鹤婵等
2	非物质文化遗产档案分类	广义的观点	周耀林、王云庆等
		狭义的观点	孙展红、薛鹤婵等
3	非物质文化遗产档案价值	文化价值、经济价值、法律价值、档案价值	毛灵芳、单晓维等
4	为非物质文化遗产建档	建档的必要性、原则、意义、标准主体、实践介绍	戴旸、邹吉辉、李英、任越等
		传承人建档	王云庆、黄体杨、郭辉等
5	非物质文化遗产档案管理	宏观管理:工作机制、法律法规政策、组织建设、管理主体、管理方法	陈玉萍、徐拥军、杨红、王巧玲、孙爱萍、周耀林、王箐等
		微观管理:某一地区或某一特定类型非物质文化遗产的档案管理	陈祖芬、刘敏、覃美娟、张梅洁、叶立文等
6	非物质文化遗产档案化保护	该保护模式的理论研究	覃美娟、覃凤琴、吴品才、徐欣云等
		该保护模式在不同民族、地区、种类的非物质文化遗产保护实践应用研究	子志月、陶园、郑美云、朱靓等

---

① 陈剑:《非物质音乐文化遗产档案资源建设研究》,《山西档案》2017 年第 1 期。

② 和璇:《"年代—区域"理论视域下的非物质文化遗产档案资源建设研究》,《档案学通讯》2016 年第 6 期。

续表

序号	研究内容	主要内容和观点	代表人物
7	非物质文化遗产档案的数字化	数字化技术应用、数据库与网站、平台的建设、数字化保护	戴旸、叶鹏、周耀林、徐拥军、吴志峰、易春燕、黄珊、谢海洋等
8	非物质文化遗产档案的开发利用	开发的主体、客体、途径	王云庆、陈建、韩英、章军杰、邹燕琴等
		特定非物质文化遗产档案的开发利用	韩凤、仇壮丽、孙大东等
9	非物质文化遗产档案资源整合	打破传统类型、区域等界限，实现非物质文化遗产档案资源整合的效果、方式、途径的创新	施旖、陈剑、和旋等

3. 档案及相关领域非物质文化遗产研究现状分析

(1)研究主体之间缺乏合作

不同主体的侧重点和视野不同，比如档案领域多关注非物质文化遗产的档案管理，博物馆等机构关注的是其有形部分的展示，而文化遗产保护领域则较多地关注其文化性及多元价值，因此迫切需要各主体之间的合作，将各个主体的优势进行集成，以达到最佳效果。从文献调查结果看，目前各研究主体之间缺乏合作，一方面表现为在档案工作中，没有得到其他主体的配合，而实际上非物质文化遗产档案工作需要档案部门与其他主体的密切配合，如文化主管部门、非物质文化遗产保护中心、非物质文化遗产代表性传承人、非物质文化遗产项目保护单位、社会公众等主体在制度、资金、业务、技术等方面的支持。只有合作，才有利于发挥各自优势，也才能真正形成非物质文化遗产档案工作的长效机制。另一方面表现在档案领域内部研究主体之间缺乏合作，尤其是国内，大多数学者来自高校，虽然这部分学者理论素养很高，但与档案实践部门合作不充分，没有在非物质文化遗产抢救和保护中的亲身体会，其理论成果与实践必定存在一定的距离。

(2)研究内容覆盖面不全

根据文献调查结果，档案领域在非物质文化遗产保护中的研究活动始于2006年，因此研究历时并不长，尚属较新领域，研究内容覆盖面不足，一些必要内容尚未涉及或未取得实质性成果。如价值能够为人们的行动提供方向，档案价值的研究、开发也会为非物质文化遗产保护开拓新的视角，而如何开发档案价值尚未引起学界的关注。我国非物质文化遗产资源丰富，大量音乐、戏剧、曲艺、传统技艺、医药、民俗、传统体育等类非物质文化遗产档案价值因尚未引起档案领域重视而处于潜在状态。

（3）非物质文化遗产档案价值开发研究的表面化与片面化

由于缺乏对非物质文化遗产档案价值的理论研究，虽然已有研究成果涉及展览、档案资源开发、网站建设等内容，但由于基础（如非物质文化遗产档案价值概念、内在特征、实现规律等）尚未被夯实，价值实现的途径缺乏明确的方向，已有研究稍显表面化和片面化。如非物质文化遗产档案数字化建设是近年来非物质文化遗产档案管理研究中最活跃的领域，但这些研究成果大多探讨数字化建设的必要性、作用等，而哪些数字技术可以应用、如何应用、技术应用的管理等问题并未充分涉及。另外，档案价值是所有非物质文化遗产建档、档案管理等活动内在基础，其开发是档案部门在非物质文化遗产保护活动中的指挥棒，缺乏对这一点的统一认识，导致现有研究成果系统性、关联性、全局性亟待提高。

（4）有关操作性研究较欠缺

理论与实践的紧密结合是非物质文化遗产保护行之有效的重要基础，由于多种原因，档案部门在非物质文化遗产实践中参与较为有限，因此从文献调查的结果来看，虽然已经全面覆盖了非物质文化遗产保护的“调查—认定—记录—建档—保存—传承—传播”，这些研究成果至关重要，目前大多数档案部门已经意识到参与非物质文化遗产的抢救与保护是其职责所在，但在参与的具体方式、措施、标准等方面缺乏指导，如何建档、如何开发以实现这些档案资源的价值，大多数档案部门都是“摸着石头过河”，在实践中取得的成果五花八门，质量参差不齐，无统一框架，资源重复建设、资源鸿沟、资源孤岛等现象较为严重。

因此，就目前非物质文化遗产档案管理研究现状，要想实现理论研究与实践的相辅相成，一些问题亟待深入研究，主要有：档案价值研究、建档研究、档案管理研究、非物质文化遗产档案数字化建设研究、数据库系统建设的整体规划与研究、基于国家记忆的非物质文化遗产建档及保存策略研究等。

三、研究方法与创新

(一)研究方法

1. 文献调查法

本研究需要不断跟踪国内外非物质文化遗产领域研究的学术前沿，掌握档案界非物质文化遗产研究的最新动态，因此利用了多个数据库进行文献调查，通过阅读、分析本专业及相关专业学术论文及专著，为本研究奠定基础。

2. 案例研究法

本研究选择民间家书、保定市义春楼白肉罩火烧加工技艺、钧瓷烧制技艺等作为典型案例，结合案例的构成要素、表现形式和核心价值，探索、修正档案价值的开发方式。再遵循从特殊到一般的规律，归纳出能够指导非物质文化遗产档案价值开发的一般策略。

3. 比较研究法

比较有利于发现事物之间的异同和联系，本研究通过比较法分析国内外档案馆、图书馆、博物馆以及相关机构采取的不同措施及机制，比较不同类型非物质文化遗产的保护方式，比较非物质文化遗产与档案在客体属性及主体需求方面的异同，为非物质文化遗产档案价值的实现提供客观的依据。

(二)创新之处

本研究的创新点有以下三个：其一是重新构建非物质文化遗产的价值体系。主体对非物质文化遗产产生的需要是多种多样的，将这些需要概括为物质需要和精神需要，并据此构建非物质文化遗产的价值体系，从中明确档案价值在整个价值体系中的坐标。其二是提出非物质文化遗产的档案价值，指出档案价值是非物质文化遗产本身所具有的一种具体的价值形态，与其他价值形态相互关联。其三是探讨了非物质文化遗产档案价值的开发路径。非物质文化遗产的档案价值与档案的档案价值不同，更具有潜在性，因此需要为非物质文化遗产资源建设档案资源，以实现档案价值。同时为实现价值增值，还应通过数字化手段，将非物质文化遗产档案资源转化为社会资源，进而从档案学的角度实现非物质文化遗产的保护与传承。

第一章　非物质文化遗产概述

第一节　非物质文化遗产的概念与特点

一、非物质文化遗产及相关概念分析

自从民间文学、传统音乐等非物质形态文化遗产的重要价值及其濒危状况引起联合国教科文组织（以下简称UNESCO）、中国、法国、日本、意大利、韩国等国际组织和国家的关注后，这一概念也随着这些国际组织和国家对该类文化事象的认识和保护实践逐渐明确并深入，并不断由民间传统文化、非物质遗产、无形文化遗产、口述与无形遗产、口头与非物质遗产等概念演化而成了非物质文化遗产。

在2003年UNESCO通过的《保护非物质文化遗产公约》中，非物质文化遗产的定义为：被各社区、群体，有时是个人，视为其文化遗产组成部分的各种社会实践、观念表述、表现形式、知识、技能及其相关的工具、实物、手工艺品和文化场所。① 根据该定义可将非物质文化遗产分为五类：口头传统和表现形式，包括作为非物质文化遗产媒介的语言；表演艺术；社会实践、礼仪、节庆活动；有关自然界和宇宙的知识和实践；传统手工艺。②

在2011年颁布的《中华人民共和国非物质文化遗产法》中，非物质文化遗产被定义为：各族人民世代相传并视为其文化遗产组成部分的各种传统文化表现形式，以及与传统文化表现形式相关的实物和场所。据此可将非物质文化遗产分为六类：传统口头文学以及作为其载体的语言；传统美术、书法、音乐、舞蹈、戏剧、曲艺和杂技；传统技艺、医药和历法；传统礼仪、节庆等民俗；传

---

① 中国人大网：《保护非物质文化遗产公约》，2003年10月17日，见http://www.npc.gov.cn。

② 中国人大网：《保护非物质文化遗产公约》，2003年10月17日，见http://www.npc.gov.cn。

统体育和游艺;其他非物质文化遗产。①

虽然表述方法不同,但二者关于非物质文化遗产的基本构成及核心观点是一致的,都是从客体要素、主体要素和空间要素三个方面来界定非物质文化遗产的。非物质文化遗产是以各种"非物质"的形式动态地反映特定人群的生活方式、行为规范、思维方式、价值观念等,其中客体要素主要指的是非物质文化遗产自身的表现形式,如传统礼仪、节庆、音乐、舞蹈、戏曲等,这是认识、研究、保护非物质文化遗产的入口,不同类型的非物质文化遗产对于保护与传承的方式和要求也不相同,因此《"十四五"非物质文化遗产保护规划》中提出在《中国传统工艺振兴计划》的基础上,继续实施传统医药、戏曲、传统节日、曲艺等类型非物质文化遗产的传承发展计划,探索与之相适应的保护方式,加强非物质文化遗产的分类保护。主体要素主要指对非物质文化遗产认同并世代相传的社区和群体,如传承者、享用者等,非物质文化遗产是活态遗产,载体是人,其存在、传承都离不开传承、享用该遗产的族群、个人,他们是非物质文化遗产真正的主人。空间要素并不等同于地理学意义上的空间,而是既具有空间性又具有时间性的概念。② 非物质文化遗产的传承与演变是在一定的时空范围内进行的,只有锁定其时间、空间坐标,才能既对非物质文化遗产形成"点"的认知,又能进行"线"和"面"的理解,如每年四月初一至十八的北京妙峰山庙会、正月十五至十六的京西古幡会,正是依赖空间要素,才使该文化事象得以不断地传承与创新。

另外,理解非物质文化遗产这一概念,必须真正理解其中"非物质"的含义。非物质文化遗产这一术语是对 UNESCO《保护非物质文化遗产公约》中"Intangible Cultural Heritage"的翻译,用于指那些与文物、建筑群、遗址等物质遗产不同的,看不见、摸不到的非物质形态的文化遗产,但这并不是说没有任何有形的载体使人们感知非物质文化遗产,而事实上,都是通过有形的、物质的载体(包括传承人)来体现非物质文化遗产所表达的工艺、技艺、信仰、观念等,如:没有高雅的古琴,古琴艺术终将离人们远去;没有精美的均陶作品,人

---

① 中华人民共和国第十一届全国人民代表大会常务委员会第十九次会议:《中华人民共和国非物质文化遗产法》,2011 年 2 月 25 日。

② 王文章:《非物质文化遗产概论》,文化艺术出版社 2006 年版,第 47 页。

们无法体会精湛的均陶制作技艺；没有惟妙惟肖的剪纸作品，人们无法欣赏剪纸艺术的淳朴或唯美。因此可以说，非物质文化遗产是物质因素和非物质因素的结合体，其中物质因素是媒介，是载体，而其蕴藏的精神、价值、观念等非物质因素才是非物质文化遗产的核心，二者的不同作用显而易见。

非物质文化遗产是人类特有的文化事象，虽然与物质遗产在表现形式、保护措施方面有所不同，但其面临的处境更加危险，更加需要保护和传承。如作家冯骥才曾经指出“中国文化每一分钟都在消失”，又如全国地方戏曲剧种普查结果所表明的，截至 2015 年 8 月，全国 348 个剧种中有 19 个在 20 世纪八九十年代编纂《中国戏曲志》前便已消亡，却被收入戏曲志的剧种；24 个无任何演出团体，无艺人或有个别艺人，且无传承、无演出活动的剧种；17 个无任何演出团体，仅存数名艺人，有传承、偶有演出活动，未完全消亡的剧种。① 分析遗产的概念体系，厘清非物质文化遗产的位置和范畴至关重要。图 1-1 为对相关概念进行的梳理。

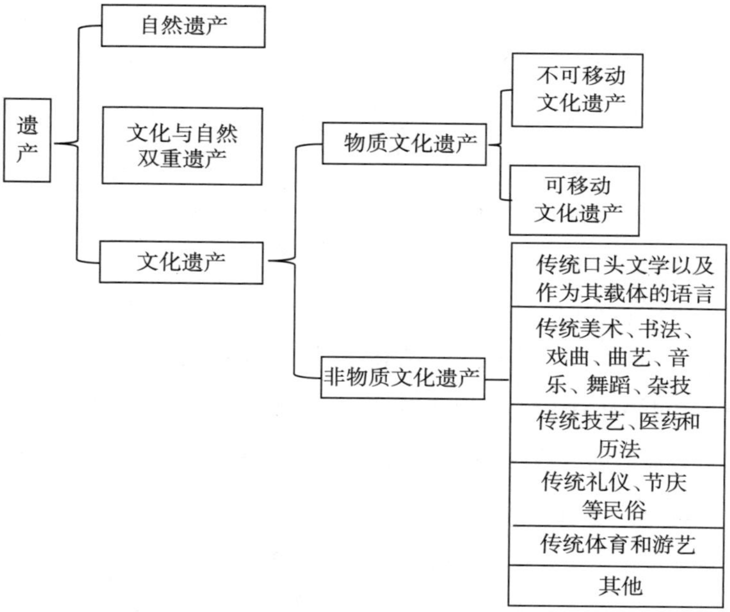

图 1-1 非物质文化遗产相关概念图

---

① 中国经济网：《中国地方戏曲剧种普查成果发布 19 个剧种已消亡》，2017 年 12 月 26 日，见 https://www.chinanews.com.cn/cul/2017/12-26/8409420.shtml。

通常意义上来讲，遗产为历史上遗传下来的精神财富和物质财富，由图1–1可以看出，遗产这一概念的外延比较广泛，既包括艺术领域作品，也包括工业、医疗等领域成果，既包括山川、河流等大自然的馈赠，也包括古代建筑、历史纪念碑等物质遗产，还包括传统音乐、舞蹈、技艺等非物质遗产。

1972年发布的《保护世界文化与自然遗产公约》中，将世界遗产做了二元划分，即自然遗产和文化遗产。其中自然遗产主要是在自然力量作用下形成的，从科学、审美或保护的角度看具有普遍价值的自然风貌、动物和植物生境区、天然名胜等，①如我国的九寨沟名胜风景区、日本的知床半岛等。文化遗产主要指从历史、艺术、科学、人种学、人类学等角度来看，具有普遍价值的文物、建筑群、遗址等，强调人类的参与，如我国的天坛、长城等。随着遗产概念的不断扩展，二元划分体系也需要调整。其一，有些遗产兼具自然遗产和文化遗产的条件、价值，如我国的峨眉山—乐山大佛，因此"自然与文化双重遗产"的提出就尤为必要。其二，随着文化遗产保护实践的发展，大量的手稿、艺术品、传统技艺等已经进入人类文化遗产的范畴，已远远超过了该公约中文化遗产界定的范围。进一步来讲，该公约中的文化遗产只是文化遗产的一个子集，是图1–1中的不可移动物质文化遗产。

文化遗产中的物质文化遗产是指那些看得见摸得着、有具体物质形态的文化遗产，通常又被分为不可移动文化遗产和可移动文化遗产，其中不可移动文化遗产主要指遗址、古建筑、纪念碑等，与《保护世界文化与自然遗产公约》中文化遗产的范畴相似。可移动文化遗产主要指出土文物、典籍、手稿等对原生地依赖性不强的物质文化遗产。非物质文化遗产又称无形文化遗产，是以抽象形态存在的知识、思想、价值观念等，该概念的内涵与外延前面已作过分析，在此不再赘述。

二、非物质文化遗产的特点

非物质文化遗产伴随着人类文明发展而积淀，是人类文化生态多样性的保障，更是民族自信的基石。特点主要表现如下。

1. 活态流变性

其中活态是指非物质文化遗产是生于民间的，主要以传承主体（民族、群

---

① 王文章：《非物质文化遗产概论》，文化艺术出版社2006年版，第56页。

体、个人)为载体,通过口传心授的方式得以鲜活地传承,离开传承主体的语言和行为,非物质文化遗产将不复存在。由于传承主体所从事的社会活动是在不断变化的自然环境、社会环境中进行的,这也就注定了其流变性。从共时角度来看,非物质文化遗产经由口传心授或其他方式被传播到其他国家或区域,这种传播必定受到当地历史、文化、民族的影响,如起源于我国的端午节流传到韩国后便被赋予了韩国特色,再如发源于江苏的民歌《茉莉花》流传到河北、东北、新疆等多地,不同版本在旋律、唱法上各有不同。从历时角度来看,非物质文化遗产是世代相传的,但其传承不是僵化的、固定不变的,而是变化的、不断发展创新的传承,因此非物质文化遗产往往被赋予时代气息,如起源于我国古代的"年文化",历经两千多年的传承发展,已经发生了很大的变化。

2. 无形性

与物质文化遗产不同,非物质文化遗产的核心内容,即它所表达的精神、知识、信仰、价值观念等是无形的,往往是通过民俗、技艺、仪式等表现出来的。因此,非物质文化遗产保护中,一方面要保护非物质文化遗产传承、演变中的物质要素,如装具、设备、道具等;另一方面也要通过语言、文字、影像等方式对其传承、演变过程进行记录,为"无形"的文化遗产形成"有形"的载体,同时对传承人培养与扶植、教育、整体保护、动态保护等方面的保护措施也是非常必要的。

3. 传承性

只有经过世世代代的传承才能使非物质文化遗产的生命力得以维持或增强。口传心授是其典型的传承方式,传承效果既受传承人个人素质、技能水平的影响,也受"传男不传女""传女不传男""传内不传外""传媳不传女""传本姓不传外姓"等规矩①的影响,传承人的选择、培养、规范化管理是传承性的核心要求,2015 年我国启动了非物质文化遗产传承人群研修研习培训计划,旨在通过夯实基础、开拓眼界、增强学养,提升科学传承的能力。同年,文化部启动了国家级非物质文化遗产代表性传承人抢救性记录工作,2019 年文旅部发布了《国家级非物质文化遗产代表性传承人认定与管理办法》,试图通过数字

① 徐艺乙、董静:《中国工艺美术的传承发展状况分析报告》,《南京艺术学院学报》2009 年第 5 期。

档案的形式抢救，保存传承人的技艺和记忆。

4. 地域性

环境（包括自然环境和社会环境）对非物质文化遗产会产生重要影响，不同地域的自然生态环境、文化传统、生产生活水平以及日常生活习惯不同，孕育出的非物质文化遗产必然具有当地的地域特征和集体性格。比如唐卡作为宗教的载体，只有在西藏自治区才有1300多年的发展历史。再如同为古法造纸工艺生产出来的纸，贵州的构树皮纸、安徽的宣纸、新疆的桑皮纸、福建的竹纸等原材料、造纸流程却并不相同。即使是同一非物质文化遗产，被传播到其他地方时，也会被打上当地特色，比如海南苗族文化与西南地区苗族文化同根同源，但自明代迁入海南后，垦山种植、蜡染织绣、刀耕火种的游居生活使海南苗族文化打上了“海南特色”。

5. 民间性

非物质文化遗产产生于大众的生产生活实践，或表现为人们生产生活实践的组成部分，如集体劳动、田间劳作时哼唱的劳动号子；或表现为人们生产的主要内容、借以谋生的主要手段，如瓷器、陶器、纸张等的制作；或是表现为对民众行为的规范和引导，如传统民俗、节庆等，总之，都已融入民众的骨血之中，片刻不得分离。因此在非物质文化遗产这一概念出现之前，我国一直用民间传统文化来表达民众在生产生活实践中的各种文化事象，并试图与官方、上层社会的文化事象相区别。非物质文化遗产的民间性，强调了社区和群体是非物质文化遗产拥有、认定的主体，是局内人，民众是创造、传承非物质文化遗产的主人，唯有民众才能真正赋予非物质文化遗产生命。

第二节 非物质文化遗产的价值体系

正如德国哲学家李凯尔特所言，“价值是生活的命根，没有价值，我们便不复生活；没有价值，我们便不复意欲和行动，因为它给我们的意志和行动提供方向”①，人类的一切行为都是建立在价值判断的基础之上的，恰如一个饿

---

① ［德］马克斯·韦伯：《社会科学方法论》，韩水法译，中央编译局出版社2002年版，第6页。

得奄奄一息的流浪儿对一幅艺术价值极高的画作不会产生任何兴趣，而一个馒头、一块饼干则会被他视为救命稻草。非物质文化遗产凝结着人民群众的集体智慧，是重要的历史资源、文化资源、科学资源，能满足人们科学研究、教育、经济发展等多方面的需求，因此具有多方面的价值。

一、基于"两个尺度"思想的价值分析

作为一个哲学范畴，价值显得比较抽象，但作为一种关系现象，价值则是比较具体和现实的。在哲学界，人们对价值是否存在及其本质是什么有不同的认识，形成了不同的价值学说，如观念说、实体说、属性说、关系说、实践说等，如表 1-1 所示。

表 1-1　不同价值学说观点汇总表

学说	观点释义
观念说	价值并不是一种客观的现实存在，而是产生、存在于人们的评价意识之中，是来自人的主观精神的表现
实体说	价值是一种独立存在的实体或现象体系，可以在某个地方或某种状态中找到它的终极存在
属性说	价值是某些实体所固有的或在某些情况下产生的特殊属性，又包括"客体属性说"和"主体属性说"两种观点
关系说	价值是一种关系范畴，是人所特有的对象性关系的产物，指相互联系和相互作用所产生的效果和影响
实践说	价值是作为一种特定的"关系态"或"关系质"而产生和存在的，价值的本质是客体属性同人的主体尺度之间的一种统一，是"世界对人的意义"

"实践说"认为，价值是人类主客体关系中的一个内容要素，产生于人类按照自己的尺度去认识和改造世界的现实活动，其本质是客体属性同人的主体尺度之间的一种统一，进一步指出价值是"世界对人的意义"①。该观点以社会实践为价值研究的基础，强调了价值活动中主体的权利和责任，尤其强调从对象的存在和属性与主体(人)的需要的关系中去理解价值，因此得到了越来越多的人的认可，笔者也采用了该观点。

人类的社会实践是主体和客体相互作用的结果，其中主体指对象性行为

① 李德顺:《价值论—— 一种主体性的研究》，中国人民大学出版社 2013 年版，第 28—29 页。

中作为行为者的人，客体指对象性关系中的对象。[①] 二者的相互作用表现为客体主体化、主体客体化的螺旋上升。比如人们按照自己的需求将木头制作成桌子、椅子、床等，这就是客体主体化的过程，而客体对主体也起着规范、制约的作用，如不同材质、不同规格的椅子对承重、使用方法等会有一定的要求，在使用椅子时人们必须要满足这些要求，这就是主体客体化的过程，主体改造客体的过程是从自身需求出发，同时又必须受到客体的制约。因此，人类的社会实践必须按照主体尺度、客体尺度两个尺度进行。

马克思在《1844 年经济学哲学手稿》中，第一次明确提出了人类劳动“两个尺度”的思想，同时还指出：“动物只是按照它所属的那个种的尺度和需要来构造，而人懂得按照任何一个种的尺度来进行生产，并懂得处处都把内在的尺度运用于对象。”[②]在这里，“任何一个种的尺度”都包括人自己的尺度（主体尺度）和一切对象的尺度（客体尺度），人类是依照两个尺度来从事实践活动的。

其中，主体尺度是价值的根源，决定了价值现象的本质和特征。[③] 人的一切实践活动都是为了满足自身需求，谋求自身的发展与解放，因此说，人是一切价值的主体，没有人以及人的需求，也就无所谓价值。这里“人”包括人类、族群、阶层、个人等多种形态，因此价值表现通常具有个体性、多元性、多维性、时效性、历史性等多种特点。

客体尺度是主体在实践中所反映和需要遵循的尺度。[④] 客体之所以能在主客体关系中对主体产生意义，是因为它具有某种属性，并且这种属性是客观存在的，是不以人的意志为转移的。客体属性是价值具体的物质承担者，是形成价值的前提和必要条件。这里的客体不仅指进入人类社会实践活动的外界物，也包括人自身。在人的实践活动中，主体必须掌握客体尺度，服从客体规律，才能实现自身的生存和发展。

马克思的“两个尺度”思想为我们正确认识价值问题提供了重要的方法论基础和出发点。从上面的分析可以看出，价值是以主体尺度为尺度的主客

---

① 李德顺：《价值论——一种主体性的研究》，中国人民大学出版社 2013 年版，第 30 页。
② 《马克思恩格斯全集》第 3 卷，人民出版社 2002 年版，第 274 页。
③ 李德顺：《价值论——一种主体性的研究》，中国人民大学出版社 2013 年版，第 50 页。
④ 李德顺：《价值论——一种主体性的研究》，中国人民大学出版社 2013 年版，第 54 页。

体关系，主体尺度是价值的根源，同时客体尺度对价值的实现起着制约作用。因此两个尺度是统一于人以及人的主体性活动的，这不仅体现了主体与客体的统一，还体现了人的主观能动性和客观规律性的统一，是人类实践与历史发展的基本法则。①

二、非物质文化遗产的价值

按照“两个尺度”思想，非物质文化遗产的价值是其本身在与人类的相互关系中对人类的意义。如图 1-2 所示。

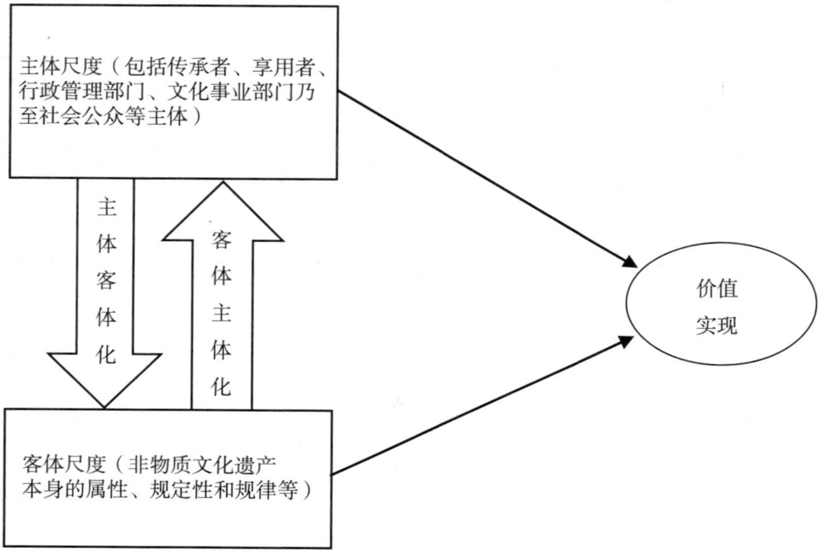

图 1-2　主体尺度与客体尺度在非物质文化遗产价值实现中的关系图

从图 1-2 可以看出，非物质文化遗产的价值，即其对人的意义是客体尺度和人的主体尺度的统一。一方面，主体本身是多元的，包括传承者、享用者、行政管理部门、文化事业部门乃至社会公众，不同主体对非物质文化遗产所产生的需求也是多维的，如身份认同、传承文化、传承民族精神、进行历史研究、构建与维护和谐社会、审美、进行社会教育、谋求经济发展等。不同主体的需求、目的不同，决定了在传承、保护非物质文化遗产中态度、立场、角色以及采取的措施的不同。另一方面，非物质文化遗产的属性是客观存在、不以人的意

① 李德顺：《价值论——一种主体性的研究》，中国人民大学出版社 2013 年版，第 50 页。

志为转移的，属性是其价值具体承担者，决定了是否能满足人们的种种需求。因此，人类在传承、利用非物质文化遗产以满足自身需求时，必须要尊重客体自身的属性和规律。

三、非物质文化遗产的价值体系

主体尺度是价值的根源，非物质文化遗产所涉及的主体多元，可分为不同层次，如全人类、某个特定历史阶段的人类、社会群体（国家、地区、民族、社会团体等）和个人，不同主体的需求也不一样，即使是同一主体在不同时间、不同背景下对非物质文化遗产的需求也不同。从客体尺度看，非物质文化遗产的属性是多面的，这就为实现非物质文化遗产的多重价值提供了保障。虽然属性是客观存在的，但并不是一开始就完全被认识到的，随着人们对非物质文化遗产认识的不断深入，新的属性可能会被发现进而产生新的价值。主体需求的多元性以及非物质文化遗产属性的多面性共同决定了非物质文化遗产会具有历史价值、经济价值、文化价值、审美价值、科学价值等多种价值形态。但是这些价值形态并非完全并列，也并非完全不相关，而是相互关联着共同构成了非物质文化遗产多维度、多层次、动态的价值体系，如图 1–3 所示。

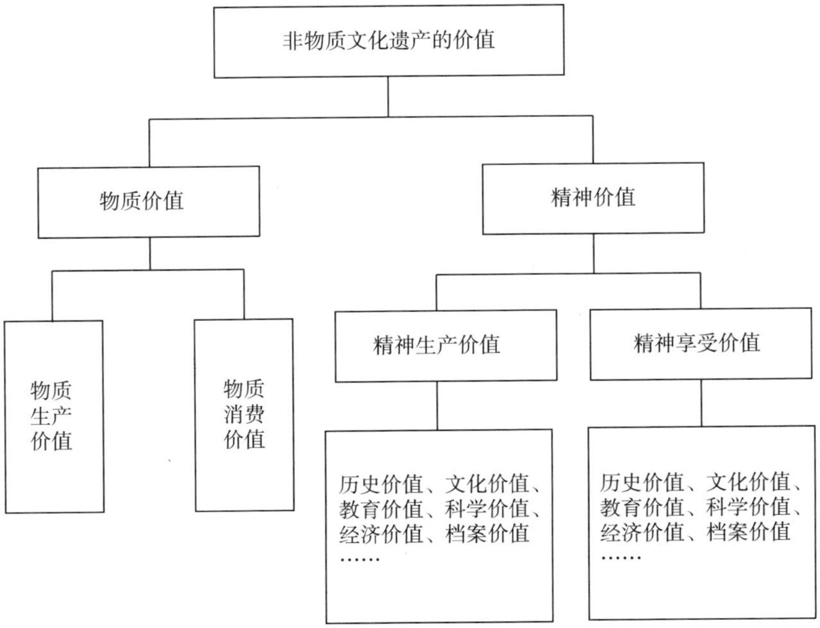

图 1–3　非物质文化遗产的价值体系

在此以主体尺度为基础构建了非物质文化遗产的价值体系。主体尺度是价值的根源,也就是说人的需要、目的和能力应为价值体系构建的基础。从哲学角度对人的需要进行分类,最常见也是被大家广泛认同的观点有两种:其一是将需要分成目的性需要和工具性需要,其二是将需要分成物质需要和精神需要。① 就非物质文化遗产这一客体而言,笔者选择第二种分类标准,其中满足人们衣、食、住、用、行等各种物质需要的价值为物质价值,而满足人们理性、知识、情感等方面需要的价值为精神价值。

进而言之,无论物质需要还是精神需要的产生及满足,一定是达到了某种目的或是为了达到某种目的,因此不同物质价值和精神价值在人类活动中的地位不同,因此又将物质价值细分为物质生产价值和物质消费价值,其中物质生产价值是指非物质文化遗产能够满足人们在物质生活资料生产中的需要而具有的价值,物质消费价值是指非物质文化遗产能够满足人们生活和消费的需要而具有的价值。如一些民间音乐、舞蹈等非物质文化遗产在传承、宣传的同时,也给传承者带来一些经济价值,一些传统手工艺(如造纸、纸墨、制药等)在传承的同时形成了纸张、墨、药等产品,可直接满足人们再生产或生活的需要,从而体现出其生产价值或消费价值。但作为文化事象,非物质文化遗产主要承载的是价值、观念、信仰等内容,带给人们更多的是精神上的满足,即具有精神价值。同物质价值类似,可以进一步将精神价值细分为精神生产价值和精神享受价值。其中精神生产价值是指非物质文化遗产能满足人们对精神产品存储、传播和创造的需要,如历史价值、文化价值、科学价值、教育价值、档案价值等。精神享受价值是指非物质文化遗产能够满足人们精神上艺术鉴赏、感情沟通、求知得知等方面的需求,如审美价值、道德价值、旅游价值、教育价值、社会和谐价值等。不同的价值形态满足人们社会生产生活中不同领域的需求。

从总体上来看,依据人的需求以及该需求在人类社会实践活动中地位构建的非物质文化遗产价值体系具有多维性和整体性,尤其是随着人们对非物质文化遗产属性认识的逐渐全面,可能会有新的价值形态进入价值体系中,而任何一种价值形态都能在该体系中找到合适的位置。但不可否认的是,不同

① 李德顺:《价值论——一种主体性的研究》,中国人民大学出版社 2013 年版,第 81 页。

价值形态之间并不是完全独立、互不相干的，每一种价值形态的定位也并非绝对，而是相对的。如非物质文化遗产中蕴含着大量的历史、文化、科学知识，通过其教育价值的发挥，可以实现这些知识的存储、传播与创新，所以教育价值属于一种精神生产价值。但对于被教育者而言，习得了这些知识，有助于了解本民族的优秀文化传统，获得身份认同与民族文化自信，从这个角度来看，教育价值又体现为一种精神享受价值。所以在本部分构建的价值体系中，将教育价值确定为一种精神生产价值是具有相对意义的。事实上，每一种精神价值，既有精神生产的体现，又有精神享受的体现，同时每一次精神生产的过程也都会产生新的体验和感想，获得心理上的充实，所以精神生产价值和精神享受价值不可能绝对分开。

第二章　非物质文化遗产档案价值分析

第一节　非物质文化遗产档案价值的界定

一、档案的价值与档案价值辨析

目前,"档案价值"在学界存在两种说法,其一是用"档案价值"来表达档案这一特定客体在满足主体各种需求时所具有的意义或作用,这一表达在学界普遍应用且得到了广泛的认可。如冯惠玲、张辑哲指出,"档案价值是指档案对国家、社会组织或个人的有用性。它是主体(档案利用者及其利用需求)与客体(不同时代产生的各种类型、载体、内容的档案)之间的关系范畴"①,并进一步分析了多种价值形态,如第一价值、第二价值、情报价值、凭证价值、利用价值、保存价值等。张斌在《档案价值与档案的价值》一文中提出:档案的价值是指档案这一客体对于主体的意义或作用。② 通过比较可以发现,二者指代相同,均是一种非明确表述性概念,这一概念并未真正地指明或确定价值,而是确定了价值客体——档案。为了行文方便,以下均用"档案的价值"来表达这种含义,档案的价值会因主体的不同、主体利用角度的不同而具有多种具体的价值表现和价值形态,如凭证价值、历史研究价值等。

档案价值还被用来表达一种特定的价值形态。张斌对档案的价值和档案价值进行了比较并指出,不同于档案的价值,档案价值是一种明确表述性概念,是指"某一客体具有作为档案保存的意义或作用"③,也就是说,不仅档案

---

① 冯惠玲、张辑哲:《档案学概论》,中国人民大学出版社 2006 年版,第 47 页。

② 张斌:《档案价值与档案的价值》,《山西档案》1995 年第 2 期。

③ 张斌:《档案价值与档案的价值》,《山西档案》1995 年第 2 期。

具有档案价值,其他客体也可能是作为档案保存的事物,如文件、图书、情报、文物、文化遗产等。如赵爱国、刘磊在《电影的档案价值》一文中,认为电影作为记录信息、承载信息的一种媒介,也可以行使档案的职能,①因此电影也是具有档案价值的一种客体。仝艳锋在《档案的文物价值论》中也提出,档案这一客观事物具有多种价值形态,其中档案价值是根本价值,表现为凭证作用和参考作用。② 档案价值是档案的一种具体价值形态,当档案作为一种原始记录在人们的生产生活实践中发挥凭证或参考作用时就体现了档案价值,而当其满足人们在艺术、文学、文物鉴赏或欣赏等方面需求时,表现出来的是艺术价值、文学价值、文物价值,在此情境下,档案这一客体是作为一种艺术作品、文学作品或文物的身份出现并满足人在各个方面的需求的。所以从不同的视角可以发现档案不同的价值表现,档案的价值是这些不同的价值形态的总和。归吉官用"档案客体价值"来表示档案这一客体事物所具有的全部价值形态,包括档案价值、文学价值、文物价值等,而用"档案价值"来表示一种相对独立的价值形态,明确指出档案价值是"档案这一客体以其形成活动的真实的历史记录(或者说原始的历史记录)来满足从事社会实践活动主体的需要而所发挥的凭证作用和参考(情报)作用"③,也就是说,只有当档案以其原始记录性而满足人们凭证需要或参考(情报)需要时,才是档案客体价值中档案价值的发挥。通过以上学者对档案价值的阐述,可以发现档案价值是档案这一客体若干价值形态中的一种,是因其原始记录性而能够满足人们凭证或参考的需要而具有的意义。

档案的价值与档案价值是两个相互区别又相互联系的概念。恰如在英文表达中,"档案的价值"采用的是名词所有格形式,档案在此指的是特定客体,为名词,"档案价值"表达的是一种具体的价值形态,档案在此为价值的定语。档案价值是从产生需要的社会生活领域这一角度对价值细分的一种结果,表现为对人们凭证、参考等方面需要的一种满足,它的并列概念是经济价值、文化价值、科学价值等。而档案的价值是从客体角度对价值细分的结果,是档案这一客体所具有的全部价值的总和,它的并列概念是图书、情报等客体的价

① 赵爱国、刘磊:《电影的档案价值探析》,《档案学通讯》2013 年第 3 期。
② 仝艳锋:《档案的文物价值论》,《档案管理》2009 年第 2 期。
③ 归吉官:《对档案价值与档案客体价值的再认识》,《档案》2011 年第 3 期。

值。从主体需求的范围来看，档案价值所能满足的需求是特定的，即凭证和参考需求，档案所能满足人们的需求是多方面的，除了凭证和参考需求外，还有艺术、法律、文物等方面的价值。如我国最早出现的家书书写在木简上，形成于战国末期，因此既具有档案价值，也具有文物价值、历史价值等。从客体角度看，档案价值作为一种具体的价值形态，其客体是不固定的，任何客体，只要能满足人们寻求凭证或参考等方面的需要，就具有档案价值，如非物质文化遗产在历史的长河中积累、发展而来，真实地反映了民族、国家的过去，是不可多得的"活档案"，因而具有档案价值。档案的价值客体则非常明确——各种载体的档案。档案价值是一种明确表述性概念，是一种具体的价值样态，意在表达某些客体能够满足人们在社会活动中寻求参考、凭证等方面需要时而具有的意义。因此，经过鉴定保存在档案馆、档案室的档案一定具有档案价值，但其他客体可能也具有档案价值。

档案既是人类文明发展的客观结果，也是人类各项实践活动的伴生物，因其记录性、真实性、历史性等属性能够满足人们参考凭证、行政管理、获取情报、构建社会记忆、身份认同等方面的需求，因此具有多重价值。同时，随着社会档案意识的提高以及档案利用和研究的日益普遍，留史、存证成为人们的一种普遍需要，这一现象也逐渐引发人们思考，除档案这一客体外，还有哪些事物能够满足人们的这种需要？于是口述史料、家书、非物质文化遗产等越来越多的客体开始进入档案界的研究视野。作家冯骥才曾经表示："不仅包括纸质的东西，不仅仅是数据库多媒体的东西，活的东西也是档案，甚至活的空间也是档案。"①这就意味着在不断变化的社会环境中，越来越多的客体具有档案价值，虽然它们并不是传统意义上的档案，但在满足人们获取凭证和参考方面，能与档案起到相同的作用，因此也需要进入档案领域的视野。在档案价值这一概念中，融入了主体的权利和责任，研究档案价值，不仅意味着要研究档案的档案价值及其他价值形态，还要追问其他事物的档案价值如何；不仅意味着要关心如何让档案为社会服务，满足社会需要，还要通过主体主观能动性的发挥，使档案价值能够立体的、全面的得以发挥。

---

① 吴红、王天泉：《为流逝的文明建档》，《中国档案》2007 年第 6 期。

二、非物质文化遗产的档案价值

中华民族上下五千年的文明繁衍了绚烂多彩的非物质文化遗产，这些文化遗产与社会同生共衍，以艺术化、生活化的形式记录、反映了人类社会各方面的变迁和社会的进步，从整体上来看，能够满足人们进行历史研究、文化传承、科学技术研究、伦理道德教育、经济发展等多方面的需求，因而具体表现为多种价值形态，而这些价值形态之间既相互区别又相互联系，共同构成了多维、多样、多层次的价值体系。档案价值即为该价值体系中的一种具体价值形态。根据前文分析的结果，档案的档案价值最为典型，但并非档案这一客体特有，其他客体（如电影、文件、文物等）只要它能够客观真实地记录人类活动，并且能满足人们寻求证据、参考的需求，该客体就具有档案价值。这两个条件必须同时具备，如有些客体虽然也记录了一定的人类活动，但没有被妥善地保存下来，或虽然被保存下来但人们已经无法识别和了解它，也就不能满足人们寻求凭证和参考的需要，因此就不能具有档案价值。

社会实践是非物质文化遗产价值产生的土壤，一方面，在长期的社会实践活动中，在处理人与人、人与自然之间的关系时形成了特有的道德观念、性格、习惯、思维结构，进而表现为民俗、节庆、民间音乐、舞蹈等文化事象；另一方面，相对稳定的道德观念、性格、习惯、思维结构又会内化到人们的生产生活方式之中，成为人们按照特有方式生产生活的一种力量。所以，非物质文化遗产历来都是与生产生活相伴相随的，它们不仅真实地记录了人们的情感态度、价值观念、生活方式，而且按照时间节点将文化事象串联起来，还能动态地反映人们在情感态度、价值观念、生活方式等方面的变迁。如自明末延传至今的泸州市级非物质文化遗产吊洞“龚砂锅”，其砂锅制作技艺记录了先人的智慧和精益求精的制作规范，在传承谋变的过程中，产品突破了砂锅药罐的局限，研制而成的花瓶、酒瓶等工艺品也得到了公众的认可。除此之外，陶瓷制作、刺绣、竹刻等技艺在传承的基础上也实现了题材、色彩、功能等方面的变化，因而也记录了不同时代、地区、民族人们在生活方式、价值取向等方面的变迁。所以，非物质文化遗产是在以其特殊的方式真实地记录着历史。国内有学者将档案馆中保存的剪纸、刺绣、皮影、面塑等被视为特殊载体的档案叫作实物档案，认为这些档案直接记录了群众真实的生活场景，与传统馆藏档案资源共同承担了记录历史的社会职责，从而为人们展现了一个全面、真实的人类社会。①

非物质文化遗产不仅有利于当代人们了解、认知历史及传统文化,其意义还在于对当代人在情感表达、心灵沟通、身份认同等方面的积极作用。② 工业文明高度发展、经济全球化、城市化给人们带来吃、穿、住、用、行等方面进步的同时,却又造成了严重的"精神荒原",冷漠、随波逐流几乎成为现代城市人的"通病"。如在许多发展中国家,由于西方文化的强势输入,许多体现本民族、本地区特色的文化在与强势文化的博弈中不断消失,不同民族、地区的人们的生活方式逐渐变得千篇一律,这使世界文化多样性面临着前所未有的危机。同时,认同感缺失是全球化、城市化带给当代人们的又一通病。人们与原来所处的社会关系脱离,并在新的时空环境中组合成新的社会关系,结果减少了人对传统的依赖,但由于人们总是处于流动和不确定状态,新的社会关系总是在形成过程中,也很难形成对人的凝聚力,因而人们不得不面对认同危机。

由于非物质文化遗产来源于人类生产和生活,不同民族、不同区域、不同自然环境和生态环境孕育了不同文化,"十里不同风,百里不同俗"表达了民间文化的丰富多样,表达了特定人群的地域特征和集体性格,同时也为文化创新提供了源源不断的灵感和素材,非物质文化遗产因而成为维护文化多样性的重要基础。如被列入人类非物质文化遗产代表作名录的"二十四节气",是中国人在认知时令、气候、物候等方面规律的基础上形成的知识体系和社会实践,是中华民族文化认同的重要载体。不同地区、不同民族在各个节气又拥有各具特色的饮食、仪式、习俗,烙上了有自身特色的文化烙印,这些文化烙印事实上都是对地方、民族习惯、价值观念、思维方式的记录。

非物质文化遗产来自祖祖辈辈的传承和演变,真实地记录着一个国家、一个民族、一个族群的记忆和情感,是身份认同的重要标志,是集体记忆的重要组成部分,对现代人的"通病"有很强的"治愈"功效。而非物质文化遗产的这些"功效",无不是因其为真实记录而以它为参考或凭证的。如以敬神、祭祖、祈福为主要内容的春节是满足身份认同、增强中华民族凝聚力的典型,之所以

① 李波:《让档案以特殊的方式记录历史——谈谈档案馆如何参与非物质文化遗产的保护》,《兰台世界》2009 年第 6 期。

② 蔡丰鸣:《中国非物质文化遗产的文化特征及其当代价值》,《上海交通大学学报(哲学社会科学版)》2006 年第 4 期。

成为典型，一个重要原因就在于千百年来的历史赋予该节日特殊的含义、习俗得以传承，中华民族感恩、和谐、智慧、与人为善的价值观念得以流传。只要是炎黄子孙，无论身处何方，在这一天都会为身为中华民族一员而感到深深的骄傲与幸福。

放鞭炮是春节不可或缺的元素，不仅能增强热闹喜庆的气氛，在不同时间燃放鞭炮以及举行相关的活动和仪式更是有吉祥纳福、驱邪避灾的特殊寓意。有趣的是，即便是近年来人们认识到燃放鞭炮对环境保护、社会安全存在一定的隐患，但在允许燃放的时间和区域，国人热情不减，电子鞭炮、电子烟花等电子产品的出现也反映了人们对这一习俗的“坚守”。而舶来的情人节、圣诞节等洋节大多成为商家赚取利润的手段和年轻人对新鲜、时尚的追求。

由以上分析可以看出，非物质文化遗产一方面客观真实地记录了人类的生产、生活及在不同时代的变迁，另一方面，在人们寻求身份认同、社会记忆的过程中能够提供可靠的凭证或参考，因此档案价值本应属于非物质文化遗产价值体系中的固有部分。笔者将非物质文化遗产的档案价值界定为：由于非物质文化遗产这一客体能够满足主体在寻求凭证或参考等方面的需求而具有的意义。

很明显，非物质文化遗产档案价值的客体为非物质文化遗产，价值表现在为主体提供参考或凭证，但作为一种活态的文化事象，其主体需求与价值实现手段肯定不同于档案的档案价值。主要有以下几点：一是档案作为凭证和参考满足主体需求时，主体与档案、文件的形成或处理密切相关，而非物质文化遗产档案价值的主体包括传承者、管理者、研究者乃至社会公众，不同主体对该文化事象的了解程度并不相同；二是档案的档案价值体现得比较明确，比如升学、就业、晋职、加薪等需要人事档案提供凭证，而非物质文化遗产作为凭证或参考时体现并不明显，这也是非物质文化遗产的经济价值、文化价值、旅游价值等价值形态在受到追捧的同时档案价值却尚未得到公众关注的原因；三是档案作为凭证或参考时，是为了证明某事件是否发生、怎样发生的，聚焦于一个相对较短的时间段，而非物质文化遗产往往反映的是某文化事象的来龙去脉，以及其背后的社会发展及历史变迁情况，是一个历时的反映。

因此，在瞬息万变的社会环境中，档案价值的开发必须依靠一定的外部手段，使其能够原真地被保存、被理解，手段之一就是进行档案化建设，为非物质文化遗产建设其完整的档案资源。档案的档案价值最为典型,档案部门在档案价值的开发和实现方面最为权威,提出了较为成熟的理论体系,积累了丰富的实践经验,为非物质文化遗产资源建设档案资源,利用档案资源的优势以及档案部门的知识和经验,能为非物质遗产档案价值的实现奠定基础。手段之二是要将这些档案资源转化为社会资源。为非物质文化遗产形成档案资源,虽然有利于档案价值充分发挥,但毕竟是局限在档案界内部,受众有限,并且有可能导致这部分资源的僵化、不真实,因此需要将非物质文化遗产转化为社会资源,为公众无障碍利用,达到"取之于民、用之于民"的效果,才能一方面促进非物质文化遗产的传承和保护,实现非物质文化遗产对于世界、国家、民族的意义,另一方面,促使档案资源的不断优化,通过不断增加、鉴定、开发使档案资源有用、可用并被用,两个方面形成非物质文化遗产保护中的良性循环(如图 2-1 所示)。非物质文化遗产档案化建设以及档案资源向社会资源的转化两个手段在档案价值开发中密不可分,缺一不可,第一种手段是第二种手段的基础,第二种手段为第一种手段的优化和升华。为行文方便,将非物质文化遗产档案价值的主体划分为两个区域,一部分为档案界的主体,包括档案管理者、档案研究者,另一部分为档案界以外的主体,他们为档案的利用者,包括传承、享用非物质文化遗产的广大人民群众。

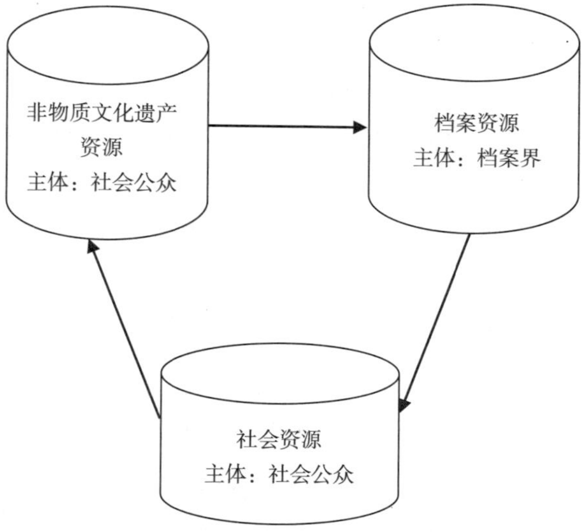

图 2-1　非物质文化遗产档案价值的实现过程

第二节　非物质文化遗产档案价值的解析

根据马克思的“两个尺度”思想，非物质文化遗产的档案价值同样也是由其客体属性和主体需求共同决定的，如图 2-2 所示。

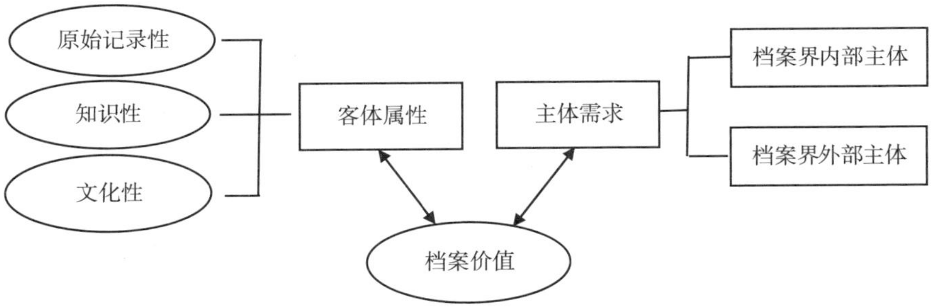

图 2-2　档案价值实现原理

其中，非物质文化遗产的原始记录性、知识性、文化性等属性是非物质文化遗产档案价值的物质承担者，而来自档案界内部与外部各主体的需求是档案价值的来源，也通过档案价值得到满足。

一、非物质文化遗产档案价值的客体属性分析

价值是以主体尺度为尺度的主客体关系，但客体属性是价值的物质承担者，任何脱离客体实际的需要都是无法被满足的。因此在实践活动中，主体需要认识、了解客体的特征、属性以及发挥作用时的规律、影响因素等，并且在实践活动中要尊重其属性和特征，遵循作用发挥的规律，妥善处理与相关因素的关系，只有这样，才能使主体的需求得到满足，进而谋求自身的生存和发展。

同档案或其他事物的档案价值一样，非物质文化遗产的档案价值首先来源于其原始记录性，但除此之外，文化性、活态流变性、知识性等也是非物质文化遗产的重要属性，这些属性对档案价值的实现所具有的或制约、或促进的影响，也是需要在价值开发中特别注意的。非物质文化遗产与档案这两种不同的客体都具有档案价值，承担该价值形态的属性具有很多相同点，如图 2-3 所示。

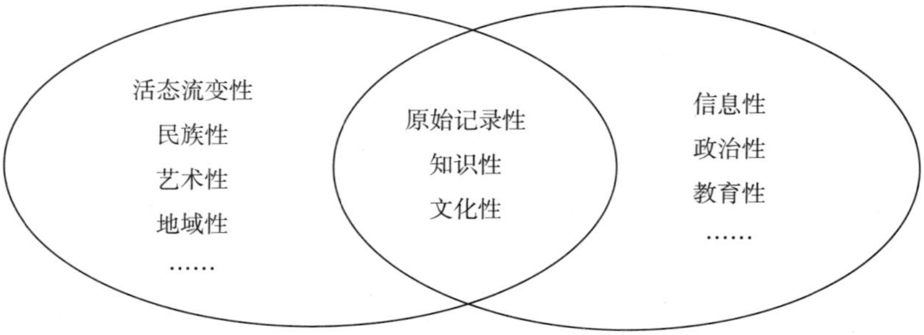

图 2-3 非物质文化遗产与档案的属性比较

这些共同属性为从客体尺度分析非物质文化遗产的档案价值提供了新的支撑点，本部分主要选择以下几种属性重点分析。

（一）原始记录性

原始记录性是任何客体承担档案价值的重要属性，这一属性决定了客体的真实、可信，也决定了客体能够满足主体寻求证据、寻求参考资料、追溯历史等方面的需求。档案直接形成于社会活动并用文字、图表、图像等形式将社会实践活动的起因、过程、结果等记载在特定载体上，在技术的支持下，所记载的信息有任何形式的变动、更改都会留下痕迹，凡是不正当的更改都有可能导致档案的真实性、可靠性受到质疑，因此档案的原始记录性，能给人们寻史、资政、惠民提供确定、可靠的信息。档案对社会活动的记录是通过文字、声音等媒介来实现的，但人类的社会活动远不只是有文字记录的这些。文字是人类文明的标记，在文字发生之初的“结绳刻契”就是为了克服人与人直接接触时的空间和时间障碍，作为双方约定好代表一定意义的记号，语言、文字都只是人们传情达意的象征体系之一，在面对面的族群社会中，人们传情达意的工具多种多样，如声音、动作、表情、特殊语言等。① 非物质文化遗产通过口头语言、形体动作、技能等方式将先辈们积累下来的知识、理念记录下来，并以音乐、舞蹈、美术、传统技艺等方式表现出来，通过人们世代传承得以存在，由此来看，非物质文化遗产作为人类实践活动的一种原始记录甚至比档案要更悠久、更多样。

人类在漫长的历史进程中形成了繁多的非物质文化遗产，并在不断传承

① 费孝通：《乡土中国》，北京大学出版社 2012 年版，第 22—24 页。

中实现创新,因此非物质文化遗产都经历了比较长的历史时期,而非一时一世的产物,它不仅记录了各个历史时期的生产力发展水平、社会结构、道德观念,也诠释了当今社会,甚至引领着未来。

非物质文化遗产是对社会发展的记录,并且是一种动态的、历时的记录。从总体上来看,非物质文化遗产中蕴含着大量历史、政治、经济、文化、社会信息,记录了人们生活的方方面面,而具体到每一项非物质文化遗产则真实、动态地记录了人们某一方面的活动与发展。这种记录的形成不是人们刻意留存下来的,而是在人们社会活动中自然而然形成并流传下来的,因此能为人们提供确定、可靠的信息。尤其是历史越往前追溯,文件、档案等记录信息不充分时,人们对社会真实情况就越难把握,就越需要非物质文化遗产为人们提供凭证或参考,其档案价值就越大。如民间家书,作为家人、亲友之间的一种沟通桥梁,一种情感交流的工具,其反映的内容既包括一些生活琐事,也会涉及一些历史事件,历史上的重要事件几乎都能在家书中得到反映,因而是历史研究的重要补充。因为它记录着一个社会的变迁,并且这种记录大多反映的是中下层社会的风貌,这种记录更具有草根性和真实性。民间家书的记录性不同于一直受行政力量影响的档案、史书等历史记录,恰如任继愈先生所言,家书写的时候不是为了发表,讲的是真话,是真实的历史资料,研究价值较高。①

（二）知识性

知识来源于人类实践,是人类的认知成果。档案是人类实践成果的记录与知识的固化,尤其是随着人们档案意识的提高及管理的科学化、规范化,凡是有价值的实践活动（包括科学研究和认识活动）,都形成了系统的档案,档案成为人们获取显性知识的重要源泉,为后续相关活动提供参考或凭证。在知识经济时代,档案已普遍被组织视为重要的知识资源纳入知识管理体系中。

非物质文化遗产来源于大众的实践活动,其中蕴含着大量认识世界、利用世界、改造世界的知识,并且这些知识在非物质文化遗产的不断传承中逐渐丰富。如被誉为“古希腊社会、政治、伦理、宗教、军事、地理、天文学等多学科教科书”的史诗《伊利亚特》,其包含的天文学知识是在 20 世纪才被 Edna

---

① 张丁:《民间家书的定位及分类探析》,《山西档案》2012 年第 2 期。

Florence Leigh 等人发现的，并被认为是世界上最早的天文学书籍。[①] 传统技艺、医药和历法等，这些知识因其具有较高的科学含量和科学成分而成为人类当前知识体系中不可或缺的一部分，同时也是进一步认识的基础。如中医中药是在传统中医长期实践基础上形成的独特的医药体系，其倡导治疗的整体概念和辨证施治，在整个医学体系中都占有特殊的地位。[②] 再如，2016 年列入联合国教科文组织人类非物质文化遗产代表作名录的“二十四节气——中国人通过观察太阳周年运动而形成的时间知识体系及其实践”，作为中国传统历法体系的重要组成部分，指导着我国的农业生产和日常生活。另外，一些祖传秘方、家族工艺都是在家族中一代一代传承下来的，所以，这些知识不同于学院派的、知识界的精英文化知识体系，而更多的是基础的、源头的民间文化知识体系，并且这些知识大多以非文字的、活态的形式存在，以局部范围内的师傅带徒弟、口传心授的方式来传承，一旦某种技能或绝技没有得到后辈的有效传承，这些知识将从人类知识体系中永远消失，因此这种知识属于个人知识、隐性知识。

（三）文化性

文化是人类社会相对于经济、政治而言的精神活动及其产物，因此很难给文化下一个准确的定义。“文化”在中古汉语中就已经出现，其中“文”的本义指各色交错的纹理，“化”的本义为改易、生成、造化。“文”与“化”的并列使用，最先出于《易经·贲卦彖辞》“刚柔交错，天文也；文明以止，人文也。观乎天文，以察时变，观乎人文，以化成天下”。不同学科对文化的理解不同，如文化是一种历史现象，是指人类创造出来的所有物质和精神财富的总和，[③]从外延上来看，文化既包括世界观、人生观、价值观等具有意识形态性质的部分，又包括自然科学和技术、语言和文字等非意识形态的部分。

档案本身就是文化发展的产物，丰富的档案资源记录了一个国家、民族的历史，因此在保存社会记忆、延续人类历史、传承人类文化和科学技术方面起

---

① Lan E.Wilson，“Information，Knowledge，and the Role of Archives”，*Canadian Journal of Information and Library Science*.No.1，2000，pp.19-34.

② 王文章：《非物质文化遗产概论》，文化艺术出版社 2006 年版，第 101 页。

③ 王英玮：《档案文化论》，中国人民大学出版社 1998 年版，第 1 页。

着不可替代的作用，同时档案也是文化创新、发展的基础。① 文化性是非物质文化遗产的天然属性，相较于档案或其他事物的文化性而言，非物质文化遗产的文化性表现得更加直接和多样，以音乐、舞蹈、仪式、习俗、手工技艺等多种方式反映公众或某一特定群体的生活方式、文学艺术、行为规范、思维方式、价值观念等，这是非物质文化遗产之"文"；非物质文化遗产以无形的、活态流变的样态传承着人类的文化基因，传承群体在传承的过程中自然而然地而非刻意地将这些文化基因内化为自己的行为规范、价值观念等，形成特有的文化认同，因而属于同一区域或同一群体的人们会拥有特有的区域特征和集体性格，这是非物质文化遗产之"化"。如由上古时代的祭龙演变而来的端午节，已成为我国四大传统节日之一，虽然各地由于地方差异在习俗的具体内容上稍有差异，但已成为集拜神祭祖、祈福辟邪、娱乐饮食于一体的文化大节，尤其是2008 年起我国将端午节列为国家法定假日，人们通过赛龙舟、挂艾草、食粽子、拴五色丝线、拜神祭祖、采药等民俗活动传承着中华民族敬畏自然、祛病防疫、礼乐文明、向往美好生活等优秀的民间传统文化。文化性是当今时代背景下非物质文化遗产保护与传承的前提，也是进行活态保护、生态圈保护、档案化保护等过程中需要特别关照的客体属性。

二、非物质文化遗产档案价值的主体需求分析

相对于精英文化、上流文化而言，非物质文化遗产的民间性、群众性更为突出，因此从根本上来说，非物质文化遗产是属于认同群体的，是属于当地大众的，是属于公众的。从主体需求角度分析非物质文化遗产的档案价值，要明确主体有哪些，即非物质文化遗产满足哪些人寻求凭证或参考的需要。前文已经指出，非物质文化遗产档案价值的实现需要一定的外在条件，即为非物质文化遗产形成档案资源并向社会资源转化，从而助力于非物质文化遗产的传承和保护，据此将主体分成档案界内部和外部两部分。档案界内部主体为档案管理者、档案研究者，该类主体主要进行档案的收集、管理、开发利用及相关研究活动，从而为非物质文化遗产资源形成档案资源。档案界外部主体主要是社会公众，既包括普通公众，也包括非物质文化遗产的传承者，为了谋求经济利益、精神享受、文化创新或是寻根问祖，需要非物质文化遗产提供参考或

---

① 王英玮：《档案文化论》，中国人民大学出版社 1998 年版，第 7 页。

凭证，而已经形成的档案资源能够提供真实、可靠的信息，当将这些信息用在社会活动中时，档案资源就被转换成了社会资源。

（一）档案界内部主体需求分析

1. 档案学持续性发展的需要

时至今日，我国档案学已形成了相对稳定的学科体系和知识结构，并正在通过自身的基本理念和模式，对社会和科学产生着一定的影响。这一方面得益于有利的社会经济、政治等环境，另一方面更得益于档案学界自身的努力和坚持。根据系统论的观点，档案学与其他社会学科共同处于社会科学这一母系统中，它们之间相互影响、相互作用，因此档案学是一个相对开放的学科体系，需要不断吸收相关学科营养，关注社会发展的需要，实践证明，恰恰是在这种作用下，才能使档案学在保持自身独立性的同时实现自身不断的发展、充实和完善。

非物质文化遗产作为一种社会记录，与档案有着千丝万缕的联系，或者从某种意义上来说，非物质文化遗产本身就算是一种形态的档案。在国际、国内有关非物质文化遗产保护的法律法规和保护实践中，“建档”已成为一种普遍的要求。非物质文化遗产对环境有极强的依赖性，环境一旦改变，就可能导致非物质文化遗产因为生存土壤的改变而“水土不服”，最终消失在人类文明长河之中。大量非物质文化遗产形成于农耕时代，在工业化、城市化、机器化的今天，非物质文化遗产时刻都在消失，比如形成于原始社会的“劳动号子”，凝聚着劳动人民的心血和智慧，但由于集体田间劳动这一环境的消失，也逐渐被人遗忘。在这种背景下，“建档”就变成一种共识，如作家冯骥才抢救木版年画时完成了《中国木版年画集成》，并将普查的全部材料编入“中国木版年画档案数据库”供全民共享；在抢救藏族唐卡时，针对唐卡缺乏文化记载，唐卡之外的“遗产”大多散存在口头记忆中等问题，他指出“为它建立完整的文字性的文化档案是必须要做的，做得愈早损失愈少”，并完成《中国唐卡文化档案》《中国唐卡文化数据库》；在启动中国口头文学的数字化工程后，又建立了口头文学数据库，以满足使用、研究、检索、档案化保存等需要。①

① 冯骥才：《漩涡里：1990—2013 我的文化遗产保护史》，人民文学出版社 2019 年版，第 270—286 页。

但是在非物质文化遗产建档过程中一直存在“谁来建、如何建、如何管”等问题，如分类是学科研究的前提，但所有民间文化领域都缺乏规范的分类学，导致难以有序地进行田野调查和档案整理，这就需要档案研究者结合保护实践予以研究，以用来指导实践。非物质文化遗产保护不仅给档案学研究提出了新的课题，也提供了一些借鉴，如“社会归档”，即将非物质文化遗产的视频保存到 YouTube 等平台中是 UNESCO 保护非物质文化遗产的一种做法。被 UNESCO 认可的一些个人也可以自己制作视频，并将视频上传到 YouTube 中，官方视频与个人视频组合到一起就形成了文化遗产的非正式档案。这些非正式档案按照来源原则进行管理，其动态的、多角度的建档方式弥补了传统建档中存在的不足。目前这一做法已在伊斯兰教的托钵僧舞蹈中被应用。[①]非物质文化遗产档案价值是档案学研究非物质文化遗产的基点，能拓展档案学研究对象，丰富研究内容从而促进档案学不断发展和完善。

2. 档案资源结构优化的需要

馆藏档案资源是档案部门履行其职能，实现其使命的基础。随着我国档案事业的发展，在全国范围内已形成了包括多种表现形式、载体形式的档案资源，更是由国家档案馆、专业档案馆、企事业单位档案室等构成了全国范围内的档案馆网体系来对全国的档案资源进行管理、开发和利用。但档案工作本身具有政治性，是为一定的社会制度服务的。[②] 同样，我国的档案工作也是在经济体制、政治体制不断变革的过程中前行。在新中国成立初期，档案被视为国家档案、党政档案，档案馆也被视为党和政府的附属机构。改革开放以后，档案馆被明确为一种科学文化事业机构，档案工作是一项公益性的社会事业。进入 21 世纪以后，“社会档案观”逐渐形成，档案馆的公益性、开放性、服务性得到档案界的认可。[③] 冯惠玲也提出档案馆应该在“社会档案观”的理念下实行“亲民”战略。[④] 不同时期档案工作理念不同，所形成的馆藏资源结构必然不同。在“国家模式”理念下，档案馆以保存党政机关形成的文书档案为主，

① Sheenagh Pietrobruno, “Youtube and the Social Archiving of Intangible Heritage”, *New Media Society*, Vol.15, No.8, 2013, pp.1259–1276.

② 冯惠玲、张辑哲：《档案学概论》，中国人民大学出版社 2006 年版，第 104 页。

③ 张斌、徐拥军：《档案事业：从“国家模式”到“社会模式”》，《中国档案》2008 年第 8 期。

④ 冯惠玲：《论档案馆的“亲民战略”》，《档案学研究》2005 年第 1 期。

而在“社会模式”理念下，在建设“覆盖人民群众的档案资源体系”的实践中，档案资源结构优化成为档案部门实现其使命的诉求，于是民生档案开始被重视，婚姻档案、房产档案、移民档案开始被档案馆接收，一些档案馆开始征集家谱、家书、布票、粮票，口述档案的征集也在一些档案馆如火如荼地开展起来。

将非物质文化遗产纳入档案资源是优化我国的档案资源结构的需要。其一，非物质文化遗产档案作为文化类档案，已被明确列入《国家基本专业档案目录（第一批）》中，而事实上，与会计档案、信用档案、城建档案等专业档案相比，非物质文化遗产档案并未引起应有的重视。大量在非物质文化遗产田野调查中形成或收集到的档案被堆放在资料库或散存在调查人员、被调查人员个人手里，无从处置。虽然浙江省档案馆、北京市档案馆等一些馆藏单位已参与到当地非物质文化遗产保护活动中，并征集了一些非物质文化遗产档案，但还有很多档案馆认识不到非物质文化遗产与档案工作的关系，征集工作大多属于档案馆“自发”行为，尚未常规、系统性展开，资源数量少且非常零散，甚至有些档案馆将征集得到的一些非物质文化遗产传承人档案与当地的名人档案归为一类。因此，科学建设非物质文化遗产档案资源是优化国家档案资源的迫切任务。其二，档案是历史文化遗产的一部分，经系统整理过的档案资源应该能将过去、现在和将来有效地联结在一起，然而历史上保存下来的档案大多为官方记录，从国家管理的角度反映政权更迭与社会变迁，而普通民众的生活状态却很少得到反映。因此历史上形成的档案资源结构并不能完全反映历史，而非物质文化遗产恰恰植根于民众的生产生活实践，无论是民间文学还是民间音乐、舞蹈、传统技艺，无不反映了普通民众的生活实践和精神状态。因此，采集非物质文化遗产资源，为其形成完整的档案资源并纳入国家的档案资源体系中，有利于形成全面的历史档案资源。

3. 档案部门承担知识管理职责的需要

在知识经济时代，知识作为组织机构的核心资源，其重要性是不言而喻的。档案，尤其是科技档案，凝聚着科技人员的科技思想、智慧和经验，是知识资本的重要组成部分，因此档案管理也成为知识管理中必要的组成部分。知识管理是通过“知识发现—存储—积累—共享—创新”实现的，是提高组织集体智慧和创新能力的重要途径。由档案部门承担知识管理这一职责的呼声越来越高。一方面档案是典型的显性知识，在长期档案管理实践中，档案部门形成了较规范的组织机构和管理制度，积累了知识收集、管理、开发利用的经验，并且大部分档案管理者具有较高的专业素质和管理技能，具备知识管理的素养和能力。不少企业的档案部门已开始以档案管理为基础，利用档案部门积累的知识和经验开展知识管理活动。通过知识管理，知识资产（包括隐性知识和显性知识）彰显出了更大的价值。另一方面，在电子文件大量涌现的背景下，由新来源观、宏观鉴定论、知识服务等部分构成的“后保管范式”成为指导档案工作的新范式。该范式将档案鉴定与知识服务结合起来，肯定了档案管理在知识管理中的价值，推动了档案工作者由档案保管者向知识管理者的角色转变。同时承担知识管理职能有利于档案工作由“幕后”走向“台前”，由被动的档案保管者走向知识的提供者、管理者、决策的参与者，因此可以说，档案部门有承担知识管理的优势。

但众所周知，以档案、图书等载体承载的知识为显性知识，档案部门在显性知识的管理中比较有优势，而隐性知识是难以用语言表达清楚的，比如思想、体验、技巧等，这些知识通常是以人为载体存储、传播的。档案是显性知识，档案部门在知识管理方面的优势大部分是基于对显性知识的管理。在知识日益成为重要的竞争要素背景下，隐性知识，如存储在专家头脑中的经验，存储在亲历者头脑中的记忆、感受等，也是知识管理必不可少的组成部分，档案部门承担知识管理职责理应重视隐性知识的管理。诸如有关自然界和宇宙的知识、传统的手工艺技能等丰富的非物质文化遗产中蕴含着大量的知识，这些知识本应属于知识管理的对象，档案部门在承担知识管理的过程中，不得疏忽这部分知识资源。在知识管理中，隐性知识是通过“人格化管理模式”和“编码化管理方式”实现的。在非物质文化遗产实践中，这些隐性知识大多是通过师傅带徒弟的方式实现世代相传的，在人口世代定居的“乡土社会”，这种口传心授的方式不仅积累、沉淀了非物质文化遗产中蕴含的知识，在其自然而然的发展演变过程中也有效实现了知识的共享与创新。培养传承人、实现“活态传承”历来都是非物质文化遗产传承的重点内容。而从本质上来说，这种传承方式是一种“人格化管理模式”，因此为档案部门实现隐性知识的管理提供了借鉴。非物质文化遗产中的显性知识和隐性知识是知识管理的重要组成部分，若没有非物质文化遗产中显性知识和隐性知识的科学有效管理，实现“知识赋能社会”就失去了其中一半的根基。

4. 档案部门履行社会记忆构建职责的需要

任何层次的群体，如家庭、地区、民族以及国家都需要以各自的方式保留他们关于过去的历史记录，从中汲取力量、树立信心，形成凝聚力。[①] 这些记录叠加起来就形成了由城市记忆、乡村记忆、家庭记忆、社区记忆等构成的社会记忆。社会记忆对于一个国家和民族来说具有重要意义，没有社会记忆，我们将不知道我们从哪里来，也会对要到哪里去充满迷茫。档案由于记录了历史而成为社会记忆构建中的重要因素。这一点已经得到档案界内外的认可，如法国社会学家米契尔·福柯提出，历史是上千年的集体的记忆证明，这个记忆依赖于物质的文献以重新获得对自己过去事情的新鲜感，档案就是一种"物质的文献"，当然也是社会记忆的载体。吉恩·皮埃尔·瓦洛在第十三届国际档案大会上提出，档案是"人类记忆、文化和文明的金子"[②]。国内外的档案界已经积极开展了社会记忆构建与研究活动，如美国于1994年开展的"美国记忆项目"，时至今日已经取得了巨大的成果。爱尔兰将"维护爱尔兰社会记忆"明确写入《爱尔兰国家档案馆2015—2017年战略规划》的愿景中，并为此与技术、科研、文化遗产等领域开展合作。在国内，由国家图书馆主持了中国记忆项目，将口述史料、影像史料、手稿、信件、照片、实物等资料集合后向公众提供服务。国内由档案部门主持的地方性城市记忆项目也取得了一定的成果，如青岛、武汉、上海、广州、大连、长沙等市启动的"城市记忆工程"，2012年浙江省档案馆启动的"浙江乡村记忆"项目，最近实施的"新时代新成就国家记忆工程"、开展的"脱贫攻坚""新冠肺炎疫情防控"等档案记忆项目已被明确列入国家《"十四五"全国档案事业发展规划》，这些都说明档案界已经投入社会记忆的构建之中。

社会记忆是一个社会通过各种媒体、载体保存流传的记忆，而长期以来，档案工作具有政治性，尤其是在"国家模式"的背景中，只依赖档案资源构建的社会记忆可能成为"官方记忆"，即优势群体的记忆被保存、被强化，而弱势群体的记忆被淡化、被排斥，如此构建的社会记忆是不完整的。非物质文化遗产植根于群众生活实践，具有草根性，通过民俗、民间音乐等多种方式记录了

---

① 赵爱国、刘磊：《电影的档案价值探析》，《档案学通讯》2013年第3期。

② 丁海斌、方鸣、陈永生：《档案学概论》，辽宁大学出版社2012年版，第22页。

普通社会公众的生产生活实践，形成了人类记忆的一部分。因此说，非物质文化遗产是社会记忆不容忽视的一部分，档案部门在构建社会记忆时理应将非物质文化遗产纳入。事实上，档案部门已经在构建社会记忆中给予了非物质文化遗产关照。如 2011 年，浙江省档案局启动了"浙江方言语音档案资料库"的建设，对正在消失的吴侬软语按照统一的方言采集标准，征集当地的方言语音发音人，录制语音和视频，将最具代表性的浙江方言交由浙江省档案馆永久保存。当然，我国非物质文化遗产资源丰富、形式多样，将这些非物质文化遗产资源纳入社会记忆中是档案部门履行社会记忆构建职责的必然要求。

（二）档案界外部主体需求

1. 满足人类文化发展与繁荣的需要

人类社会发展的共同愿景是消除贫困，走向共同繁荣。而文化繁荣是人类社会共同繁荣的重要内容，也是经济发展的重要推动力。非物质文化遗产资源是文化繁荣的深厚根基。一方面，非物质文化遗产以其地域性、民族性、综合性、流变性、传承性等特性有效地展现、维护了人类文化的多样性；另一方面，丰富多彩的非物质文化遗产是文化创新发展的素材和源泉，当代许多艺术作品、影视作品、舞蹈等都是从非物质文化遗产中汲取灵感和营养的。比如《华阴老腔一声喊》登上了 2016 年中央电视台的春节晚会，将传统元素和现代元素完美结合，不仅让华阴老腔这一传统艺术为国民所熟知，更是有效地解决了该艺术形式的传承危机。因此保护非物质文化遗产有利于人类文化的发展和繁荣，是全人类的共同诉求。在《保护民间创作建议案》《宣布人类口头和非物质遗产代表作条例》《世界文化多样性宣言》《伊斯坦布尔宣言》等国际文书中，无不强调了文化遗产是全人类的宝贵遗产。正是由于非物质文化遗产是人类文明的产物和记录，其传承才使人类文明的发展历程有迹可循，人类文明才得以不断发展和繁荣。

2. 满足我国和谐社会建设的需要

我国已确立构建社会主义和谐社会的战略任务。和谐文化是和谐社会建设的灵魂。我国绝大部分非物质文化遗产都是以人与自然、人与人、人与自我的和谐为思想基础和价值理念的，如重阳节、中秋节等节日以及渔民开洋、谢洋节等民俗本身就包含着人们在处理人与人、人与自然之间关系的智慧。这些古老而鲜活的非物质文化遗产是和谐文化的组成部分，它们所蕴含的和谐思想和行为规范在规范社会秩序、构建公序良俗的社会环境、达到内心和谐等方面起着决定性作用，非物质文化遗产中体现的民族团结、祖国统一、勤劳勇敢、自强不息、天人合一、尊老爱幼等精神是中华民族的生命记忆和活态文化基因，为建设社会主义和谐社会提供了强大的思想道德力量。

3. 满足社会记忆构建的需要

一个人失忆固然可怕，然而一个国家、一个民族一旦失忆必将导致整个国家、民族的灭顶之灾。丰富多彩的非物质文化遗产是构建国家记忆的重要力量。原文化部部长孙家正在一次论坛上指出："断层和失根的文化可能使我们游荡的灵魂难以找到精神的家园"①，一个国家或民族的记忆是人们在生产实践和社会生活中创造物质财富和精神财富的一切过程和成果的总和，因此记忆应是全方面、多维的。而在正史、官方机构保存的记录中大多反映的是社会上层结构的更迭、重组，而普通民众的生存状态、精神状态却罕见提及，由此构建的社会记忆一定是残缺不全的。② 法国社会学家哈布瓦赫也曾经指出："一个社会中有多少个群体和机构，就有多少种集体记忆，这些记忆是其各自成员历经很长时间才得以建构起来的，它是维系群体与机构延续与发展的灵魂与基础。"③社会公众在生产、生活实践中形成并发展了大量非物质文化遗产，具有草根性，能从"平民"的角度记录、反映国家、民族的发展，恰恰弥补了官方记录历史的不足。因此可以说非物质文化遗产是构建国家记忆不可或缺的重要力量。

4. 满足经济发展的需要

非物质文化遗产既是遗产，也是资源，因而能在一定程度上满足人们经济发展的需要。从总体上来看，非物质文化遗产都具有一定的发展历史，具有重要的历史文化价值；从个体上来看，每一项非物质文化遗产都存在于特定的区域、民族、群体环境中，具有各自的特色。另外，大量工艺性、技艺性项目，如中医药、酿酒、剪纸、年画、风筝等，本身具有一定的科学性和技术性，在文旅融合的背景下，对这些非物质文化遗产资源进行适度开发，可以提高传承人或某些

① 戴廉：《非物质文化遗产保护的困惑》，《瞭望新闻周刊》2005 年第 30 期。

② 赵爱国、刘磊：《电影的档案价值探析》，《档案学通讯》2013 年第 3 期。

③ ［法］莫里斯·哈布瓦赫：《论集体记忆》，毕然等译，上海人民出版社 2002 年版，第 40 页。

群体的经济水平，进而反哺非物质文化遗产。时下比较流行的“国潮”是一个较典型的例子，“国潮”将传统文化元素用创新的、新潮的方式表现出来，将传统文化与现代生活结合起来，实现了国货品牌的创新式发展。

5. 满足寻求身份认同的需要

随着工业化、城镇化的发展以及交通条件的改善，人口流动与文化交流的范围得到极大的扩展。每一个群体、个体在与“他群”“他人”互相影响的同时，在当代文化和外来文化的冲击下，也开始面临身份认同的困扰。非物质文化遗产是在族群漫长的历史发展中逐渐形成的瑰宝，凝聚了该群体的意识、价值和精神，融入了该族群的血液，打上了该族群的文化烙印，因此非物质文化遗产不仅承载着族群内部成员的情感依赖，使同一族群内部成员之间获得一种感情上的亲密感，还蕴含着该族群的认知系统和信仰价值，因此也成为寻求身份认同的重要依据，表现在族群成员通过口头传说与表述探寻族群的起源与背景，寻得共同的英雄祖先与族群身份，这是身份认同最为重要的依据；通过各类歌舞重复表演，强化自己族群的文化特质；通过传统手工艺来表达整个族群知识体系和文化特点。① 因此，非物质文化遗产在满足群体与个体身份认同方面扮演着重要的角色。上面所提到的“国潮”得到广大消费者尤其是青年消费者的青睐，正是消费者对传统文化的高度认同、对国家文化自信的表现。

第三节　非物质文化遗产档案价值的特点

非物质文化遗产的档案价值是由其客体属性和主体需求共同决定的，但与档案、图书等其他客体的档案价值相比较，非物质文化遗产的档案价值具有客观性、潜在性、基础性、可增值性、不可替代性等特点，档案化建设及档案价值开发中应充分考虑这些特点带来的有利和不利影响。

一、客观性

从价值的主体、客体、社会实践这三个要素来看，非物质文化遗产档案价值的客观性是毋庸置疑的。首先，价值是由客体自身属性承担的，而这些属性

① 彭兆荣：《文化遗产学十讲》，云南教育出版社 2012 年版，第 115 页。

又是客观存在的，非物质文化遗产与人类社会的发展和文明进步同生共衍，是人类活动的忠实记录，这一点是不以人的主观而改变的，并且这种记录不同于文字的、静态的记录，是一种集语言、行为等多种表现方式的历时、活态记录，因此是人们追溯历史、还原真相时重要的一手材料。其次，非物质文化遗产的档案价值在于该客体能满足人们的需求，从表象看是由主体主观决定的，但主体之所以会产生这些诉求从根本上来说是由所处的社会条件和实践活动决定的，如主体对身份认同的寻求从根本上来说是来自主体的身份特征和社会现实条件的刺激，而这些是客观存在的。最后，非物质文化遗产的档案价值源于客观社会实践，也实现于社会实践，没有客观存在的社会实践，档案价值也就变成了空中楼阁，客观性是非物质文化遗产档案价值的基础。

二、潜在性

虽然非物质文化遗产的档案价值是客观存在的，但该价值往往并不是直接显现出来的，往往需要满足一定的条件，因此具有潜在性。原因之一是相对于经济价值、审美价值等价值形态而言，档案价值的发挥往往是间接的，比如人们通过某地的民俗及民俗的发展演变，了解了当地的文化及历史，此时人们会强烈地感受到非物质文化遗产的历史价值、文化价值等，事实上这些感受恰恰是依托真实的民俗为凭证或参考的，这也是当民俗被商业、旅游业过度开发后便会失去其吸引力的原因。原因之二是在任何一个特定的时间点或时间段，人们通过活态的方式看到的只是非物质文化遗产在时间轴某一点上的状态，并未对其起源、发展、演变形成系统性、整体性的认识。建设非物质文化遗产档案，实现档案价值能够促进人们知其然并知其所以然，但通过普查、建档等需要一定的外在条件(包括对非物质文化遗产价值、建档的认知水平、经费、人力等方面的投入水平等)，在外在条件不具备的情况下，如普查未普及、建档不完善等，其档案价值是无法实现的。国际、国内法律法规中都强调了为非物质文化遗产建档、建数据库等保护措施，这为档案价值由潜在状态转换成显性状态提供了法律保障。

三、基础性

基础性是从档案价值与其他价值形态的关系角度提出的，在一些情况下，实现档案价值，本身就是非物质文化遗产保护的目的，如对于劳动号子等一些已经失去活态传承条件或濒临灭绝的非物质文化遗产而言，尽快建档比恢复、实现活态传承更具有现实意义。而在另一些情况下，实现档案价值是达到某种目的的一种手段，是其他价值实现的基础，如传统手工技艺、民俗等类型的非物质文化遗产具有一定的生存空间，通过建档及其档案价值的实现，能够更有效地把握其核心要素，进而更加科学地传承和创新，实现其经济价值、文化价值等，可以说，档案价值是服务于其他价值的。

非物质文化遗产是人们在社会实践活动中形成并不断发展的，而我们存在的“现在”，不过是历史长河中的一瞬间，尤其是随着世界经济一体化的发展，文化商品化、强势文化对弱势文化的冲击以及工业文明和后工业文明对农业文明及农耕文化的破坏，致使一些非物质文化遗产的传承面临危机。若不将非物质文化遗产及其发展演变历程保存起来，中华民族源远流长的传统文化即将面临断流，皮之不存，毛将焉附？因此可以说，无论是历史价值、文化价值还是精神价值，无不是以档案价值的确认和实现为前提和基础的。同时，通常要通过文化价值、历史价值、经济价值、教育价值等表现出来。如民间家书、传统手工艺技术等非物质文化遗产，人们保存、研究、利用这些非物质文化遗产的目的并不只是为了保存而保存，而是因为其所蕴含的丰富的历史价值、文化价值、精神价值、教育价值、经济价值等，因此，非物质文化遗产的其他价值样态对档案价值具有依赖性。

四、可增值性

档案价值的可增值性一方面是因为非物质文化遗产源于大众的生产生活实践，不同的时代，人们的生产力水平不同，生活方式也不同，非物质文化遗产必然要顺应时代作出适应性调整，不可能一成不变，在调整的同时，非物质文化遗产只有以以往的表现形式和精神内涵为基础，才能产生持续生命力，实现自身的良性发展，因此这就需要依赖其档案价值的发挥；另一方面，非物质文化遗产是大众生活方式、价值观念、审美情趣等的展现，因此，通过档案价值的发挥，可以帮助人们真正理解文化事象的含义，从其所蕴藏的文化因子中获得灵感和素材，进而形成新的文化产品，服务于文化产业，进而促进文化产业经济的发展。如我国大量工艺美术、传统加工技艺、民俗等类型的非物质文化遗产，通过促进旅游、生产实践、开发玩偶、书刊等文化产品的方式，极大地促进了经济的发展。

五、不可替代性

非物质文化遗产具有多种价值形态，能满足人们不同层面的需要。如能满足主体了解历史、认识历史、研究历史的需要而具有历史价值，能满足主体发展经济、获取经济效益的需要而具有经济价值……而档案价值是侧重于满足人们在寻求凭证、参考时的需求而具有的价值，不同价值形态满足不同的需要，它们之间是不可互相替代的。同时，从档案价值与其他价值形态的关系来看，档案价值具有基础性，经济价值、教育价值、文化价值无不是以该非物质文化遗产的真实性为基础的，尤其对于濒危非物质文化遗产而言，没有档案价值的发挥，其他价值也就失去了根基。

因此，非物质文化遗产是人类社会发展的结晶，从客体属性来看，具有承担档案价值所必需的属性，从主体需求来看，能满足档案界内外不同主体寻求参考或凭证的需求，二者共同决定了非物质文化遗产的档案价值，档案价值与其他价值样态密切联系、相互作用，共同构成了一个立体、丰富、动态的价值体系。由于档案价值具有客观性、潜在性、基础性、可增值性、不可替代性等特点，因此需要按照特有的途径对档案价值进行开发。

第三章　非物质文化遗产档案化建设

第一节　非物质文化遗产档案化建设的提出

一、非物质文化遗产档案价值的实现机理

依据马克思的“两个尺度”思想，非物质文化遗产价值的实现是在客体主体化、主体客体化的过程中实现的，档案价值也不例外。与档案相同，原始记录性是非物质文化遗产承担档案价值最重要的属性。但不同的是，档案记录的是社会事务活动，虽然也都有一定的时间跨度，但比较有限，事务活动之间的界限清晰，因此能够形成文字、图片等固态的记录，恰是这种固态的记录能够给人提供可信的依据和凭证。非物质文化遗产作为一种文化事象，通过语言、音乐、舞蹈等多种活态的方式广泛记录了生产力发展水平、社会结构、道德观念等，而且这种记录为跨越较长时间的、历时的、动态的记录，而非一种稍纵即逝的记录，因此非物质文化遗产为人们提供可信的依据和凭证（即发挥其档案价值），不像普通档案一样可直接发挥，需要经过客体主体化和主体客体化的过程。

非物质文化遗产作为人类的文化事象，一方面，传承群体将行为规范、思想感情、价值观念等借助特有的表现形式和文化空间表达，在人们传承民族精神、构建集体记忆、寻求身份感和认同感等方面起着重要作用，即主体客体化的过程，比如在我国传承了千百年的传统节日——春节，只要是炎黄子孙，无论身处何方，在这一刻都会通过各种敬神、祭祖、祈福的方式来表达中华民族崇尚的团圆、祝福、感恩、和谐、祝福的精神；另一方面，非物质文化遗产所承载的精神特质是传承群体不断赋予的结果，其表现形式是传承群体不断选择与调整的结果，甚至其是否能够继续存在也是人类意志作用的结果，因此非物质文化遗产本身也是人类根据自身的意志不断赋予、调整、选择的结果，即客体

主体化的过程。就档案价值而言，其实现本质上是客体主体化不断深入的过程。

如前所述，非物质文化遗产档案价值的主体多元，包括传承者、享用者、行政管理部门、文化事业部门乃至社会公众，他们因各种情况需要通过非物质文化遗产寻求凭证或参考。但非物质文化遗产是一种历时的、动态的记录，因此需要通过档案化建设的方式将其发展、演变的过程记录下来，进而通过档案资源的可靠性为主体提供凭证或参考，因此档案化建设是档案价值实现过程中客体主体化过程。档案化建设是指利用现代信息技术手段，将无形的非遗以文字、声音、图像、影像等有形的形式记录下来并形成非遗档案，进而通过对非遗档案的整理、保管、开发与利用来实现对非遗的保护。非遗档案化保护主要包括两部分内容，首先是形成档案，即建档，无论非遗项目生命力及传承状况如何，为了全景式地反映其传承过程以及全面展现其表现形式、价值和内涵，需要通过档案这种有形的、固态的形式将无形的、活态的非遗记录下来。其次是对所形成的档案资源进行管理、保护和开发，从而达到保护非遗的目的。①通过档案化建设，为“活态的”非物质文化遗产资源形成“固态”的档案资源。档案资源必然不能采用“一刀切”的方式满足所有主体的需求，而档案工作者作为沟通档案资源与社会公众的桥梁，可以站在“主体需求”的角度对档案资源进行整合、编研、挖掘等，使档案资源能以适当的方式满足不同主体需求，从而实现其档案价值。这一过程是由档案工作者代表其他主体意志对非物质文化遗产进行干预的过程，即更深入的客体主体化的过程。

二、非物质文化遗产档案化建设的必要性分析

从总体来看，非物质文化遗产价值开发可通过生产生活实践、再创造、教育、宣传、旅游等多种方式实现，但不同价值形态实现方式不同。档案价值旨在满足人们的寻求凭证或参考的需求，但非物质文化遗产本身是无形的，是一种动态的存在及活态的传承，通过活态传承，非物质文化遗产动态地记录了传承群体的生产生活实践及其发展历程，但这种记录对人类历史而言是稍纵即逝的，只有将其“固化”下来，才能长久地发挥其凭证、查考的功能，档案化建

---

① 锅艳玲：《公众参与非遗档案化保护的 SWOT 分析及优化策略》，《山西档案》2017 年第 4 期。

设是“固化”非物质文化遗产的最佳方式。通过档案化建设，可以使人们通过档案去了解、认识该文化事象的来龙去脉，使人们立足于文化事象的真实面目进行传承和创新，而这些都是以其档案价值的发挥为前提的。通过档案化建设，为无形的非物质文化遗产形成完整的、有形的档案资源，借助档案资源的可靠性、可信性而为人们提供凭证和参考。

（一）是非物质文化遗产得以保存的需要

只有获得真实、准确的信息才会使非物质文化遗产的保护、开发有意义。而被扭曲的非物质文化遗产即使被普通社会公众熟知、喜欢也并不能真正满足人们传承传统、身份识别等需求，因此保护的前提是真实地保存，而不管其生命力是否旺盛，尤其是对于濒危的非物质文化遗产而言，真实地将其保存下来更加重要。由于表现形式、价值样态、传承状况、濒危程度各不相同，多年来非物质文化遗产保护实践中形成了不同的保护模式，如将行政保护与法律保护有效结合的“特别权力模式”，注重传承人保护的“以人为本模式”，着重对非物质文化遗产相关物质载体进行管理的“博物馆保护模式”，由传承人、非物质文化遗产时间和空间构成的“活态保护模式”，允许非物质文化遗产在相对独立的环境中按其自身规律存在并发展的“生态圈保护模式”等。虽然不同保护模式重点不同，但档案化建设是每一种保护模式的基础。如被列入第一批国家级非物质文化遗产名录的南通板鹞风筝制作技艺在江苏省南通市风筝博物馆得到了有效保护，博物馆中不仅保存了风筝作品、各种器乐、风筝制作的器材、工具、实物、参加国际大赛的参赛风筝、奖状以及证书等，还利用录音、摄影、摄像等方式形成了档案，以文本、照片、多媒体等形式全面地反映了风筝的起源、历史传说、制作技艺等，从而为南通板鹞风筝制作技艺保存了真实可信的信息。再如景德镇陶瓷文化遗产是“生态圈保护模式”的一个典型案例①，在这种模式下，通过档案化建设保存景德镇陶瓷制作工艺、各种釉色的配方、陶瓷习俗以及诗歌民谣等的作用也是不容小觑的。

非物质文化遗产是历史的积淀与产物，并随社会环境的发展而不断演化。从目前来看，一些非物质文化遗产在社会发展中不断寻找到生存空间，显示出旺盛的生命力，而有一些非物质文化遗产在现代化的冲击下日渐萎缩，甚至完

① 周耀林：《非物质文化遗产档案管理理论与实践》，武汉大学出版社 2013 年版，第 56 页。

全消失。多年来致力于民间文化遗产保护的作家冯骥才曾经提出“中国文化每一分钟都在消失”,“如果文化消失了,民族也就没了”。文化的“消失”,可能是由于时代环境的改变而不得不消失,也可能是由于保护不力而被破坏消失,这种消失令人扼腕叹息。作为社会文明的产物,无论哪一种非物质文化遗产都记载着丰富的信息,都必然会对后人有所启迪或帮助,因此不应该消失得无影无踪,而是应以各种方式被记录、保存下来。

冯骥才在接受《中国档案》记者采访时提到人类在从渔猎文明转化成农耕文明时,必然产生大量的历史遗存,但由于当时没有历史遗存保留的观念,导致现在几乎找不到渔猎文明时期的历史遗存。① 而在农业文明向工业文明转换的过程中已经产生了大量的非物质文化遗产,如何保存这些历史遗存的生命,并将其传递给后人是当代人不得不面临的社会责任。世界音乐(又称根源流行音乐,是每个国家和民族都有的符号性、根源性音乐)的传播者杨光磊在接受东方卫视《看东方》访谈时提到“现在能看到的上海只是近 50 年的片段,而原始的渔民文化早已难觅踪迹。”西方人较早认识到文化遗产的价值,对我国民族服装、民间音乐、民间故事等进行采集并开发,从中牟取经济利益,如日本人将在中国采集的民间故事开发成动画作品,法国人收集并带走贵州的民族服装②,类似事件令人感到惋惜,但也说明非物质文化遗产必须要被妥善地保存,为“即将逝去的文明建档”极其迫切。“档案是历史生命,当历史时光或者历史进程或者历史时代过去了,历史生命就保留在了档案里。”③因此说,档案化建设是非物质文化遗产保存下来的基础。

(二)档案化建设是非物质文化遗产保护与传承的应有之义

档案化建设在于通过建设非物质文化遗产档案为社会留住真实的记忆,为人们了解过去、正视当下、预测未来提供可信、可靠的信息,“立档”已被 UNESCO 明确为确保非物质文化遗产生命力的重要举措,并要求各公约国应采取适当措施“建立非物质文化遗产文献机构并创造条件促进对他的利用”④。由此可见,非物质文化遗产保护的目的是确保其生命力,立档是保护

① 吴红、王天泉:《为流逝的文明建档——访冯骥才》,《中国档案》2007 年第 2 期。
② 吴红、王天泉:《为流逝的文明建档——访冯骥才》,《中国档案》2007 年第 2 期。
③ 吴红、王天泉:《为流逝的文明建档——访冯骥才》,《中国档案》2007 年第 2 期。
④ 中国人大网:《保护非物质文化遗产公约》,2003 年 10 月 17 日,见 http://www.npc.gov.cn。

其生命力的必要措施之一，但“建立非物质文化遗产文献机构并创造条件促进对他的利用”就意味着立档并不是档案化建设的全部，通过对档案的开发利用以促进其保护与传承是档案化建设的根本目的。在《中华人民共和国非物质文化遗产法》的第三条、第十二条、第十三条、第三十五条中也都明确提出文化主管部门及相关部门需要通过记录、建档等方式对非物质文化遗产予以保存、保护。档案化建设是非物质文化遗产传承与保护的应有之义，这一点已得到国际、国内社会的一致认可。

档案化建设与普查、申遗、抢救、传承与传播等保护实践也有着密切的联系。非物质文化遗产普查是摸清家底、制定切实可行保护策略的前提。伴随着普查活动，必然要采取录音、录像等方式对非物质文化遗产记录，收集与非物质文化遗产相关的实物，整理普查中获得的资料使其有序化、系统化。如冯骥才将木版年画的抢救过程分成两个阶段：第一阶段为地毯式普查，收集物质遗存，调查和记录活态状况，查清家底；第二阶段为对普查所获资料的分类整理，形成档案性集成（《中国木版年画集成》），并将全部资料编入“中国木版年画档案数据库”。[①] 据统计，2005 年开始的全国第一次非物质文化遗产普查中，采访民间艺人 86 万人次，文字记录量达 8.9 亿字，录音记录 7.2 万小时，录像记录 13 万小时，拍摄图片 408 万张，收集实物和资料 26 万多件。[②] 如此可观的普查成果为档案化建设提供了源源不断的基础。到目前为止，我国不仅已有 42 项非物质文化遗产被列入联合国非物质文化遗产保护名录，国家、省、市、县四级名录保护体系也已初具规模。在申请加入各级保护名录时，需要提交项目情况、传承体系、已采取的保护措施以及有助于说明项目的视听资料，以供文化主管部门进行评审。不难看出，以上任何资料的提供都离不开档案的利用，在申遗过程中自然又形成了申遗档案。非物质文化遗产作为“活态档案”，流传主要是靠传承人之间的口传心授，其载体是人。在市场经济、大众文化的冲击下，大量非物质文化遗产传承面临危机，一方面大量传承人年龄较大，另一方面又难以找到新的传承人，年轻人不愿意传承或由于工艺复杂很难在短时间内传承，或者受制于一些特有传承机制的制约无法传承。此时

---

① 冯骥才：《漩涡里：1990—2013 我的文化遗产保护史》，人民文学出版社 2019 年版，第 275 页。

② 杨红：《非物质文化遗产数字化研究》，社会科学文献出版社 2014 年版，第 7 页。

建设档案资源为其形成固化记录,是非物质文化遗产抢救的当务之急。史诗《格萨尔》中有9部失传,民间音乐家阿炳的作品也最终因为阿炳的离世而只有6首乐曲被保存,都说明这些非物质文化遗产亟须通过建档的方式对其进行保存式抢救。

保护非物质文化遗产的终极目的在于传承与传播,档案化建设也积极地推动了其传承与传播。非物质文化遗产的传承主要是通过社会传承、教育传承、家族传承来实现,但无论哪种形式,都要以获取真实、准确的信息为前提,只有了解其真实面目,掌握其核心的精神内涵,传承与传播才能有的放矢,这时非物质文化遗产档案的利用就非常必要,为了让后代领略到优秀传统文化的风采,就需要在非物质文化遗产传承过程中不失时机地做好档案工作,尤其是借档案开发之东风开展各种形式的提供利用活动。如动态的宣传、展示可以让公众更加直接、切身地感受到非物质文化遗产的魅力,但这种方式要受制于空间、时间等方面。以档案为原材料进行出版物编研,历来是传播非物质文化遗产的重要方式,从古代的《诗经》《永乐大典》《四库全书》到《中国民族民间文艺十套集成志书》无不彰显了档案化建设在非物质文化遗产的传承与传播中不可取代的作用。

三、非物质文化遗产档案化建设的可行性分析

(一)档案学理论为档案化建设提供理论支撑

非物质文化遗产同档案一样,都是人类文明的产物与记载。一方面,人们将一些社会活动过程及结果记载在有形载体上,经过系统整理和妥善保管就形成了档案资源,另一方面人们将一些社会活动及其蕴含的文化以民俗、传统手工艺等方式世代相传,于是形成了非物质文化遗产,从这个角度来看,二者是同源的,都是对人类实践活动的记载与文明的积淀,这也说明了它们之间有着密不可分的关系,甚至可以将非物质文化遗产看成是一种档案。冯骥才曾经指出,“不仅纸的东西是档案,活的东西、甚至是活的空间也是档案”,“历史建筑遗存是立体的档案”①。档案与非物质文化遗产分别以有形和无形的方式记录了人们在政治、经济、宗教、艺术、教育、文化等领域的活动,都承载了人们社会实践、思维方式、精神状态甚至情感,都具有原始记录性、历史性、知识

① 吴红、王天泉:《为流逝的文明建档——访冯骥才》,《中国档案》2007年第2期。

性、文化性等属性。二者之间的密切关系为档案化建设奠定了重要基础。

档案学研究中的许多理论不仅与档案在形成过程、记载的内容、作用、属性等方面具有诸多相通性,还可为档案化建设提供理论支撑。吴品才、储蕾在《非物质文化遗产与档案化保护的理论基础》中分别研究了隐性知识显性化、档案自然形成规律、口述档案、文件生命周期等理论,并提出非物质文化遗产保护与这些理论有着切合之处,能为非物质文化遗产的档案化建设提供理论基础。[①] 该观点侧重于非物质文化遗产档案的收集、建档阶段,事实上,在整个档案化建设的过程中都可以找到档案学相关理论的支持。如全宗理论堪称档案学中的经典,该理论在为非物质文化遗产建立档案以及档案管理过程中都具有重要的借鉴意义,坚持全宗原则,有效地维护了历史记忆的真实和可靠,非物质文化遗产及传承人建档时要求"依人建档、依项建档",这与全宗原则的目的和要求实质上是一致的。再如制定非物质文化遗产档案分类方案时借鉴档案分类法的理论和原则有助于分类的科学化。档案鉴定理论是档案学者和档案工作者根据长期的实践经验,对档案价值规律、鉴定标准、鉴定原则进行的科学总结。虽然到目前为止,古今中外的档案鉴定理论各不相同,但都主张将档案所反映的历史事实的重要程度作为价值判定的依据。[②] 价值判定是非物质文化遗产保护中的重要内容,虽然各民族文化没有高低贵贱之分,但在保护实践中还是要通过价值判定分出轻重缓急,《联合国非物质文化遗产保护名录》以及我国的国家、省、市、县四级保护名录体系本身就是价值鉴定的成果。档案与非物质文化遗产有着共同属性,甚至有些档案本身就是非物质文化遗产的载体,档案鉴定理论也为非物质文化遗产及其档案的鉴定提供了理论支撑。

(二)档案工作实践为档案化建设提供指导

从实践上来看,非物质文化遗产档案化建设并不是全新的事物,自从传统文化开始受到有识之士的关注及保护,征集、收集、抢救民间传统文化档案及相关资料并对其进行编研、出版已屡见不鲜,如前文所述的《诗经》《永乐大典》《四库全书》等,但此时非物质文化遗产的档案价值并没有被人们所认识,

---

① 吴品才、储蕾:《非物质文化遗产档案化保护的理论基础》,《档案学通讯》2012 年第 5 期。

② 冯惠玲、张辑哲:《档案学概论》,中国人民大学出版社 2006 年版,第 238 页。

档案化建设也并非有意而为之。实质上，非物质文化遗产保护的具体工作与档案业务工作环节上高度契合，非物质文化遗产保护是由调查、记录、建档、保存、传承、传播等环节构成①，而档案工作是由收集、整理、鉴定、统计、保管、编研、检索、提供利用等环节构成，二者看似两条平行线，实际上可以将档案工作纳入非物质文化遗产保护工作中，如伴随非物质文化遗产的调查、记录、建档进行档案的收集、整理鉴定，伴随其保存进行档案的保护，伴随其传承与传播进行档案的编研、检索、提供利用等，二者的集成既提高了保护工作的效果，又有效地进行了档案化建设，并且档案工作实践中积累的丰富经验可为非物质文化遗产档案化建设提供指导。

首先，在档案管理工作中已经形成了收集、整理、鉴定、统计、保管、检索、编研、利用八个环节构成的业务流程，内容涉及档案的“实体管理”和“信息内容的开发利用”两个方面。这既可为非物质文化遗产档案资源建设提供借鉴，又可为其他保护模式提供保障。其次，档案工作人员具有的保护意识和科研能力为非物质文化遗产档案化建设提供智力支持。随着“非遗热”在全国迅速蔓延，包括档案学在内的多个学科已将非物质文化遗产纳入本学科的研究范畴。当前非物质文化遗产生存状况不容乐观，迫切需要将其妥善地保护起来，这也恰恰成为档案工作关注的焦点。档案工作者具有极强的保护意识和丰富的保护经验，档案实践部门与学界历来就有不断探索与研究的精神，加上“非物质文化遗产档案”的明确提出，这些都为非物质文化遗产档案化建设提供了有力保障。再次，在档案工作实践中形成了比较完善的档案管理的规章制度，如《艺术档案管理办法》等可为非物质文化遗产档案管理制度化、规范化提供借鉴和参考。② 因此，非物质文化遗产档案化建设有很强的实践基础，不仅在我国，联合国教科文组织的保护非遗委员会评选出的 10 个最佳保护实践大多数都涉及档案化的内容，欧美、亚非等地区的非物质文化遗产保护中也都有建档的内容。

另外，我国不仅有 42 项非物质文化遗产被正式列入联合国教科文组织非

---

① 王巧玲、孙爱萍、陈考考：《档案部门参与非物质文化遗产保护工作的现状与对策研究》，《北京档案》2015 年第 1 期。

② 常杰、郑美云：《从〈非物质文化遗产法〉探析档案馆参与非遗保护之依据》，《山东档案》2012 年第 1 期。

物质文化遗产名录，更是建设了有中国特色的非物质文化遗产国家、省、市、县四级名录体系，成为名副其实的“非遗大国”。当然，申遗成功并不意味着传承与保护的成功。随着2014年第四批国家级非遗代表作名录的公布，我国的非遗保护工作正式进入“后申遗时代”，非遗保护工作的重心由“申遗”转移到“有效保护与传承为数众多的非遗项目”，保护主体也走向多元化，包括专家学者、非遗爱好者、普通群众等在内的社会公众成为非物质文化遗产保护的重要力量。档案化保护作为非物质文化遗产保护中的一项基础性工作，必然要充分利用公众参与的力量。在“后申遗时代”，国家非遗档案资源建设水平取决于公众的认知与态度。发挥档案及相关部门的优势，进行专业指导，以确保档案化保护成果的科学有效。目前已形成生态圈保护、活态保护、博物馆保护、整体保护、档案化保护等多种非遗保护模式，其中档案化保护是一项专业性极强的活动，需要档案部门在以下四个方面对公众进行指导，以提高档案化保护的质量。一是档案收集，其范围应覆盖该文化事象产生、发展、演化、保护、传承等活动中形成的一切有价值的档案（不论其是否申遗），具体可分为非遗本体档案、申报与保护工作中形成的档案以及传承档案，档案收集工作应该持续进行，另外收集中需尽量采用现代技术和设备，不仅有利于网络环境下的保存与传播，更是将那些“只可意会，不可言传”的因素（如手法、力度等）通过穿戴式显示系统、传感器、触觉反馈系统等进行更有效的收集和传承。二是档案的鉴定，从非遗项目层面看，风俗、礼仪、民间舞蹈等都是植根于民众生产生活的文化事象，需当地民众结合这些文化事象的精神内涵判断其在延续民族精神、传递民族观念、寄托民族情感等方面的价值。从具体档案层面来看，公众需了解有关档案鉴定的意义、内容、方法，能够运用比较、内容分析、核查等多种方法从内容、来源、实践、外在特征等多种角度来判断档案的真伪及保管期限。三是档案的整理，即通过分类、归类、排列、编号等方式进行系统整理，公众需了解非遗项目分类及项目内档案的分类以便将零散无序的档案转变为条理化、系统化的档案资源。通过档案部门的专业指导，公众不仅需要了解国家非遗档案资源的总体结构，还需要掌握关于组卷、著录、编目、编页码等基本技能。四是档案的保护，调研中发现大量保存在民间的档案由于保管条件不利存在纸张档案变黄变脆、虫鼠咬噬、老照片图像不清、光盘无法播放等问题，公众需要了解基本的“八防”措施，了解保管不同载体档案的适宜条件以及出现问题时的修复方案或求助渠道等。另外，许多公众选择以数字化的方式记录非遗，帮助公众掌握该记录方式的特点、记录格式、材料的选择标准等也是至关重要的。

四、非物质文化遗产档案化建设中存在的主要问题

随着档案化建设逐渐从自发状态向自觉状态过渡，非物质文化遗产档案资源日渐丰富。然而仅有事实上的建档并不意味着非物质文化遗产能得到有效保存，也并不意味着档案价值能够发挥，由于对非物质文化遗产档案价值认识的不足、缺乏对档案价值及其开发的研究、对档案工作认知不足等原因，非物质文化遗产档案化建设中仍存在以下几个方面的问题。

（一）档案化建设的主体尚未明确

非物质文化遗产档案化建设必然涉及政府职能部门、档案馆、博物馆、纪念馆、艺术馆、新闻媒体、社区、个人等多元主体，而目前政府部门是档案化建设的主体，它不仅是建档的倡导者、政策制定者和管理者，还是建档的具体执行者，档案部门及社会公众的力量在档案化建设中是被忽视的。① 这从我国的非物质文化遗产保护工作部际联席会议中并没有将档案部门作为成员单位就可以看出。在这一模式的带动下，地方设置的非物质文化遗产保护的协调机构中，也同样没有档案行政管理部门出现。② 宏观层面设置的缺失必然导致档案化建设实践开展存在弊端，如在前面多次提到作家冯骥才在抢救年画、唐卡文化、羌年等非物质文化遗产时，提出档案化保护是非物质文化遗产保护体系中的重要组成部分，目的在于为文化遗产建立科学和立体的档案，甚至将完成纸质档案及数据库作为抢救活动的最终目标，但在介绍其年画抢救的田野调查时曾经指出，“田野调查方法的特点之一是多学科参与——民俗学、文化学、人类学、历史学、艺术学等多学科的交叉与结合”，档案学并未被明确地列入其中，抑或是被列入“等”中。非物质文化遗产档案是我国基本专业档案，全国档案事业是由国家档案局及各级档案行政管理部门负责的③，非物质

---

① 戴旸：《应然与实然：对我国非物质文化遗产建档主体的思考》，《档案学通讯》2014 年第 4 期。

② 王巧玲、孙爱萍、陈考考：《档案部门参与非物质文化遗产保护工作的现状与对策研究》，《北京档案》2015 年第 1 期。

③ 王云庆、陈建：《保护非物质文化遗产：警惕档案机构边缘化》，《档案学通讯》2011 年第 1 期。

文化遗产档案理应由档案部门负责。非物质文化遗产保护需要多元主体的参与,但不同主体定位及职责互不相同,就档案化建设而言,档案部门是最具有专业化水平的主体,政府部门应扮演倡导、支持的角色,而不是大包大揽,要充分发挥档案行政管理部门在档案化建设中的主体作用,当务之急是要将档案行政管理部门纳入非物质文化遗产保护工作部际联席会议制度中。

(二)所建档案不全且保管分散

我国已有湖北、陕西等不少省市进行了本地非物质文化遗产建档工作,通过为非物质文化遗产项目、非物质文化遗产传承人建档,积累了丰富的档案资源。然而从全国范围来看,为非物质文化遗产所建的档案不全且保管分散。原因主要有以下几点。

其一,我国大量非物质文化遗产建档工作是伴随普查活动进行的,一方面摸清现状,即了解其分布情况、濒危状况、价值、特色及其传承与发展状况,另一方面通过搜集、记录、拍摄、撰写调查报告等方式形成大量有关资料,这些也是非物质文化遗产建档的基础。然而普查难免有所遗漏,而一旦被遗漏,也就错失了建档的好机会。并且我国建立了国家、省、市、县四级非物质文化遗产保护体系,来保护历史、科学、艺术价值不同的非物质文化遗产。被列入不同保护级别,所能得到的保护力量和经费不同,档案化建设的成效也不同。另外还有大量非物质文化遗产没有被列入保护名录,其建档便无人问津了,但并非这些非物质文化遗产没有价值。其二,非物质文化遗产是活态传承,随着时代的变化会有一定的发展演化,因此建档必须是动态、持续进行,而不是满足于一次普查的建档结果。其三,民众是非物质文化遗产传承保护的主人,但并不是所有保护者都能意识到建档的重要性,保护者建档的专业性、积极性参差不齐。一些非物质文化遗产及其传承人档案能够实现动态的建设,即能够将普查之后形成的有价值的档案随时补充,但有些项目的档案建设仅止步于申遗,而一旦申遗结束,不仅很难再继续建档,所建档案的保存也会面临问题。其四,非物质文化遗产的保护传承涉及个人、新闻媒体、政府机关等多个主体,不同主体在从事相关活动中自然也会形成有价值的档案,但这些档案就被分散保存在了不同主体手中,这种分散保管且沟通不畅的现状很难形成保护非物质文化遗产的合力。

（三）档案化建设中各环节开展不均衡

非物质文化遗产档案化建设主要包括两个部分：一是为非物质文化遗产形成档案，即建档，无论非遗项目生命力及传承状况如何，为了全景式地反映其传承过程以及全面展现其表现形式、价值和内涵，需要通过档案这种有形的、固态的形式将无形的、活态的非遗记录下来。二是对所形成的档案资源进行管理、保护和开发，从而达到保护非遗的目的。建档后，还必须对其进行妥善的分类、编目、保护、编研、提供利用。在目前的档案化建设中，各环节开展不均衡，除收集外，其他环节或是由于没有引起足够的重视，或是由于没有可参考的实践及理论指导，没有得到充分的开展。如分类是档案序化管理的必要手段，也是有效利用的前提，而目前统一的非物质文化遗产分类体系尚未建立，档案分类也仅止于单个项目，一个项目反映其存在状况、传承表演情况、抢救情况、传承人情况的档案数量、种类多且复杂，如何系统分类仍待进一步研究。再如编目，编目是信息组织必不可少的手段，无论是传统环境下著录项目的选择，还是数字环境下元数据的描述，都是为了显示该信息与其他信息的区别，以便人们能够在需要时能够方便地确定某信息的具体位置，但非物质文化遗产档案的著录标准与元数据标准尚未出台，而非物质文化遗产档案内容特征和形式特征要比普通档案复杂得多，在现存的元数据标准中，都柏林核心元素集使用较广泛，但对于复杂、特殊的档案而言，需进一步具体化。鉴定也是档案化建设中的一个空白，鉴定包括价值鉴定和质量鉴别，非物质文化遗产是人类文明的记忆和活态的文化基因，因此所建档案的保管期限一般应为永久保存。但非物质文化遗产以人为载体而传承，由于人的记忆力、想象力以及其他主观因素的影响，可能有些记录会存在偏颇，因此对保存下来的档案进行质量鉴别还是很有必要的，比如可以根据档案的来源、相关档案之间的佐证、考察实证等方法确保所保存档案的质量。另外，编研、开发、提供利用等环节也亟待关注。

第二节　非物质文化遗产档案化建设的内容

档案价值开发首先是要将非物质文化遗产保存下来，为无形的非物质文化遗产资源形成完整的档案资源，并借鉴档案管理的方式对其进行管理，一方面与其他保护模式结合起来，以多维的方式将非物质文化遗产呈现给当代人，另一方面即使该文化事象终将流逝，通过档案也能使人们能够了解其来龙去脉，从而起到提供参考或凭证的作用。

一、非物质文化遗产档案的收集

（一）收集的主体

依据国际、国内相关法律法规，以及我国制定的“政府主导、社会参与，明确职责、形成合力”的保护工作原则，可以发现这是一项需要政府及其文化行政部门、非政府组织、公共文化机构、高等院校、企事业单位、新闻媒体、社区群众等多元主体共同参与的事业。非物质文化遗产档案来源广泛，自然其收集也需要多元主体的合作。由于目前尚未形成统一的档案化建设机制，实践中档案化建设也形成了多种模式（详见表3-1），但大多为多元合作的模式。

表3-1　非物质文化遗产档案化模式

模式	主要描述
非遗建档协调工作组	由文化系统专家和档案系统专家共同组成非遗建档协调工作组，负责非遗资源档案室管理的统筹规划、整体部署、协调推进和指导监督
立足形成者的合作模式	由形成者各自管理非物质文化遗产档案，在建档及管理过程中遇到的难题由档案部门或其他主体协助解决
立足档案馆的合作模式	由档案馆直接参与非物质文化遗产档案的管理
立足非物质文化遗产保护中心的合作模式	各地非物质文化遗产中心为建档的主管部门，引入专门档案管理的人才，并与非物质文化遗产保护专家共同管理这部分档案

在以上各模式所涉及的主体中，档案部门在建档及档案管理方面最具有专业性，具有档案管理的专业队伍及丰富的实践经验，但档案部门拥有的非物质文化遗产档案非常有限，要求各形成者将档案全部移交到档案馆，不太现实。形成者最了解档案的内容及其未来的需求，但同一非物质文化遗产项目档案形成者较多，一些形成者档案意识不强，可能会造成档案的失存、失真。非物质文化遗产中心是保护的主要实施者，拥有较强的资金及政策优势，虽然直接产生的档案并不多，但事实上在宣传、申遗过程中，大量档案在此汇集。所以，要以非物质文化遗产保护中心为主，同时发挥其他主体优势，如政府部门的行政指导与支持、高等院校的教育与研究等，尤其是档案界，既要利用档案管理的经验对非物质文化遗产档案收集工作进行专业指导，也要对这一特

殊类型的档案展开针对性研究,以理论指导实践。通过采集、征集、寄存、购买等方式将档案集中起来,以便促进非物质文化遗产的传承与保护。

(二)收集的范围

民族文化没有高低贵贱之分,所有的非物质文化遗产项目只要被发现,就应该为其建档,即"发现一项,立档一项",并且档案应全面、系统。王云庆、周耀林等持广义观点的代表认为非物质文化遗产档案应包括本体档案、申报与保护工作中形成的档案以及传承人档案等部分。孙展红、薛鹤婵等持狭义观点的代表认为应包括申报单位通过各种途径收集到的关于该项目的所有档案及资料、申报以及日后管理过程中形成的各种类型的档案。

笔者赞同广义观点的界定,认为收集范围应为包括该文化事象产生、发展、演化、保护、传承等活动中形成的一切有价值的档案,而不论其是否申遗,其形成者、载体形式、表现形式多样,具体可分为非物质文化遗产本体档案、申报与保护工作中形成的档案以及传承档案。本体档案是档案资源最为基础的部分,用来反映非物质文化遗产产生、发展及演化过程。申报与保护中形成的档案包括为非物质文化遗产申报保护名录时提交、收到的文件以及为非物质文化遗产抢救、保护、管理中所产生的各种记录。传承档案是反映其传承脉络和各代传承人自然状况,传承状况,以及传承人认定和管理中形成的档案。①在此仅以民间曲艺为例进行说明,详见表3-2。

表3-2 民间曲艺档案收集范围

本体档案	曲种详细介绍,包括历史演进情况、传承情况、濒危程度、风格流派、音乐结构、主要唱腔、伴奏音乐、演出形式、演出书目、作品及留存去本等内容的相关文献记载、音视频资料、实物档案等
申报与保护档案	审议过程中形成的申请报告、项目申请书保护计划以及有助于说明申报项目的材料,在保护过程中形成的条例、制度、调查报告、学术论文、研究专著和各种保护成果等
传承档案	反映传承谱系及各传承人姓名、性别、籍贯、民族、门派、出生年月、文化程度、工作单位、职务职称、身份证号码等基本信息,传承人项目传承实践经历、教学等活动中形成的口述、图片、音视频资料、传承人申请及审批资料、传承人的技艺特点、成就及相关证明材料等

① 周耀林、戴旸、程齐凯:《非物质文化遗产档案管理理论与实践》,武汉大学出版社2013出版,第68页。

由表 3-2 可以看出，由本体档案、申报与保护档案、传承档案共同组成的非物质文化遗产档案能够完整、系统地反映非物质文化遗产的产生、发展、演化、保护与传承情况。不同项目的濒危状况、传承情况不同，收集范围也会有所不同，需要再根据其实际情况加以确定。

（三）收集的方式及渠道

通常档案的收集是档案部门（档案室或档案馆）根据归档制度，以接收、征集等方式将有保存价值的文件或档案集中起来以便保管，也就是说，文件或档案是已经形成，并发挥了现行指导作用或在本单位利用的价值，由于有继续保存的价值而被档案部门集中起来的。而大多数非物质文化遗产档案（除申报档案外）保存分散，在其生命周期中，并没有“现行文件”这一阶段，而是一经形成就要作为档案保存起来的，其收集方式与渠道主要包括以下几种。

1. 田野调查

田野调查，即由档案的收集者在非物质文化遗产活动现场获取档案的方法，该方法主要用于获取非物质文化遗产本体档案和传承人档案。许多非物质文化遗产都没有保存系统性的档案，要想发挥此类非物质文化遗产的档案价值，就需要调查者直接到非物质文化遗产流传的区域通过文字记录、拍照、录音录像、观察测量、参与体验等方法真实地记录非物质文化遗产的内容和形式。如在我国的民间文化抢救工程中民间文学、年画、民间美术等项目的抢救中，无一不采用以上方式形成档案。

同时，传承人是非物质文化遗产的“活档案”，对其精神和含义有深刻的把握和独特的见解，但任何人都不免面临生老病死，尤其是有些非物质文化遗产传承人年事已高并且新的传承人尚未出现，需要通过采访、文字记录、录音录像等方式将传承人的表演、技巧、体会、领悟、认识记录下来，防止非物质文化遗产随传承人的消失而永久消失在人类的记忆中。如世界上最长的史诗《格萨尔》随其传承人的过世，仅有 25 部被记录下来，其余全部消亡。另外，田野调查还可以通过对非物质文化遗产相关人的访问、调查获得关于该项目的相关信息，以使非物质文化遗产档案更加全面，如在妈祖信俗档案的建设中，不仅采访了代表性传承人，还对信俗技艺方面的传承人（不一定有官方文件的确认，但在民众有较高的权威和威望）、妈祖宫庙负责人以及热心妈祖文化事业的民众进行采访，了解大量关于宫庙建设传说、妈祖显灵传说、宫庙负责人对妈祖精神的理解以及个人虔诚信奉等方面的信息。①

2. 社会征集

非物质文化遗产是在社会实践活动中产生并传承的，许多主体（如传承者、爱好者、媒体等）手中都可能会保留些相关的资料，或是现成的档案，或是可用于档案化建设的素材，资料分散就很难形成对非物质文化遗产的完整的认识，因此可通过发布公告鼓励相关主体积极捐赠、根据线索主动联系、现场征集等方法使档案尽量集中。在许多情况下，通过征集而来的档案及相关资料的所有权情况会比较复杂，有些主体捐赠档案的同时保留所有权及相关权利，因此加工或利用这部分档案时，尊重相关权利人的权利非常重要，如中国人民大学博物馆的抢救民间家书项目中家书征集工作成效非常显著，在征集家书时，也比较注重尊重权利人权利。另外，必要的物质奖励和精神奖励也有利于提高征集工作的效果。

3. 接收

对于普通档案而言，按制度接收档案是档案收集最主要的方式，但对非物质文化遗产档案，主要是用来收集申遗和保护类的档案，如申请报告、项目申请书、保护计划以及有助于说明申报项目的材料、审批文件等，这些材料形成时间、来源较为集中，处理流程与文书档案比较一致，因此可以通过接收的方式实现较为有效的集中。另外，在非物质文化遗产保护及管理过程中形成的条例、制度、调查报告、学术论文、研究专著及各种保护成果等也可以通过接收实现集中。

4. 史料挖掘

非物质文化遗产都有一个较长的传承与发展历史，在其演化过程中，其形式和内容也会发生一定的变化，这就使当今的人们很难了解其过去的形态，尤其是对于一些历史悠久且当前传承不佳的非物质文化遗产而言。这时地方志、族谱、文史书刊就可为考证、研究非物质文化遗产提供有力的证明。如于2008 年入选国家级非物质文化遗产项目的醉龙舞起源于 200 多年前的广东香山县（现中山市）一带，《香山县志》中就有对醉龙舞的起源、场景、动作、精神内涵等的介绍，“四月八日，浮屠浴佛，诸神庙雕饰木龙，细民金鼓旗帜，醉

① 陈祖芬：《妈祖信俗口述档案受访者及访谈提纲研究》，《档案学研究》2012 年第 1 期。

舞中衢,以逐疫,曰转龙"[①],这段描述对于了解、传承醉龙舞非常重要。仅有史料或史料的积累还不能构成一种补充档案资源的方式,更重要的是通过对史料的挖掘(阅读、整理、组合等),形成说明非物质文化遗产产生、发展历史的,可信度及完整度较高的信息资源。[②] 因此,这种方式是形成非物质文化遗产本体档案及传承档案的重要方式。

(四)收集工作的注意事项

作家冯骥才曾经说过:"眼下的中国,几乎每一分钟就有一种民族文化在灭亡。"[③]这就要求:

第一,档案收集工作应及时进行。大量非物质文化遗产面临生存、传承的危机,如我国向 UNESCO 申报的六位剪纸大师,目前只有两位,且都已是耄耋之年。在 20 世纪 80 年代,山西省地方剧尚存 52 个剧种,而现在却只剩下 28 种,也就是说近一半的古老剧种在近 30 年的时间里消失了。因此非物质文化遗产档案的收集应伴随其普查、抢救与保护工作及时进行,发现一项,收集一项,不拖拉。

第二,档案的收集要持续、不间断地进行。在整个产生、演变、创新、申遗、保护、传播的过程中会有档案形成,因此档案的收集工作也应伴随普查、申遗、保护、抢救的整个过程。而目前实践中对普查、申遗时档案的收集比较重视,其他环节则略受忽视。另外,非物质文化遗产本身、传承及传承人的情况都是在不断地动态发展着的,如民间美术、剪纸、手工艺、曲艺、音乐等类型的非物质文化遗产的形式、主题、特色、价值都是动态变化的,传承人的传承表演活动、教育宣传、研究创新等活动也都是在动态进行,这就要求档案收集也必须要动态进行以反映其真实情况。如自 2019 年底以来,新冠肺炎疫情在全球肆虐蔓延,对全世界的经济、政治、文化、民生等各个方面产生了极大影响,各个行业也都以其特有的方式加入疫情防控之中,以"抗疫"为主题的民间美术、剪纸、曲艺、音乐等新作品层出不穷,这些新背景下新作品及其创作过程、新的

---

① 莫里生:《论中山市非物质文化遗产档案资源的开发》,《云南档案》2010 年第 3 期。

② 周耀林、戴旸、程齐凯:《非物质文化遗产档案管理理论与实践》,武汉大学出版社 2013 年版,第 87 页。

③ 王云庆、李许燕:《为非物质文化遗产传承人建档的路径探析》,《浙江档案》2011 年第 12 期。

文化内涵等也应列入非物质文化遗产档案收集的范围。

第三,非物质文化遗产扎根于民间,非物质文化遗产与公众唇齿相依。档案收集需要广泛的社会参与。国际、国内法律法规中对社会参与都有明确的规定,从目前档案分散分布的现状以及档案完整系统保存的要求来看,收集需要传承者、社区民众、媒体、历史研究者、教育者、档案工作者等主体的共同参与。如由欧盟生物多样性项目资助、云南省社科院白玛山地文化研究中心主办的"乡村影像计划",鼓励当地村民记录当地文化的现象和变迁,参与构建自己民族影像志。① 公众参与非物质文化遗产档案化保护需要以政府为主导,以非遗保护为主目标,利用技术优势扩展参与内容、优化参与方式,明晰各类主体的优势和职责,形成非遗档案化保护的合力,以保证非遗档案化保护的质量和效果。如在参与主体方面,高校及研究机构理论素养高,能从学理层面对非遗档案化保护进行系统性研究,进而用来指导实践;社会团体(如民俗学会、餐饮协会等)成员既包括专业学者,也包括地方文化精英,他们不仅具有较高的文化素养,对非遗保护具有较强的积极性和责任感,而且具有较强的号召力、组织协调能力、与政府部门及当地群众的沟通能力,也是档案化保护的重要力量;传承人与社区民众是非遗保护的基础力量,我国非遗丰富且复杂,通过申遗等方式进入政府保护视域的只是"冰山一角",仍有大量非遗在以自发方式或传承或走向没落,其内容与价值只有相关传承人掌握。另外,即使是进入政府保护视域的非遗,也有大量信息掌握在坊间(如与非遗相关的传说、风俗、礼节等),传承人与社区民众参与非物质文化遗产档案化保护,有效地扩展了档案化保护的对象,避免了档案化保护的疏漏和僵化,提高了档案保护的质量。在参与内容方面,公众参与非遗档案化保护绝不是某些环节(如档案征集)的"介入",而是在整个档案化保护工程中承担主人翁角色。从管理层面来看,公众需要参与到非遗档案化保护管理制度的制定与执行、资金管理、人力资源的权责分配与奖惩、非遗项目选择与进度安排、设备购置等活动中,充分发挥其知情、监督、决策、管理的权利;从业务层面来看,公众需要参与到档案采集、档案信息组织、档案信息挖掘、档案编研、档案信息的发布以及档

① 冯丽、戴旸:《Web2.0技术下我国非物质文化遗产建档保护促进研究》,《北京档案》2015年第5期。

案数据库建设与管理、网站建设与运营中。在参与方式和途径方面，既要利用现代信息技术、网络技术，搭建多种公众参与平台，又要继续鼓励和支持传统参与的途径和方式，实现“线上”“线下”的结合。一方面，完善非遗保护中心和档案部门网站的交互功能，利用微信、QQ 等新媒体平台，使信息素养较高的公众可以参与到信息的上传与组织、获取与咨询、监督与评价中；另一方面，鉴于还有大量传承人与社区群众信息素养并不高，不能熟练操作电脑、智能手机等终端设备，需要利用现场采集与交流、电话、报纸、广播、电视等传统方式，使他们有适当途径参与到非遗档案的提供、咨询、获取、监督、宣传等活动中，维持他们参与档案化保护的热情。

第四，档案收集需要尽量采用新技术、新设备，以达到完整、全面、鲜活地记录非物质文化遗产的目的。如照相机、录音机、摄像机的使用，可将非物质文化遗产信息用录音、录像、照片、光盘、数码技术、3D 成像技术等方式记录下来。随着 Web2.0 技术的发展，Blog（博客）、微博、RSS（简易信息聚合）、Wiki（维基）、IM（即时通讯）、Tag（标签）、Bookmark（网摘）等社会性软件均可运用到档案收集中，如澳大利亚的非物质文化遗产保护机构以 Flicker 为平台，鼓励社会成员以自组织的方式上传、存储、组织、管理非物质文化遗产的数字照片档案。智能手机等移动终端在人们生活中的普及，一些机构研发了专门的 APP 以方便非物质文化遗产档案的收集，如美国密苏里大学口头传统中心为了实现口头传统资料的“随时收集，即时归档”，研发制作了“电子伴侣”，以方便收集人员进行音频、视频的录制、拍摄。① 针对传统手工艺工匠老龄化以及非物质文化遗产中存在一些只可意会不可言传的要素（如手法、力度等），可穿戴式显示系统、传感器和触觉反馈系统等也用来收集相关信息。

二、非物质文化遗产档案价值鉴定

（一）价值鉴定过程

由于风俗、礼仪、民间舞蹈等都是植根于民众生产生活的文化事象，因此对环境（包括社会环境和自然环境）具有极强的依赖性，如一些传统的手工艺离开当地特有的气候、地质及物产资源就毫无特色可言，人们只有融入

① John Miles Foley, “*From Oral Performance to Paper-Text to Cyber-Edition*”, Oral Tradition, Vol.20, No.2, 2005, p.233.

特定的环境中才能真正理解这些文化事象的精神内涵及价值所在，这也是一些非物质文化遗产搬上舞台后却不能让观众品味到其原汁原味的原因。因此保护非物质文化遗产不仅在于保护该文化事象的表现形式，更在于延续民族精神、传递民族观念、寄托民族情感等方面具有的重要价值。因此非物质文化遗产档案的鉴定分为非物质文化遗产项目鉴定和档案鉴定两个阶段来进行。

第一阶段为非物质文化遗产项目的价值鉴定。档案的价值来自其所记录的社会活动的价值，同理，非物质文化遗产档案的价值也来自其对社会的价值。由于在传承文化、记忆社会中起着不可忽视的作用，因此，从整体上来看所有的非物质文化遗产都具有保存价值，本身并不存在优劣之分。但由于经费、时间、人力等方面因素的有限性以及非物质文化遗产本身的表现形式、濒危状况、社会需求的不同，非物质文化遗产保护工作需要分级、分层次进行。另外在《保护非物质文化遗产公约》中规定，“只考虑符合现有的国际人权文件，各社区、群体和个人之间相互尊重的需要和顺应可持续发展的非物质文化遗产”①，这一限定就将“割礼”“熨胸”“缠足”等一些不人道的、违反人权的、低俗的、封建的、不利于社会发展的传统习俗排除在外，在我国的非物质文化遗产保护实践中形成的国家、省、市、县级保护机制，被列入各级保护名录实际上也是价值判定的结果。各级代表作认定时采用的标准汇总如表3-3所示。

表 3-3 各级非物质文化遗产认定标准

级别	标准	参考文件	举例
国际	具有特殊价值的非物质文化遗产的高度集中，或从历史、艺术、人种学、社会学、人类学、语言学或文学角度来看是具有特殊价值的民间和传统文化表现形式	《宣布人类口头和非物质文化遗产代表作条例》《非物质文化遗产保护公约》等	阿塞拜疆木卡姆、亚美尼亚杏木双簧管音乐、昆曲、古琴艺术等
国家	有突出的历史、文化和科学价值；在一定群体中世代相传；在当地有较大影响；处于濒危状态	《中华人民共和国非物质文化遗产法》等	景泰蓝制作技艺、抖空竹、京剧、武强年画等

① 中国人大网：《保护非物质文化遗产公约》，2003年10月17日，见 http://www.npc.gov.cn。

续表

级别	标准	参考文件	举例
省级	具有历史、文学、艺术、科学价值；体现中华民族优秀传统文化，具有典型性和代表性；在一定群体或地域范围内世代传承传播，仍以活态形式存在的；具有地域和民族特色，在本行政区域内有较大影响力，濒危项目优先	《陕西省非物质文化遗产条例》《广东省非物质文化遗产条例》《贵州省非物质文化遗产保护条例》《湖北省非物质文化遗产条例》等	鬼谷子传说、华山庙会、盐湖龙灯会、愚公移山传说、二鬼摔跤、侯马皮影、牛郎织女传说、井陉拉花等
市县级	体现本地优秀的传统文化，具有较高的历史、文学、艺术、科学价值，具有体现人民群众文化创造力的典型性、代表性；具有鲜明特色，在当地有重大影响；在一定群体内或地域范围内世代相传、活态存在，处于濒危状态	《石家庄市人民政府关于加强文化遗产保护的实施意见》《保定市文化广电新闻出版局关于深入开展非物质文化遗产调查工作的通知》等	无极吹歌、行唐太平锣、正定竹马、鹿泉斗火龙、矿区根雕艺术、封龙山庙会、琅琊山的传说、胶州秧歌等

由表3-3可以看出各级保护名录采用的审定标准有内在的一致性，即都考虑到了非物质文化遗产的价值多元性进而从文化、艺术、历史、科学等多角度进行审定。但是保护范围不同，从全人类范围来看，非物质文化遗产涉及不同国家和民族，国际保护尤其要考虑到尊重人权和社会可持续发展的需要。我国国家、省、市、县的非物质文化遗产评定是一脉相承的，评估标准较为一致，除考虑到非物质文化遗产本身所具有的价值外，还将其传承与存在状态、濒危程度、地方特色以及在当地的影响力结合起来。

第二阶段为非物质文化遗产档案的价值鉴定。第一阶段鉴定的结果为该项目档案的价值奠定了一个基调，但并不意味着保护级别高的非物质文化遗产项目其所有档案的价值都很高，反之亦然。在档案收集工作中，按照既定范围将非物质文化遗产本体档案、申报与保护档案、传承档案集中起来，目的在于能够真实地展示其历史面貌和发展演变过程，因此需要通过鉴定保证非物质文化遗产档案的质和量。收集起来的档案集合体是人的主观认识与客观事实相互作用的结果，一方面，由于非物质文化遗产来源于民众生活，历史一般都比较长，且主要通过口传心授的方式传承，受传承者记忆力以及个人语言风格、情感等主观因素的影响，传播内容有可能发生变异和偏差；另一方面，档案收集者的价值观念、业务水平以及对非物质文化遗产的主观判断也会影响其所收集档案的质量，因此通过价值鉴定和质量鉴别对已收集起来的档案去粗取精、去伪存真就非常必要。

（二）档案价值鉴定的影响因素

客体尺度和主体需求共同决定了非物质文化遗产档案是否具有价值及价值的大小。从主体需求上来看，档案的保存通常是为了满足人们在非物质文化遗产传承与保护中的查考、史料获取、研究等方面的需要，而这些需要的满足无不取决于档案本身的内容及形式等方面的属性，因此档案价值鉴定需要将二者充分结合，一般而言，影响因素主要有以下几个。

1. 内容因素

主体利用档案主要是获取其所记载的内容，因此内容为鉴定要考虑的主要因素之一。主体对档案的利用有两个方面：一是由于档案记载着该项非物质文化遗产传承所必需的知识（如工艺、流程、原材料、唱本等）及其保护情况（已经采取的保护措施以及是否申遗），这些档案内容将为日后的保护与传承提供参考、指导；二是档案中还反映着非物质文化遗产来源、历史演变的过程，这些档案在历史研究中起着重要作用。一般而言，鉴定工作需要对其内容的真实性、客观性、典型性、稀有性、完整性等方面进行综合考察。

2. 来源因素

来源即档案的形成者、拥有者，非物质文化遗产档案来源广泛，既包括普通社区公众、传承人，也包括政府行政管理部门、新闻媒体，不同来源的专业程度、熟悉程度以及所承担的职责各不相同，因此所形成的档案的数量、可靠性、重要性也不同。如对于非物质文化遗产本体档案，传承人移交被认可的档案，当地档案馆保存的档案价值要更大一些，而对于申报与保护档案，研究机构以及政府部门形成的档案价值要更大一些。

3. 时间因素

大部分非物质文化遗产都有较长的历史，一般而言形成时间越久远的档案保存数量越少，档案价值也就越大，这与德国档案学者迈斯奈尔所提出的“年龄鉴定论”一致。非物质文化遗产的传承形式与内容会随时代环境、技术条件、经济条件、政治环境以及人们的审美、价值观念、情感的不断变化而变化，档案鉴定工作需要研究其历史发展脉络，分析出各个发展阶段，形成于关键时期的档案显然更重要一些。

除内容因素、来源因素、时间因素外，档案的价值还会受到其文本形式、外在特征以及档案保管所能获得的支持等因素的制约,因此档案价值鉴定是多种价值因素综合考虑的结果。

（三）非物质文化遗产档案的鉴定方法

1. 比较法

当收集到的同主题、同类型档案数量较多时,可采用比较法判断档案的真伪优劣从而保证档案的质量,可比较的事项一般有来源、时间、空间、文本形式等。比如,从来源上来看,来自代表性传承人的档案一般要比来自社区普通公众的档案要更可靠;从时间上来看,形成年代较为久远的档案价值要更大一些;从空间上来看,来自非物质文化遗产源发地区与传承地区的档案要比其他地区的档案价值更大;从文本形式上来看,正本价值要比草稿的档案价值大。

2. 内容分析法

由档案鉴定者分析档案内容而确定其是否真实以及价值量的大小。一般而言,档案内容所反映的活动越重要,档案内容越典型、越真实,该档案的价值就越大。这种方法要求鉴定者不仅要具有丰富的档案鉴定经验,也要对非物质文化遗产有深刻的理性认识,熟知该文化事象的来龙去脉及重要价值。

3. 核查法

由档案鉴定者对档案中所涉及的问题进行核查以确定档案是否真实可靠。核查法以档案所记载的事实、实物、事件、传说为线索,通过实地考察、走访传承人与当地民众的方式进行,如广禅侯的故事,在 2009 年被评为山西省非物质文化遗产,2014 年被授予国家级非物质文化遗产,延续数百年,在山西省临汾、运城、长治一带广为流传,并与当地民俗信仰形成良性互动,目前与该故事相关的传说有 50 多个,如兽医家族史、医治战马传奇、钦封侯爵曲折、辞官回乡著书、元太宗敕建水草庙、广禅侯显灵等。① 对该项目档案鉴定时,可通过走访当地民众与传承人、考察水草庙等方法核查档案记载的内容。核查法还表现在对档案中所记载程序、方法、工艺进行重复性检验,以确定档案内容的真伪,这种方法可用来对传统手工艺类档案进行质量鉴别。

---

① 人民网:《宋徽宗曾封一兽医为广禅侯,故事已成陕西非遗》,2015 年 6 月 30 日,见 http://culture.people.com.cn/n/2015/0630/c22219-27230439.html。

4. 专家评估法

对一些内容专深却又找不到佐证材料的档案可请有关专家，如非物质文化遗产保护专家、档案领域专家、历史学家以及相关学科的专家，对档案进行价值估测，判定档案的可靠性、重要性。这种鉴定方法准确度高，但费用昂贵，不适于普遍采用。一般而言，一项非物质文化遗产的档案价值鉴定要综合使用多种评价方法。

（四）非物质文化遗产档案价值鉴定工作的机构

非物质文化遗产档案价值鉴定是档案管理中的一项业务活动，但该项活动仅靠档案人员的力量无法达到既定目的，因为档案的价值来自其所记录的内容对于构建社会记忆、传承人类文明所起到的凭证与参考，档案工作人员不一定是非物质文化遗产的传承者、保护者，也不一定能够真正地把握非物质文化遗产的精神内涵及其对于传承地区民众的真正意义，对档案价值的判断不一定客观准确，因此政府部门、传承人等主体在鉴定工作中的参与必不可少。鉴定工作可参考科技档案鉴定时组织临时鉴定小组这一模式，由非物质文化遗产中心工作人员、档案工作人员、代表性传承人（若无代表性传承人，可在传承区域中选出一名对该项文化遗产比较熟悉的人员）共同构成鉴定工作小组负责档案的鉴定。三个主体在档案鉴定工作中各有优势且离开任何一方都不能达到对档案价值的客观判断，因此这一模式将三方优势进行了整合，其中非物质文化遗产保护中心工作人员因为能够对非物质文化遗产工作进行宏观把握，专业知识丰富，因此可作为鉴定工作小组组长，全面负责鉴定工作的组织以及人员、政策、场地、资金的安排与保障。档案工作人员拥有档案鉴定及管理的专业知识和经验，不仅是档案鉴定工作的具体承担者，还应承担提出鉴定原则与方案、制定保管期限表等前期准备工作以及鉴定结束后的处理工作。传承人对该项目内涵、价值、历史、发展、现状等各方面情况都非常熟悉，保护意愿也最为强烈，因此能为鉴定工作提供准确的信息、客观的材料，不仅可以帮助档案工作者解决档案真伪、价值大小等具体问题，还能为该项非物质文化遗产的传承与发展提供切实可行的建议。

档案价值鉴定是以上三个主体共同作用的结果，因此在开展鉴定工作前，需要进行必要的培训，以避免鉴定过程中的沟通障碍，一方面要培训档案工作者，使其了解被鉴定项目的内容、价值、历史、现状等，另一方面也要对非物质文化遗产代表性传承人进行必要的档案知识的培训，使其认识到档案鉴定的意义和内容，以便全面地参与到鉴定工作中。

三、非物质文化遗产档案的分类

通过各种渠道收集而来的档案处于零散、无序状态，因此需要对非物质文化遗产档案进行系统的整理，即通过分类、归类、排列、编号等方式，将零散无序的档案转变为条理化、系统化的档案资源，以便于客观、真实地反映非物质文化遗产的面貌，满足各主体对档案的查找和利用。同其他类型档案的整理一样，整理的核心内容是分类，但其分类体系设计更加复杂。

（一）档案分类体系设计的规则

非物质文化遗产档案的分类首先是要形成大类，将内容相同或相关的档案集中到一起，将不相关的区别开，其次要将同一类目内的档案按照某种联系使之系统化，即形成类系，最后要明确不同类档案的联系，按照时间、形成者、项目等特征将不同类目档案排列，即形成类列，以保持各同位类目之间的逻辑关系。因此设计分类体系是一项逻辑严密、完整的系统工程，需要遵循的规则有：

1. 包容性规则

即要求所设计的分类体系必须能够容纳所拥有的所有非物质文化遗产档案，每一部分有价值的档案都能够在该分类体系中找到合适的位置，因此现状普查和科学预测必不可少。一方面，要通过普查摸清现状，尤其是非物质文化遗产的类型、数量、濒危情况、保护措施、申遗情况、传承谱系等，以便对档案的数量及质量做到心中有数；另一方面，普查难免会有遗漏，因此应做好科学预测，为后续发现的非物质文化遗产项目及补充的档案预留出足够的位置。

2. 严整性规则

档案分类体系应是一个由表示横向关系的类列和纵向关系类系构成的严整的整体。这就要求表示横向关系的同位类必须是按照同一分类标准划分出来的，互相排斥且不交叉重复，各类目内涵清楚、外延明确，以此保证任一档案在分类体系中有并且只有一个位置。表示纵向关系的类系一定是由上下位类组成的等级系统。因此，设计分类体系时一定要以系统科学、语言学、逻辑学、知识分类、档案学等科学理论为指导。

3. 效用性规则

即要求所设计的分类方案符合非物质文化遗产档案及其管理的特点，能够促进档案的科学管理。比如设置的类目不是越多越好，分类层级也不是越深越好，要根据档案管理的客观需要，选择适当的分类标准，当某些类目档案数量过多时，可进一步细分，而某些类目所容纳的档案数量如果过少，也会增加管理成本，降低管理效率。因此，设计分类体系之前需要做好充分的调查研究，将档案现存的数量、增长情况以及利用需求等方面的情况考察清楚。

4. 相对稳定性规则

分类体系是实体管理的依据，根据分类体系，档案将被同其所同、异其所异，一旦分类体系发生较大变动，档案的存储位置就要发生变化，进而就会引起档案目录、检索系统等内容的变动，可谓“牵一发而动全身”，因此分类体系要保持一定的稳定性，不能“朝令夕改”。同时随着非物质文化遗产保护活动的不断深入，档案的数量和类型也会发生变化，分类体系也因此不能保持一成不变，需要在适当的时候进行必要的调整。因此分类体系在设计前，要做好充分的调查研究，在使用分类体系的过程中，要不断地搜集反馈信息，注意使用效果及其出现的问题，以便为日后的调整提供参考信息。

（二）档案的分类

设计科学的分类体系方便人们对非物质文化遗产档案形成整体性、概要性的认识，既要能反映非物质文化遗产的面貌和规律，促进保护与传承，又要符合档案分类的基本要求和规则，反映出档案之间的有机联系，便于社会各方面对档案的利用。档案分类有实体分类和信息分类两种情况。其中，实体分类不仅要着眼于档案的利用，同时也要考虑到安全保存。目前我国对非物质文化遗产的分类尚未实现标准化，有多种具体做法，虽然“依项目建档”“依人建档”已取得了一致认可，但同一项目、同一传承人的档案如何序化则很少被研究，本书试图结合档案自身的内容特征和形式特征以及档案的利用需求构建严整的档案分类体系。

1. 分类的基本方法

首先要确定分类的基本单元，任何一项非物质文化遗产表现形式比较稳定、精神内涵较确定，主体需求指向明确，各个项目之间的界限较清晰，因此项目可作为分类体系中的基本单元，即应将属于同一项目的档案集中到一起，作为一个分类的基本单元,可将这种分类的基本方法称为项目分类法,采用这种方法,可将同一项非物质文化遗产的产生、发展、演变、传承、保护情况进行集中,不仅有效地维护档案之间的有机联系,反映了该项目传承发展的规律,也有效地维护了档案的完整性,一旦有重要档案的缺失也比较容易发现。从实践操作的角度来看,不同项目之间界限清楚,档案所属类目比较明确。

2. 分类标准的选择

项目分类法是档案分类的基本方法,但对于一个国家或是一个保管单位而言,拥有多个非物质文化遗产项目,若分类仅限于此,管理效率和利用效果的改善并不明显,因此需要将多种标准综合运用,才能构建出具有一定包容性、严整性、效用性、稳定性的分类体系。一般而言,可选用的分类标准有以下几个。

(1)表现形式

非物质文化遗产作为一种活态文化,其精神内涵往往是通过人们的行为、语言、技艺等形式表现出来的,因此表现形式是人们认识非物质文化遗产的直接入口,也是分类的重要标准,国际国内的相关法律及保护实践中均采用了表现形式这一分类标准,由于目的和覆盖范围不同,划分结果的详简程度也不同,如表 3-4 所示。

表 3-4 不同法律法规对非物质文化遗产的分类

依据法律法规或实践	类目数量	分类结果
《非物质文化遗产保护公约》	5	口头传统和表现形式;表演艺术;社会实践、仪式、节庆活动;有关自然界和宇宙的知识和实践;传统手工艺
《中华人民共和国非物质文化遗产法》	6	传统口头文学以及作为其载体的语言;传统美术、书法、音乐、舞蹈、戏剧、曲艺和杂技;传统技艺、医药和历法;传统礼仪、节庆等民俗;传统体育和游艺;其他非物质文化遗产
《国家级非物质文化遗产代表作申报评定暂行办法》	2	传统文化表现形式(如民俗活动、表演艺术、传播知识和技能等);文化空间
《国家级非物质文化遗产国家名录项目》	10	民间文学;传统音乐;传统舞蹈;传统戏剧;曲艺;传统体育、游艺与杂技;传统美术;传统技艺;传统医药;民俗
中国民族民间文化保护工程	16	民族语言;民间文学;民间美术;民间音乐;民间舞蹈;戏曲;曲艺;民间杂技;民间手工技艺;生产商贸习俗;消费习俗;人生礼俗;岁时节令;民间信仰;民间知识;游艺、传统体育与技艺

其中,《非物质文化遗产保护公约》《中华人民共和国非物质文化遗产法》《国家级非物质文化遗产代表作申报评定暂行办法》等法律法规的根本目的在于为人们的具体认识和实践活动提供基本规制、总体指导和规划,而不在于指导具体实践活动,因此划分结果都比较概要。《国家级非物质文化遗产国家名录项目》、"中国民族民间文化保护工程"是用来公布、展示列入名录的项目、指导普查实践工作的工具,应该能够方便人们查找、认识入选的项目,确定普查范围和对象,需要具有较强的实践指导作用,因此划分结果更加详细,类目数量较多。

(2)保护级别

从总体上来看,非物质文化遗产是人类文明发展的记录;从个体上来看,不同非物质文化遗产的历史、文化、科学、艺术等价值及濒危状况不同,为了对不同价值的非物质文化遗产进行适当有效的保管,分级管理成为一种行之有效的措施。一方面,将价值最高的项目列入《联合国非物质文化遗产保护名录》,以提供最大限度的支持和保护;另一方面,我国也建立起国家、省、市、县四级保护体系,列入不同的保护级别意味着价值不同,保护力度也不同。当然,任何一个项目被确定为某保护级别后,并不是一成不变的,随着价值逐渐被认可,可能会从较低级别上升为较高级别,而如果保护不力,也可能会从较高级别降为较低级别。另外,还有大量的非物质文化遗产并未列入任何级别的保护名录,但并不意味着没有价值,如河北徐水县高庄村"音乐会"建于明朝,距今已有五百年的历史,至今为止,它不仅作为一种音乐形式存在,更是一种组织结构严密完善的综合性会社①,在当地的凝聚力和影响力很大,但高庄"音乐会"并未列入县级名录中。再如起源于唐宋时期的篆香是香道文化中的重要组成部分,是一种基于篆刻技艺的香艺文化,将香料制成细粉填入篆模,压印成各种篆文型的连续的字或图,是中华民族特有的文化现象,但由于各种原因,篆香未列入任何级别的非物质文化遗产。

(3)学科属性

非物质文化遗产来自社会生活的各个方面,凝结着劳动人民在生产实践

---

① 陈心杰:《探索真实的文化属性——以河北高庄村"音乐会"为例》,《人民音乐》2013 年第 7 期。

中的经验和知识，各学科已经将其纳入本学科的研究领域之中，学科属性也可作为一种分类标准。以《中国图书馆分类法》为例，这是一部依据信息资源所属的知识范畴及形式特征形成的一部大型综合性分类法，在我国图书馆普遍被使用。其中，G（文化、科学、教育、体育）、H（语言、文字）、I（文学）、J（艺术）、K（历史、地理）等许多类目的设置可用来指导非物质文化遗产的分类，如J（艺术）类是按如下分类体系展开的。

J 艺术
J0 艺术理论
J1 世界各国艺术概况
J2 绘画
　J29 书法、篆刻
J3 雕塑
J4 摄影艺术
J5 工艺美术
　J59 建筑艺术
J6 音乐
J7 舞蹈
J8 戏剧艺术
J9 电影、电视艺术

其中，除J0（艺术理论）与J1（世界各国艺术概况）外，大部分类目的外延与相应的非物质文化遗产的外延相吻合，如“雕塑类”的细分。

J3 雕塑
　J30 雕塑理论
　J31 雕塑技法
　J32 中国雕塑作品
　　J321 雕塑作品综合集
　　J322 木刻、木雕
　　J323 石刻、石雕
　　J324 金属雕刻
　　J325 竹刻、竹雕

J326 漆雕

J327 泥塑、塑像

J328 陶雕

J329 其他

J33 各国雕塑作品①

（细分类目与中国雕塑作品相同）

由以上列举可以看出，《中国图书馆分类法》按学科属性对类目进行划分，其中 G、H、I、J、K 等类目的划分结果与非物质文化遗产具有一定的一致性，在分类体系设计中具有参考意义。

（4）分布区域

分布区域的自然、经济、人文环境对社会实践活动以及非物质文化遗产的内容、形式都会有较大影响，如泸州市级非物质文化遗产“龚家砂锅”离不开吊洞里的稀有坯土，即使是同一类型的非物质文化遗产，在不同地区传承，其特色、形式、价值也会不同。如海南苗族文化与西南地区苗族文化本是同根同源，但自明代迁入海南后，当地垦山种植、蜡染织绣、刀耕火种的游居生活实践及海南特有的气候、地质条件都使海南苗族文化打上了“海南特色”。再如广泛分布在河北、山西、辽宁、江苏、浙江、广东、云南等地的剪纸，不同区域的制作方法、主题等也各不相同，因此以地区为分类标准有利于深入了解非物质文化遗产，同时将非物质文化遗产按地区集中还有利于从总体上了解该地区的文化特色及传承。

（5）时间

时间标准是指非物质文化遗产档案形成或收到的时间，一般非物质文化遗产档案涉及的时间跨度都比较长，按时间分类有利于反映非物质文化遗产传承保护的规律，保持档案在时间方面的联系。

（6）载体形式

非物质文化遗产档案来源比较复杂，既包括历史上传承下来的，也包括现代人为了抢救而摄制、记录下来的，还包括在申报非物质文化遗产名录等工作中形成的，因此其载体形式比任何一种档案都复杂，从总体上来看，有实物档

---

① 《中国图书馆分类法：中图分类号查询》，2015 年 10 月 20 日，见 http://www.ztflh.com/。

案、纸质档案、照片档案、录音录像档案、图纸、电子档案等。不同载体档案对环境及具体保护措施的要求不同，按载体形式对非物质文化遗产档案进行分类，有利于档案实体的妥善保管。

非物质文化遗产档案的分类就是按照某种分类标准将档案集中、序化的过程，选择的分类标准不同，结果自然不同。而当档案数量比较多时，需要将不同分类标准进行综合运用。

3. 非物质文化遗产档案分类的基本思路

非物质文化遗产档案的分类主要通过项目分类及项目内档案的分类实现。按照档案整理工作的基本原则，并参考《中国图书馆分类法》《中国档案分类法》等分类方法，选用所属区域、表现形式、项目、主题、时间、载体形式等标准，设计分类体系，如图 3-1 所示。

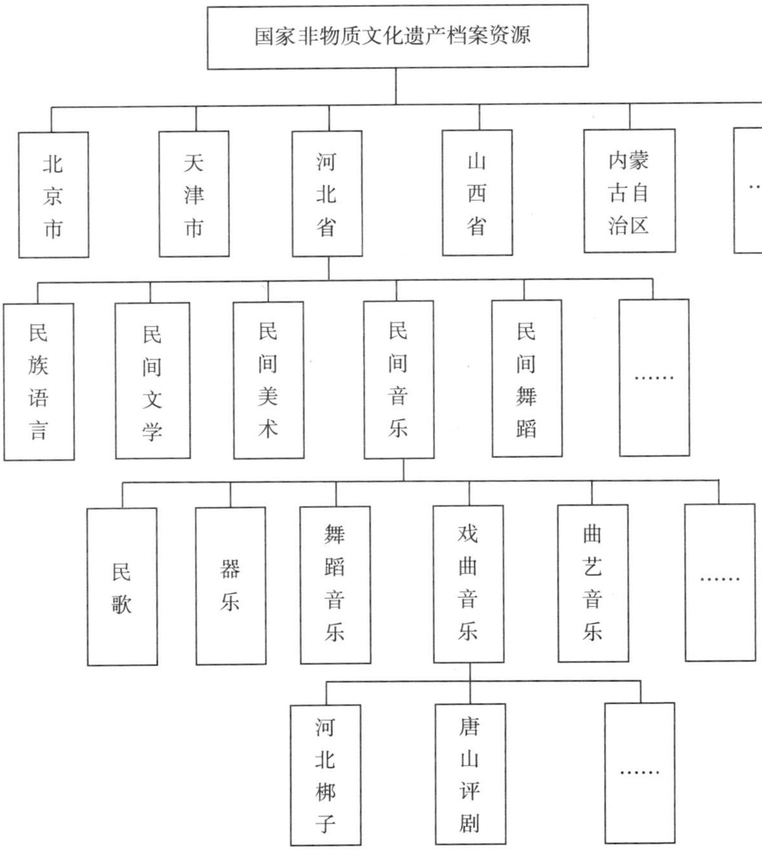

图 3-1　非物质文化遗产档案的分类

首先，选择“分布区域”为划分一级类目的标准，这是由于一方面所有的非物质文化遗产都具有唯一的地域属性，进而都可以在这一框架下找到相应的类，另一方面为了保持同一地区的非物质文化遗产之间的联系，即使是不同项目，但由于有共同的生产生活背景、传承人群，档案之间必然会有密切联系。通过“分布区域”这一分类标准，可形成对某一区域内非物质文化遗产全貌的认识。在“所属区域”这一标准中，包括23个省、4个直辖市、2个特别行政区、5个自治区，共计34类。列举类目时，借鉴《中国图书馆分类法》中的《中国地区复分表》，按北京市、华北地区、东北地区、西北地区、华东地区、中南地区、西南地区的顺序展开，既保证不同区域内非物质文化遗产项目的独立，也保证了相关项目的尽量集中。

其次，采取“表现形式”为二级、三级类目的划分标准。如前所述，“表现形式”是人们认识非物质文化遗产的直接入口，许多法律标准及实践也都采用这一标准进行分类（见表3-4）。由于分类方案需要具备一定的效用性，所分类目不得过少，《国家级非物质文化遗产国家名录项目》划分的类目较多，但其主要目的在于展示、宣传已入选的项目，因此整体而言包容性略显不足，并且该分类体系下没有将各大类展开，而是直接列举各个入选项目，这导致同一类目之下的并列类目太多，会给档案管理带来不便。因此，按“表现形式”设计二级类目时，借鉴了《中国民族民间文化保护工程普查工作手册》中对非物质文化遗产表现形式的划分，即将其分为16类（见表3-4），这16类从外延上来看包括了所有的非物质文化遗产项目。

由于我国非物质文化遗产资源数量丰富，在普查手册中根据表现形式对每一类非物质文化遗产又进行了细分，可以作为本方案的三级类目，如其中民间美术可分为绘画、雕塑、工艺、建筑、其他共五类；民间音乐可分为民歌、器乐、舞蹈音乐、戏曲音乐、曲艺音乐、其他共六类；民间舞蹈可分为生活习俗舞蹈、岁时节令习俗舞蹈、人生礼仪舞蹈、宗教信仰舞蹈、生产习俗舞蹈及其他共六类；戏曲可分为曲牌体制的戏曲剧种、板腔体制的戏曲剧种、曲牌板腔综合体制的戏曲剧种、少数民族的戏曲剧种、民间小戏剧种、傩及祭祀仪式性的戏曲剧种、傀儡戏曲剧种及其他共八类；曲艺可分为说书、唱曲、谐谑及其他共四类。① 需要注意的是三级类目中需要设置“其他类”以增强本方案的包容性，如果三级类目的子类目较多，还可以对其再按照制作工艺、表现形式等进行细分，如将雕塑再细分为木刻木雕、石刻石雕、金属雕刻、竹刻竹雕、漆雕、泥塑塑像、陶雕、其他等，如果子类目不多，为了增强分类体系的效用性，可以不再细分。

再次，以项目为分类标准，将同一项目档案进行集中，不同项目档案分开，并且保持同一类项目档案的相对集中。

最后，有一定历史传统的非物质文化遗产项目档案数量可能会比较多，需要对项目内档案进行分类组织。组织方法如图 3-2 所示。

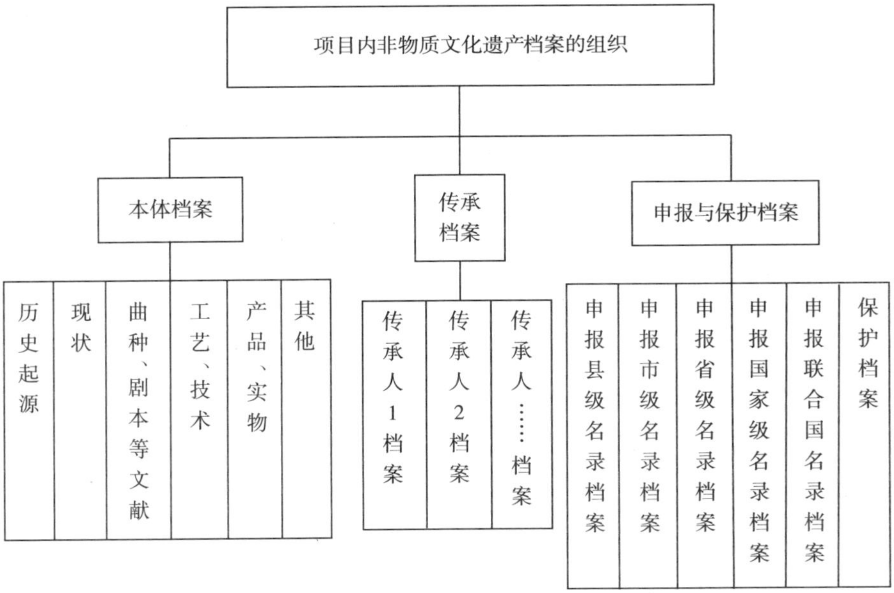

图 3-2　项目内非物质文化遗产档案的组织

根据产生档案的业务活动，可将档案分成项目本体档案、传承档案、申报与保护档案。其中，本体档案是指记录和反映非物质文化遗产传承发展过程与结果的文字、录像等材料，以及作为活动媒介的实物档案等；传承档案是记录和反映传承人的自然状况、文化背景说明传承人传承的活动状况、传承状

① 中国民族民间文化保护工程国家中心：《中国民族民间文化保护工程国家中心普查工作手册》，文化艺术出版社 2005 年版，第 19—22 页。

态，以及在传承人认定和管理过程中形成的各种档案；申报与保护档案是指记录非物质文化遗产申报与保护过程和结果的档案，具体分为申报档案（申报非物质文化遗产保护名录时，申报单位准备的申请报告、项目申报书、保护计划以及其他必要资料）和保护档案（反映和记录为抢救、保护、管理、开发、传承和弘扬非物质文化遗产而形成的各种档案）。①

对这三类档案的序化管理，需要根据非物质文化遗产项目及档案的情况进行。第一步要将各种载体形式的档案区别开，因为非物质文化遗产档案载体形式比较复杂，而且不同载体档案对环境及具体保护措施的要求不同，按载体分开是为了保证档案实体的安全。第二步要将同一载体的档案实体进行序化，可以按照主题、时间甚至幅面大小组成不同的保管单元，其中本体档案可组成历史起源及发展、现状、曲种剧本等文献、工艺技术、产品实物及其他等保管单元。项目传承中，传承人可能是传承群体，也可能是传承自然人，在非物质文化遗产发展历程中，传承人可能不止一个，因此可按传承人将传承档案分开，同一传承人档案按时间顺序排列即可。申报与保护档案可分为申报档案和保护档案，其中申报档案为非物质文化遗产在申请各级保护名录时形成、收到的申请、报告、批复等，根据我国的申报名录制度，非物质文化遗产要逐级上报、逐级审批，即一个项目入选县级、市级名录后，才可继续申报省级、国家级、联合国级名录，因此需要将申遗档案组成申报县级名录档案、申报市级名录档案、申报省级名录档案、申报国家级名录档案以及申报联合国级名录档案等保管单元，其中每一保管单元按时间顺序排列即可。保护档案是在该项目的保护研究、实践、管理等活动中形成的，可按主题排列组织。

4. 注意事项

为了维护整理成果，防止乱归档、错归档现象发生，还需要注意做好以下三方面的工作。

一是以案卷为保管单位，做好编页号、编写卷内档案目录、填写每个案卷的备考表及案卷封面。

二是以非物质文化遗产项目为单位，编写项目档案目录，按照以上项目内

① 周耀林：《非物质文化遗产档案管理理论与实践》，武汉大学出版社 2013 年版，第 67—68 页。

档案组织方案的顺序,将所有案卷、实物进行著录、描述,将其形式、内容、存储位置等信息记录在项目档案目录中,形成一套齐全完整的目录,为日后档案完整性的控制提供基础。

三是借鉴"代卷卡"这一做法以确保同一项目档案的相对集中,由于非物质文化遗产档案的载体形式非常多样,出于安全保存的需要,需要将不同载体的档案存储到不同的环境之中,实体的分散必然会导致信息的分散,代卷卡的运用可以确保档案信息的相对集中。使用代卷卡,首先根据已整理的档案确定该项目档案的主要载体(如纸质档案),同时将非主要载体档案,即包括实物、照片、光盘等所有非主要载体,与主要载体档案分开保存的档案,信息著录在代卷卡上,代卷卡的载体材料与主要载体材料相同,著录信息包括案卷标题、内容描述、形成者、载体形态、形成时间、规格大小、存储位置等形式特征和内容特征,其次将代卷卡视为相应档案的替代品,根据项目内档案组织的方案安排,将代卷卡放置于合适的位置。代卷卡的使用,保证了同一项目档案信息的相对集中及充分利用,维护了档案安全。

四、非物质文化遗产档案的保护

在现代化大潮中,不同非物质文化遗产的生命力表现各不相同,有的能够通过改革适应现代环境,而有的却不得不面临衰弱甚至消失的困境,但通过档案化建设可以将其原声原貌记录下来,满足人们日后寻求凭证或参考的需要。通过档案的收集、鉴定、整理等一系列业务,非物质文化遗产以档案资源的形式被系统地保存下来,与一般档案一样,确保档案安全也是档案化建设的内在要求,主要体现在各种载体档案的安全保护、档案利用过程中的保护以及档案库房的管理等方面,档案保护中积累的经验和技能可为非物质文化遗产保护提供借鉴,但该类档案具有内容丰富、载体多样、保管分散、利用频繁等特点,因此档案保护的复杂程度和实施难度要略高于一般档案。相比较而言,非物质文化遗产档案保护的特殊之处主要有以下几点。

第一,遵循非物质文化遗产档案保护的原则。档案保护应遵循"以防为主、防治结合"的原则,该原则体现了档案保护中"防"和"护"两种基本手段以及二者的关系。就非物质文化遗产档案而言,除了日常要采取措施防火、防盗、防潮湿、防高温、防鼠、防虫、防水、防污染以外,还要通过制度建设和技术手段做到防泄密、防僵化、防无序。这主要是由非物质文化遗产档案的形成和利用特点决定的。防泄密是指在民间传统工艺类非物质文化遗产档案中可能会包含一些独特的生产制作工艺流程、配方等信息，这些信息会给传承群体带来一定的经济利益，因此保护这部分档案不仅要保证档案实体的安全，也要保护信息的安全。防僵化是因为虽然档案是以“有形”的方式将非物质文化遗产“固化”，但非物质文化遗产本身时间跨度很长，并不是一成不变的，非物质文化遗产档案保护需要将视野延伸到档案工作之外，即在非物质文化遗产的传承演变之中，关注非物质文化遗产本身的变化，并将变化及时纳入档案资源中，毕竟固守一堆与事实并不相符的“材料”是毫无意义的。防无序是因为非物质文化遗产档案利用较为频繁，档案频繁的往返用户和档案部门之间有可能使档案在库房中发生“错位”现象，破坏档案分类整理的结果，制定规范的出入库登记制度、借阅制度、代卷卡的使用制度等都会促进档案序化。

第二，妥善保管、修复各种载体形式的非物质文化遗产档案。一方面，许多非物质文化遗产历史悠久，在其传承演变过程中，大量档案自然而然积累下来，但由于非物质文化遗产分布在民间，传承群体档案意识较差，而政府管理部门对非物质文化遗产关注时间并不长，因此非物质文化遗产档案基本处于失控状态，“幸存”下来的档案不仅稀缺而且都面临不同程度的损毁，修复这些档案是非物质文化遗产保护的重要任务。这些档案大部分以纸质、照片、缩微胶片等传统形式存在，因此可借鉴修裱、复制、缩微影印、数字化扫描、数字化迁移、异质异地备份等方法进行补救。另一方面，为了形成对非物质文化遗产全面地、动态地记录，非物质文化遗产保护中利用现代的记录设备和方式形成了以数码照片、动画、音视频、电子文件等形式的档案，为了保证这些档案的真实、全面、可信，在形成档案之前就应该对载体材料、记录材料、格式等进行严格的选择和控制，以确保档案的质量。

第三，重视非物质文化遗产传承人档案的保护。传承人是该文化事象的活载体，我国已采用代表性传承人认定、为其传承活动提供必要的经济、场地条件等方式对传承人进行保护。传承档案以录音、录像、文字、图片等形式记录了传承人的基本情况、学习和实践经历、代表性作品以及新闻媒体、政府行政管理部门对传承人进行宣传、评价时形成的证书、奖品等，是非物质文化遗产档案的核心。与一般的人事档案相比，如从形式、来源上来看，更具有多样性，从内容上来看，更具有专业性，从时间跨度上来看，更具有动态性等。尤其是一项非物质文化遗产会有多代传承人，同一时代也会有多位传承人，因此传承人档案除具有个人专指性外，彼此之间还有密切关联，在档案的入库存放、库位管理以及日常保护中要注意其相互关联，既不能混淆不同传承人档案，也要保持传承人在传承谱系、专业技术等方面的关联性。

第四，重视非物质文化遗产实物档案的保护。非物质文化遗产档案载体形式多样，既包括纸质、照片、缩微胶片等传统载体形式的档案，也包括以数码形式存储于光盘、磁盘等现代载体形式的档案，还有大量实物档案，即在非物质文化遗产活动产生或形成、使用的一系列实物，如在民俗、民间舞蹈、民间音乐等文化事象的举行、展演中使用的面具、道具，传统加工制作工艺中使用的生产工具、制作出来的作品，在非物质文化遗产实践活动中形成的有特定意义的牌匾、奖杯、锦旗、印章等。对于这些实物档案的保护，可借鉴博物馆、档案馆保护文物、实物档案的方法。但大量实物档案无法通过征集、捐赠的方式被集中到档案部门或非物质文化遗产保护中心，而是散落在非物质文化遗产传承群体中，或是由于非物质文化遗产活动仍需继续使用，如工具、道具等；或是由于需要保存在特定文化空间进行展示、宣传，如牌匾、奖杯、锦旗、印章等镇店之宝；或是由于档案意识、非物质文化遗产保护意识不足而被随意处置，如何保护散存的实物档案是非物质文化遗产档案保护的重点。

可从以下几方面入手保护实物档案：加大档案保护及方法的宣传，无论实物在何处都要尽量予以保护；加大实物档案征集的力度，使实物能够尽量集中到档案部门得到专业化的保护；加大实物档案的登记与检查制度，非物质文化遗产保护与实践活动的特殊性决定了实物档案“藏宝于民”是不可避免的，分散意味着风险与失控，但可以借鉴私人藏品等级制度，对于收藏在个人手中的实物档案进行登记，提出保管条件要求，并定期对实物档案的保存状况进行检查，对不合适的保管状况提出建议或代为保管，从而使实物档案处于分散但可控的状态；加强对传承人的培训，提高传承人的保护意识，使其掌握必要的技术方法对分散保管的实物档案至关重要；针对特别重要的实物档案可以制作仿品进行展览或使用，而实物档案可通过微环境或专门的库房进行妥善保管。

除此以外，非物质文化遗产档案数量繁多，种类多样，保管分散，对这些档案的保护需要库房、设备设施、消耗材料、人力等资源，而这些资源对于大部分经济状况不好甚至捉襟见肘的传承人而言是比较困难的，因此政府部门、企业等组织增加投入以对其保护活动提供支持也非常必要。

第三节 非物质文化遗产档案化建设的案例

一、案例一 保定市义春楼白肉罩火烧加工技艺的档案化建设

“民以食为天”，饮食技艺伴随着人类的繁衍生息，不仅是饮食文化的系统映射，更是进行民俗、历史、经济、文化等方面研究不可或缺的重要方面。饮食技艺指饮品与食品加工制作的技术与工艺，属于非物质文化遗产中传统技艺的一部分，目前已有多项饮食技艺被列入国家级非物质文化遗产保护名录，这些项目大多存在于经济较发达地区、知名企业，主要通过生产性保护、旅游资源开发、媒体宣传等途径进行保护，着重开发其经济价值。事实上，在现代文明的冲击下，大量民间饮食技艺受制于生产技术难度大、周期长、劳动强度大、环境艰苦、利润空间有限等原因，面临着失存、失真、失信、失传、失众的危险。档案式保护使无形的文化遗产能以档案的形式得以“存下来、传下去”，作为非物质文化遗产保护的基本措施，已多次在《非物质文化遗产保护公约》《中华人民共和国非物质文化遗产法》等法律法规中被明确提出，尽管如此，饮食技艺类非物质文化遗产的档案式保护并未引起档案界关注，保护实践仍处于自发状态。保定市级非物质文化遗产“白肉罩火烧加工技艺”与大多数非物质文化遗产一样，在现代化、快节奏的冲击下也面临着传承的困难，如今已 73 岁高龄的第三代传承人李领根一方面积极寻找、培养下一代传承人，另一方面也积累了大量与该技艺相关的档案，由于档案主要是由李领根靠个人力量收集，加上义春楼在历史变迁中经历了多年风风雨雨，大量珍贵资料被损坏，档案管理状况比较令人担忧。

（一）白肉罩火烧加工技艺简介及其档案式保护实践

白肉罩火烧最初名为“猪头肉锅罩火烧”，是创建于 1908 年义春楼饭店的经典小吃，深受保定市老百姓的喜爱。该小吃是将上好的猪肉煮熟切成薄片，再将外脆里嫩的火烧撕成云彩状，用秘制的汤反复浇制而成。冯玉祥将军对该小吃的评价是“肥而不腻，软而不烂，瘦而不柴，脆而泽鲜”（见图 3-5）。

图 3-3 白肉罩火烧之肥肠罩火烧

图 3-4 白肉罩火烧之纯瘦肉罩火烧

图 3-5 冯玉祥将军赠予白肉罩火烧的牌匾

出生于 1949 年的李领根是“白肉罩火烧加工技艺”的第三代传承人，多年来，他在经营义春楼饭店的同时，利用新闻媒体、学校教育、传统节日展示等多种宣传方式寻找第四代传承人，虽然期间有很多人愿意尝试学习、传承该项技艺，但尚无一人能够坚持下来，目前仍无合适人选。非物质文化遗产具有活态流变性，即非物质文化遗产会随着社会实践的变化而不断发展演化，如白肉罩火烧由传统的一种口味发展到现在的六种口味，甚至会由于实践条件的变化而永远消失，如集体劳动、田间劳作时哼唱的劳动号子。因此档案式保护就成为非物质文化遗产保护的重要途径，南京云锦、金陵刻经、金线金箔、秦淮灯会等项目的档案式保护实践充分证明了这一措施的科学性，同时也为其他类型非物质文化遗产档案式保护实践提供了经验。结合相关实践经验以及白肉罩火烧加工技艺的自身情况，其档案式保护实践主要经过以下几个阶段。

1. 采集白肉罩火烧加工技艺档案

白肉罩火烧加工技艺档案是全面记录和反映白肉罩火烧加工技艺本身及其保护、管理过程的信息集合，包括该项目的本体档案、传承与保护档案、申遗档案。白肉罩火烧加工技艺于 2013 年入选保定市级非物质文化遗产，在其历史发展演化过程中，积累了大量档案，但都与第三代传承人李领根的个人档案、家庭档案、图书以及收藏品混放在一起。经过选择，与白肉罩火烧加工技艺密切相关的档案主要包括：图书档案 7 册（包括第二代传承人编制的菜谱、李领根主编或参编的图书，有《中华小吃》《保定饮食志》《河北省机关事业单位工人技师技术业务水平考核标准》《保定老照片》等）、实物档案 13 件（有桌椅板凳、案板以及末代皇帝溥仪的叔父爱新觉罗·溥新宇、冯玉祥将军等人的题字、牌匾、证书等）、文书档案 3 份（主要是申报区级、市级非遗的档案以及各种证明材料）、照片档案 36 份（反映加工制作过程、成品、传承活动等）、光盘档案 7 张（包括省电视台、保定市电视台、业余爱好者录制的视频等）。经过仔细的调查了解，将与该项目相关的各种类型档案汇总如表 3-5 至表 3-8 所示。

表 3-5 白肉罩火烧加工技艺的图书档案

序号	书名	作者	出版社	出版时间	页码	是否有损毁	备注
1	《保定饮食志》	李领根（白肉罩火烧传承人）	未出版	1987 年春节后开始编写，历时四年	共 192 页	封面已无，目录、内容均有少量损毁	该书记载了新中国成立前后保定饮食业的概况
2	《中华小吃》	马树桐	中国旅游出版社	1990 年 8 月第二版	第 159 页	无	其中白肉罩火烧、丁香素馅水饺、碱面馒头、肉丁馒头为义春楼特色

续表

序号	书名	作者	出版社	出版时间	页码	是否有损毁	备注
3	《河北省机关事业单位工人技师技术业务水平考核标准》	赵禄祥	中国石化出版社	1999年1月第一版	第70页	个别页数损毁	该书中第70页中提到冀菜五种格局,即官府菜,寺院菜,清真菜,宫廷野味菜,民间菜,其中名店中“五楼”其一就有义春楼
4	《保定市志》	保定市地方志编纂委员会编	方志出版社	1999年9月	第71页	否	文章中主要介绍了义春楼出名的原因
5	《燕南赵北民俗》	李新锁、王玉宝主编	方志出版社	2002年12月	第154页	否	该书主要介绍了燕南赵北的民俗,文章中介绍了白肉罩火烧的特点
6	《保定食文化》	保定历史文化丛书编辑委员会	方志出版社	2005年1月	第29页	否	文章中主要介绍了义春楼受到欢迎的原因
7	《保定读本》	保定读本编辑委员会编	中国文史出版社	2013年4月	第284页	否	文章主要介绍了白肉罩火烧的历史及白肉罩火烧受到冯玉祥将军的青睐

表3-6　白肉罩火烧加工技艺的实物档案

序号	名称	描述	规格(单位:cm)	来源	获得时间	存放地点	保护措施
1	肥而不腻 软而不烂 瘦而不柴 脆而泽鲜	牌匾梅花篆	108 * 36	冯玉祥将军赠予	清末民初	店内	否
2	表彰李领根在木昂公路工程中的显著成绩	表彰证书	26 * 18	马达加斯加民主共和国公共工程部颁发	1986年1月1日	店内	否
3	美吃白肉罩,不忘义春楼,感谢李领根,口福留后人	书法作品	88 * 66	保定日报社编辑王凤梨赠予	1998年	店内	否
4	中华小吃	证书	50 * 35	中国旅游出版社、保定市人民政府颁发	1998年8月	店内	否

续表

序号	名称	描述	规格(单位:cm)	来源	获得时间	存放地点	保护措施
5	义春楼·白肉罩火烧 2005 保定府美食盛会:保定名小吃	证书	50 * 35	保定市烹饪餐饮业协会和保定日报社颁发	2005 年 12 月	店内	否
6	市级非物质文化遗产 义春楼白肉罩火烧加工技艺	证书	60 * 40	保定市人民政府公布保定市文化广电新闻出版局颁发	2013 年 11 月 21 日	店内	否
7	老根义春楼	商标注册证	50 * 35	中华人民共和国国家工商行政管理总局商标局	2014 年 12 月 21 日	店内	否
8	老根义春楼	商标注册证	50 * 35	中华人民共和国国家工商行政管理总局商标局	2015 年 1 月 14 日	店内	否
9	命名李领根为市级非物质文化遗产项目义春楼白肉罩火烧加工技艺代表性传承人	证书	34 * 24	保定市文化广电新闻出版局	2015 年 3 月	店内	否
10	李领根同志为保定市烹饪餐饮饭店行业协会理事	证书	26 * 18	保定市烹饪餐饮饭店行业协会	2015 年 4 月 8 日	店内	否
11	中国名饼奖	奖状	50 * 35	京津冀饭店餐饮产业大会颁发	2015 年 11 月 15 日	店内	否
12	中国面饼名店	奖状	50 * 35	京津冀饭店餐饮产业大会颁发	2015 年 11 月 15 日	店内	否
13	李领根技师证	证书	26 * 18	市委办公厅	不详	店内	否

表 3-7 白肉罩火烧加工技艺的文书档案

序号	标题	文件编号	形成者	形成时间	内容摘要	关键词	文种	载体形态	是否损毁
1	证明	不详	中共保定市委员会	1999 年 12 月 6 日	李领根经历,称号证明	李领根	证明	纸质	否
2	保定市非物质文化遗产名录且保护单位认定(变更)登记表	不详	李领根	2012 年 12 月 20 日	非物质文化遗产相关信息	项目申请单位简介,各部门意见	公文	纸质	否

续表

序号	标题	文件编号	形成者	形成时间	内容摘要	关键词	文种	载体形态	是否损毁
3	保定市第四批市级非物质文化遗产名录项目申报书	项目代码Ⅷ	李领根	2012年12月20日	项目简介（基本信息，项目说明，项目论证，保护计划，项目管理）	白肉罩火烧，义春楼，李领根，百年传承	申请	纸质	否

表 3-8　白肉罩火烧加工技艺的照片档案

序号	拍摄时间	拍摄地点	主要人物及内容	备注
1	20世纪50年代	不详	李领根记忆中的义春楼	无
2	1988年左右	不详	制作白肉罩火烧	无
3	1991年	保定清源县	徒弟赵华拜师	无
4	1995年	玉兰香厨师技校	李领根给厨师讲课	无
5	20世纪90年代	明星厨师技校	李领根及徒弟	公益活动
6	20世纪90年代	玉兰香厨师技校	李领根及徒弟	学雷锋义务活动
7	2000年	百花义春楼	冯玉祥将军评价白肉罩火烧留下的四句话	肥而不腻，软而不烂，瘦而不柴，脆而泽鲜
8	2001年	不详	白肉罩火烧实物图	无
9	2003年左右	不详	王凤梨题词	美吃白肉罩，不忘义春楼，感谢李领根，口福留后人
10	2005年	不详	白肉罩火烧实物图	无
11	2005年	不详	制作火烧	火烧
12	2006年	百花义春楼	义春楼招牌（2003—2015年底）	无
13	2007年	不详	猪蹄罩实物图	无
14	2007年	不详	白肉罩火烧实物图	无
15	2007年	不详	肘花罩实物图	无
16	2007年	不详	白肉罩火烧实物图	无
17	2007年	不详	白肉罩火烧实物图	无
18	2008年	不详	白肉罩火烧36味小料图	腊咸菜、酱油八蒜、地葫芦、虾酱、酱豆腐、黄瓜条、葱白、白酱油、韭菜花、酱油

续表

序号	拍摄时间	拍摄地点	主要人物及内容	备注
19	2010 年	不详	白肉罩火烧牌匾	无
20	2010 年	不详	义春楼牌匾	无
21	2012 年	义春楼	保定府名吃【义春楼老根·火烧胚】市级非遗	品白肉罩火烧　享三吃六味
22	2012 年	义春楼	保定府名吃【义春楼老根·罩火烧小料】市级非遗	品白肉罩火烧　享三吃六味
23	2012 年	义春楼	保定府名吃【义春楼老根·正宗白肉罩火烧】市级非遗	品白肉罩火烧　享三吃六味
24	2012 年	义春楼	保定府名吃【义春楼老根·正宗猪蹄罩火烧】市级非遗	品白肉罩火烧　享三吃六味
25	2012 年	义春楼	保定府名吃【义春楼老根·正宗肥肠罩火烧】市级非遗	品白肉罩火烧　享三吃六味
26	2016 年	西大街义春楼	熬汤	煮上一小时十分钟,这期间不断向锅中积水,老汤中不能加盐,百年老汤:清汤底不换汤,明矾清汤,汤不能扔要重复使用,精汤是纯瘦的猪肉和鸡肉用刀背剁成泥子,拌入汤加上燕窝,静其沉淀。粗汤除肉汤外还要加棒子骨,反复熬制
27	2016 年	西大街义春楼	拿沫	无
28	2016 年	西大街义春楼	和面	三光,手光、面光、盆光,面需要醒一下,让它更劲道。和面不同季节要用不同的水:夏天用凉水,冬天用热温水,春秋用温凉水
29	2016 年	西大街义春楼	擀面	无
30	2016 年	西大街义春楼	火烧的制作	加入小茴香香料,小茴香香料中有百分之十的花椒,百分之十的油炒花生
31	2016 年	西大街义春楼	火烧的制作	卷面
32	2016 年	西大街义春楼	火烧的制作	揪面

续表

序号	拍摄时间	拍摄地点	主要人物及内容	备注
33	2016 年	西大街义春楼	火烧的制作	印花
34	2016 年	西大街义春楼	火烧的制作	将火烧放入饼铛
35	2016 年	西大街义春楼	火烧的制作	将火烧撕成小云彩片
36	2016 年	西大街义春楼	浇制	用煮好的汤反复罩,直至葱发黏:多撇少晃不要开锅头,勺子不抬头

表 3-9　白肉罩火烧有关光盘介绍

序号	主要内容及关键词	拍摄时间	拍摄者
1	义春楼开张	1993—1994 年	卢晓平
2	保定电视台录的一个民生节目介绍白肉罩火烧	2002—2003 年	不详
3	文化保定河北名小吃(白肉罩火烧的制作过程、方法和历史,并采访顾客)	2006 年	贾军
4	台湾东森电视台和台湾师傅联合采访李领根	2006 年左右	蒋记者(名字不详)
5	保定首届非物质文化遗产大会在军校广场召开,李领根展示白肉罩火烧	2013 年 9 月	王志平
6	老根传艺	2014 年 10 月	王志平
7	老保定人讲保定故事,美食家谈白肉罩火烧(西大街店开张)	2015 年 9 月	王志平

由于现存档案不能全面反映该技艺的历史演化过程及传承现状,因此通过拍摄、访谈等方式对档案资源进行了补充:第一,针对目前项目本体档案数量少且不系统的状况,对整个白肉罩火烧加工技艺进行录制形成完整的本体档案,包括选面、和面、火烧制作、撕火烧、熬汤、选肉、炖肉、切肉、浇制以及各种小料制作的整个过程,同时每个环节的操作技巧、技术要领、体会等由李领根讲述。第二,形成口述档案,主要由李领根讲述该技艺的传承脉络、经典的事件,如白肉罩火烧名字的由来、一些名人与白肉罩火烧的故事等。第三,由于实物档案具有重要的文物价值和历史价值,极其珍贵,通过拍照、文字记录、测量的方式形成记录并与实物一同保存。

2. 为已有档案建立登记册

参照《档案著录规则》《照片档案管理规范》《国际标准书目著录》等，对以上选择出来的档案按载体及表现形式进行分门别类登记，建立登记册（见图 3-6）。图书主要登记书名、作者、出版社、出版时间、页码、备注（主要用来说明与本技艺或传承人的关系）、损毁状况等。照片主要登记照片的拍摄者、拍摄时间、拍摄地点、背景、主要内容或人物、是否清晰、损毁状况等。文书档案主要登记标题、文件编号、形成者、形成时间、内容摘要、关键词、文种、载体形态、损毁状况等。报刊主要登记报道的标题、内容简介、关键词、报刊名称、刊发时间、刊次、损毁状况等。实物档案主要登记实物名称、描述、规格、获得渠道（是征集而来，还是传承、购买而来）、获得时间、存放地点、是否采取保护措施等。光盘主要登记拍摄者、主要内容、关键词、拍摄背景、时长、损毁状况等。由于照片档案、实物档案、光盘档案的背景信息没有准确记录，主要依据李领根个人回忆进行著录。

图 3-6　经鉴定、整理出的白肉罩火烧加工技艺档案

3. 档案修复与保护

由于大部分保存下来的档案都存在不同程度的损毁，利用河北大学档案保护实验室的设备和材料对部分档案进行除酸、修裱、字迹加固等处理。但需修复档案种类多样、数量较大、问题繁多，目前仍有大量档案（如光盘）

处于不可读、不可用的状态，亟须社会关注。另外，数字化技术与网络的发展为非物质文化遗产的保护、传承提供技术支撑，也为其保护、宣传开辟了新的窗口。为了让更多的人认识、享受白肉罩火烧加工技艺，利用扫描、文字识别、图像处理、全息拍摄等技术对传统载体形态的档案进行了数字化建设上传至网站“保定名小吃——义春楼白肉罩火烧加工技艺”，将数字化档案信息资源借助网络平台提供给更多的公众享用，以实现更有效的保护与传承。

（二）白肉罩火烧加工技艺档案式保护的问题

1. 建档不齐全

李领根具有较强的档案保护及文化遗产保护意识，积累了大量与该技艺相关的档案，如证书、牌匾、题字、照片、光盘等。但由于该项目存在历史较长，义春楼在历史变迁中经历了多年风雨，大量珍贵资料被损坏，加上档案主要是靠李领根个人力量保管，保存下来的档案不全，不能系统反映该技艺的历史演变过程。如项目本体档案只有一些成品的照片，而其选料、配料、加工制作过程并没有形成记录；传承与保护档案中，只有李领根在白肉罩火烧加工技艺传承以及参加相关比赛，组织社会活动，进校园、进社区开展的技艺传授活动，传承人的选择和培养等活动中，积累下来的各种奖章、证书以及编著的书籍等档案，而有关第一代、第二代传承人的档案已经全部遗失。

2. 档案实体保管分散

由于义春楼在经营中经历多次迁址、开设分店，其照片、实物、证书、奖章、牌匾等各种形式的档案也随着饭店的每一次搬迁被分散保存在义春楼原址、总店及各个分店。由于缺乏档案保管的专业方法和设备设施，各种载体、形式的档案被堆积存放，分类、整理工作也没有展开。另外，一些档案涉及商业秘密、个人隐私，部分档案，如白肉罩火烧加工技艺创始人张洛丙使用过的独梨木案板等工具，冯玉祥将军赠予的牌匾等，具有重要的历史价值和文物价值，被分别保管在李领根家中以及专门的保管场所中。

3. 档案保护不科学

虽然李领根尽其所能地积累了各种载体形式的档案，但是由于缺乏必要的保护设备及专业方法，档案保护面临着较大的问题，表现在：许多珍贵的书籍、报道该小吃的新闻报刊以及其他相关的档案，不仅纸张变黄变脆，掉页、缺页严重，还有部分档案由于潮湿、虫鼠咬噬等原因导致有些内容已经不能识读；虽然部分意义重大的老照片经过了塑封，但是还有许多老照片由于是在不同历史阶段冲印的，大量照片图像已经不清晰，照片的拍摄背景、时间、地点、拍摄者、照片中的内容等信息完全依靠李领根的回忆才能弄清。此外，光盘无专门设备保管，未采取任何保护措施，部分光盘内容已经不能读取，见图3-7。

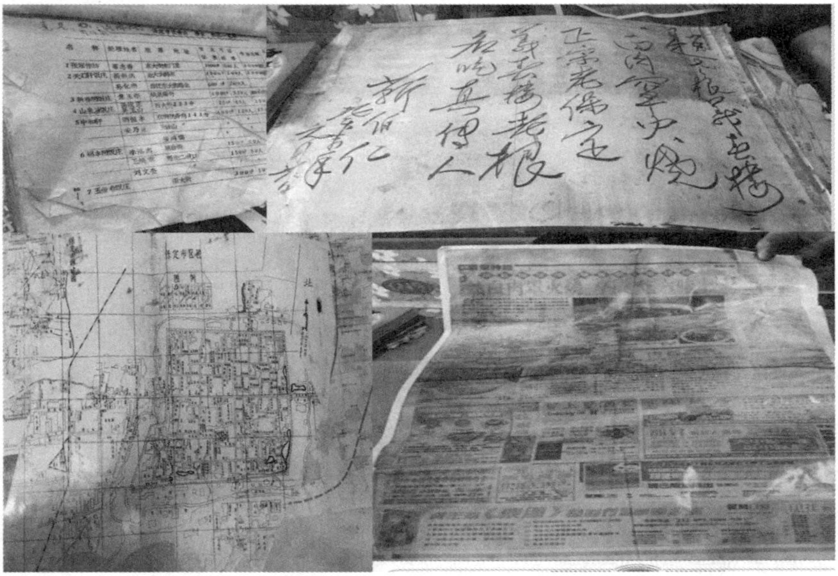

图3-7　传承人保存的大量损毁档案

（三）饮食技艺类非物质文化遗产档案式保护实践的思考

不同饮食技艺的历史沿革、传承状况、所用原材料、工艺流程、设备、技法、产品、社会组织与经营状况等方面各不相同，白肉罩火烧加工技艺及其传承状况在我国复杂的饮食技艺中具有一定的代表性，其档案式保护实践也启发了对饮食技艺类非物质文化遗产档案式保护的几点思考。

1. 全面建设档案

建档是传统饮食技艺档案式保护的起点，全面系统的档案资源是非物质文化遗产生命力得以延续的基础，这就要求所建档案不仅要真实地反映该技艺的技术、工艺与文化内涵，还要动态反映其历史演变过程。首先，提高传承人的档案意识会起到至关重要的作用。一方面，传统饮食技艺档案主要是在技艺传承中积累下来的，有关该技艺的本体档案、传承档案、申遗与保护档案是否会被有意识地保留下来，都取决于一代代传承人的档案意识；另一方面，档案式保护更加强调文化价值、历史价值的保护，其效用是潜移默化而不是立竿见影的。因此，档案式保护还需要传承人付出大量的时间、精力对已有档案进行整理，拍摄、补充饮食加工制作的过程，离开传承人的付出，终将无计可施。其次，建档需要充分利用现代信息技术。信息技术可应用于档案采集、档案管理、档案开发利用等多个环节。如可利用全息拍摄、运动捕捉、动态三维成像、复原与演变模拟、立体扫描等技术，采集饮食技艺加工制作过程及与之相关的生产工具、原材料等信息；利用数据库技术组织与存储档案；利用数字化模拟与再现、虚拟现实、增强现实、基于移动智能设备的数字化展示等技术，通过多种平台吸引公众参与，并将所建档案资源进行更广泛的传播。

2. 系统保管档案

系统保管应贯穿于传统饮食技艺档案式保护的整个过程。由于大部分档案都由技艺传承人个人保管，而档案保管又是一项专业性很强的活动，因此系统保管档案需要从以下两个方面入手：一是需要档案部门的积极参与，档案式保护已多次在法律法规中被明确提出，但需要做什么，如何做都尚未予以明确。档案部门利用其专业优势，对非物质文化遗产档案的采集范围、采集方法、采集标准、分类、著录标引的工具与标准、鉴定等专业问题进行研究并提出系统的解决方案，供档案管理者借鉴，以确保所建档案是系统资源而非一盘散沙。二是全面提高档案保管者档案管理知识和技能。由于传统饮食技艺档案被分散保管在传承人、非物质文化遗产保护中心、群众艺术馆、烹饪协会、餐饮协会等不同机构和个人手中，档案保管的质量也取决于这些机构档案管理者的水平，但是这些档案管理者大多为兼职人员，未必具有系统、专业的档案管理知识和技能，因此通过培训、交流等方式，使其准确理解档案保管的要求、内容、方法也是至关重要的。

3. 科学保护档案

确保档案安全是传统饮食技艺档案式保护成果的保障，但该类档案具有内容丰富、载体多样、保管分散、利用频繁等特点，因此档案保护的复杂程度和实施难度略高。科学保护档案，首先，遵循“以防为主、防治结合”的原则，除日常要采取措施防火、防盗、防潮湿、防高温、防鼠、防虫、防水、防污染外，还要通过制度建设和技术手段做到防泄密、防僵化、防无序。这是由传统饮食技艺的部分档案内容具有一定的机密性、档案形成有持续性、档案利用较频繁等特点所决定的。其次，妥善保管、修复各种载体形式的档案。因为大量伴随传统饮食技艺“幸存”下来的档案不仅稀缺，而且都面临不同程度的损毁，修复这些档案是非物质文化遗产保护的重要任务。这些档案大部分以纸质、照片、缩微胶片等传统形式存在，因此可采用修裱、复制、缩微影印、数字化扫描、数字化迁移、异质异地备份等方法进行补救。尤其要重视实物档案的保护，实物档案是在传统饮食技艺的传承活动中产生、使用的一系列实物，如生产工具、作品、牌匾、奖杯、锦旗、印章等。这些实物档案大多散落在传承人群体中，或是由于饮食加工制作中仍需继续使用（如工具、道具等），或是由于需要保存在特定文化空间进行展示、宣传（如牌匾、奖杯、锦旗、印章等镇店之宝），对于这些实物档案的保护，可借鉴博物馆、档案馆保护文物、实物档案的方法。

二、案例二　民间家书档案化管理

基于民间家书的档案价值，提出档案化管理是抢救民间家书的重要途径，同时结合中国人民大学“抢救民间家书项目”，从民间家书的征集、整理、保管、开发利用等环节，探索民间家书的档案化管理路径，并提出在民间家书档案化管理中应注意的几个问题。

（一）民间家书的界定

民间家书是指家庭成员、亲戚、师友、同学、同事以及其他朋友之间的通信，从外延上来看，它包括了除公函和商业信函之外的所有私人之间的通信总称。[①] 民间家书具有历史记录性、文化性、知识性、传承性、民族性、地域性等多重属性，这也决定了民间家书具有历史研究、文化、伦理、教育等多重价值，如感情交流与寄托、构建社会记忆、进行社会教育、为历史研究提供可靠史料等。

民间家书在我国已有两千多年的历史，随着信息技术的进一步发展以及人们交流方式的日益多元化，民间家书的保护正式提上日程。目前，新华网、中国人民大学家书文化研究中心等组织或机构对民间家书的抢救保护已给予

① 张丁：《民间家书的定位及分类探析》，《山西档案》2012 年第 2 期。

关注。如新华网在 2015 年 1 月 26 日发起了“人未归信先至！邀您给亲人写一封家书”的活动，网友对该活动反响热烈。[①]“抢救民间家书项目”则于 2005 年启动，该项目以保护文化遗产、传承家书文化为宗旨，截至目前所征集到的家书达 6 万多封，时间跨度达 200 多年。2009 年，中国人民大学家书文化研究中心成立，对家书、日记、手稿等开展了系统的研究。由于对民间家书抢救和保护的方式是多样的，本案例主要以中国人民大学“抢救民间家书项目”为例，探讨通过档案化管理加强民间家书抢救保护的路径。

（二）民间家书档案化管理分析

民间家书形成、保管于民间，涉及写信者、收信者、收藏者等多个主体。与名人家书保管相比，目前民间家书总体上存在着保管分散、保管条件较差、随意丢弃的现象。为了让民间家书得到科学管理、妥善保管、有效利用，本部分将民间家书作为档案资源，从档案化管理的角度对民间家书进行抢救保护分析。

1. 民间家书的征集

民间家书大多散存在老百姓手中，若要发挥其社会价值，则需要通过征集方式，将民间家书集中起来。“抢救民间家书项目”一是得到了国家博物馆、中国民间文艺家协会遗产抢救办公室、中华炎黄文化研究会、中国文物报社和《炎黄春秋》杂志社的支持。二是基于文化遗产的传承，寻求到费孝通、季羡林、任继愈等 46 位学者的支持。三是得益于媒体的宣传。新华社、中新社、中央电视台、北京电视台、《读者》杂志社、《炎黄春秋》杂志社、新华网、新浪网等媒体均对抢救民间家书项目进行了深入报道。[②] 在多方力量的推动下，持有者纷纷将家书捐赠给中国人民大学博物馆。据统计，自 2005 年该项目启动至今，已征集到民间家书 6 万余封，并且这一数字还在不断上升。

2. 民间家书的整理

（1）总体上按照时间进行分类标记

目前，“抢救民间家书项目”征集到的家书时间跨度达 200 年，且不同时间段的家书数量、保管状况、载体不同，按时间划分不仅便于归类，更利于对不

---

① 《人未归信先至！邀您给亲人写一封家书》，2015 年 12 月 29 日，见 http://forum.home.news.cn/detail/135251692/1.html。

② 张丁：《民间家书的抢救性征集与编研实践》，《民间文化论坛》2011 年第 2 期。

同载体类型及保管状况的民间家书进行修复和保管。因此,按照时间可将其分成古代家书(1840年鸦片战争前)、近代家书(1840年鸦片战争至1949年10月中华人民共和国成立)、现代家书(1949年10月以后)三类。

(2)细化后仍按照时间分类标记

由于收集到的民间家书数量较大且不断扩充,因此有必要将每一大类再进行细分。综合各种中国历史阶段的划分标准以及所征集到的家书情况,按照时间将古代家书分为:先秦家书、秦汉家书、三国两晋南北朝家书、隋唐五代家书、两宋辽夏金家书、元代家书、明代家书、清代家书八类。近代家书分为道光时期家书、咸丰时期家书、同治时期家书、光绪时期家书、宣统时期家书、民国初期家书、二十年代家书、三十年代家书、四十年代家书九类。现代家书则包括五十年代家书、六十年代家书、七十年代家书、八十年代家书、九十年代家书、二十一世纪家书六类。①

(3)以写信者姓氏和名字为分类标准

按照写信人姓氏和名字的顺序编排,同一写信人有多封家书时可作为一个案卷统一保管。征集家书时,也会得到与该家书有关的明信片、照片、传记、手稿、著作等背景信息,保管时应将这些背景信息作为该家书的附件与其一并归类保管。另外,由于征集到的家书数量仍在不断增长,在每一类家书的实体排列时要预留空间,以防频繁更换位置。

3. 民间家书的保管

从载体形式上来看,目前征集到的民间家书主要以纸张、照片、底片为主,因此对民间家书的保护,可以遵循"以防为主、防治结合"的原则,除做到"八防"外,还要做到防泄密、防僵化、防无序。对于需要修复的家书,可利用修裱、复制、缩微影印、数字化扫描、数字化迁移、异质异地备份等方法补救。

4. 民间家书的开发利用

(1)编辑出版物

截至目前,该项目组共编辑出版了《家书抵万金》《红色家书》《任鸿隽陈衡哲家书》《抗战家书》《红色家书背后的故事》《廉政家书》《云中喜有锦书来——抢救家书文集》《抗战家书——我们先辈的抗战记忆》等八本家书集,以及《打开尘封的

① 中国人民大学家书博物馆,2015年10年16日,见 http://jiashu.ruc.edu.cn/bwgjj/index.htm。

记忆——中国民间手写家书展》图录。其中,《红色家书》分别入选中宣部“农家书屋”工程和“万村书库”工程,《红色家书》系列纪录片也于 2015 年 7 月在中央电视台推出;《抗战家书》入选国家新闻出版广电总局向青少年推荐的一百种优秀图书,《家书抵万金》《红色家书》《抗战家书》分别入选文化部、财政部 2008 年度送书下乡工程。① 2011 年出版的《红色家书背后的故事》入选中央文明办、中宣部、原国家新闻出版总署推荐的百种优秀思想道德建设读物。《抗战家书——我们先辈的抗战记忆》入选纪念世界反法西斯战争胜利 70 周年百种经典图书。

(2)举办展览

2005 年,“抢救民间家书项目”从征集到的近八千封家书中精选一百封,在北京琉璃厂举办了民间家书征集成果展。2009 年,“打开尘封的记忆——中国民间手写家书展”在中国人民大学博物馆展出,展出的民间家书共计 160 组(件)3075 封,相关老照片 380 帧。2013 年,“尺翰之美——中国传统家书展”在中国人民大学博物馆新馆亮相,展出民间家书共计 1000 封,相关老照片 500 帧,目前已成为该馆的常设展览。

(3)建设中国人民大学家书博物馆网

2005 年,“抢救民间家书项目”创办了“中国人民大学家书博物馆”(创建之初名为“中国家书网”),该网站设有最新消息、家书博览、家书春秋、家书研究、媒体文章、抢救民间家书项目、网上展览等板块,分别从不同角度对家书及抢救民间家书项目进行深度报道。其中家书博览板块展示了馆藏的多封家书,并被分为抗疫家书、亲子家书、敬老家书、手足家书、爱情家书、师生家书、军旅家书、战地家书、友朋家书、两岸家书、海外飞鸿、名人家书、知青家书、六七十年代家书、网络家书共 15 个主题。

(4)开通“我们的家书”微信平台

自 2014 年 9 月 23 日“我们的家书”开通以来,“抢救民间家书项目组”不仅通过公众号发布家书项目的最新动态,而且以文字、图片等形式展示了大量富有特色的家书故事,最可贵的是还利用捐赠者的口述以及照片、日记等背景信息,将家书背后的故事整理出来。

① 《首届中国家书文化论坛嘉宾发言实录(下)》,2014 年 12 月 10 日,见 http://jiashu.ruc.edu.cn/jsyj/53bb1756529b47448e6cba39b701d47c.htm。

(三)优化民间家书档案化管理的几点建议

1. 民间家书的数字化建设

(1)扫描处理

2015年6月,家书研究中心的“数字家书”项目正式启动,该项目拟利用扫描、拍摄等数字化加工技术对家书藏品进行数字化。① 由于家书数量较大,内容复杂,载体保管状况不同,建议优先选择载体保存状况濒危,或具有重大研究价值的家书进行扫描。

(2)目录数据库的建设

在民间家书全文数字化前,可以先开发目录数据库。在目录数据库中,可以开发多种倒排文档以构成其目录体系,供利用者按时间、主题、形成者、接收者等多角度检索,而这就需要统一家书元数据规范及著录规则。例如:在加拿大国家图书馆与档案馆中保存有大量的家书,虽然这些家书并没有作为专门档案被保存,而是作为家庭档案的一部分,但其著录信息包括标题、家书的组织体系(全宗—系列—子系列—案卷—件)、所属案卷、形成时间、形成地点、语种、数量、内容简介、索档号、检索条件、来源、MIKAN号码、备注等。在澳大利亚国家档案馆中,家书也是同个人档案或家庭档案组织在一起的,其著录项目一般包括标题、时间范围、控制号、编码号、保管地点、可供利用状态、载体形态、数量、登记时间、所在系列号及所在系列标题、时间范围等项目。

(3)全文数据库的建设

一方面,将中国家书网与全文数据库整合,通过多元化的检索途径,满足用户检索、利用家书的需要,解决家书“藏和用的难题”;另一方面,随着人们记录信息、传递信息方式的改变,利用网络征集家书并将其纳入全文数据库势在必行。值得注意的是,在全文数据库建设中,文字的转录、翻译不容忽视。

2. 妥善处理民间家书管理中涉及的法律问题

就其法律问题来说,主要涉及著作权、物权和隐私权。根据《中华人民共和国著作权法》规定,书信是受著作权法保护的作品,其著作权由发信人享有,包括发表权、署名权、展览权、复制权等,发信人去世后的50年内,该项权

---

① 《抢救——家书里的民间技艺》,2015年6月18日,见 http://epaper.ynet.com/html/2015-6/18/content_139139.htm? div=-1。

利由其合法继承人继承。而收信人享有书信的物权,有权利将书信销毁、保留、允许其他人有限地观看或转让他人处置等,但物权的行使不得侵害公共利益和他人合法权益。由于书信中可能承载了写信人不愿意公之于众的内容,因此书信内容也属于隐私权保护的范畴,隐私权是人格权,理应受到保护。因此在处置家书时,需要分清其权属状况,在权利范围内适当处理。

首先,征集家书时,判定捐赠者是信件的写信人还是收信人,并进一步确认权利的来源合法性。其次,在对家书公开、展览、出版之前要审查其著作权、隐私权的归属情况,如果已经不在保护期内,则不用考虑著作权、隐私权问题,如果还在保护期内,则应得到相关权利人的授权。

3. 设计民间家书的统一管理体系

从民间家书的分布状况来看,除了大量散存在个人手中以外,各级各类国家档案馆、博物馆、图书馆也都有保存,可以说,虽然家书的实体档案并没有集中管理,但通过统一的管理体系可以将信息在不同机构间共享。如在英国国家档案馆的检索系统中输入"family letter",就能将保存在遗产中心、研究中心、文件中心等不同机构的家书查找出来,这主要是因为他们对家书采用了统一的管理体系。因此,首先需要确定家书的元数据规范,可参考 ISBD、ISAD 以及都柏林核心元素集。其次,通过网络,以档案馆或博物馆为平台,建立国家家书利用中心,实现家书资源的共建共享。在家书全文数字化以前,可先建立国家家书目录中心,该中心可以有效地整合不同馆藏机构家书的著录信息,并提供多种检索途径,供用户进行目录检索,条件成熟后再提供全文检索。再次,实现不同馆藏机构之间的交流与合作。民间家书管理具有多学科属性,若能实现它们之间的沟通与合作,则有利于提高民间家书的科学管理水平。

第四章　非物质文化遗产档案价值开发

第一节　非物质文化遗产档案价值开发中的问题分析

在多年的保护实践中，已形成了举办展览、编辑出版物、建设数据库、建设网站等多种非物质文化遗产价值开发方式，这对其档案价值开发有一定的借鉴意义，但非物质文化遗产档案的来源与分布、存在状况有其特殊之处，价值开发要结合国家的保护机制、传承者档案意识、保护状况、利用者需求、开发技术水平等多方面的现实状况进行，目前来看，现阶段档案价值的开发还存在以下几个方面的问题。

一、非物质文化遗产档案价值开发中存在的主要问题

通过非物质文化遗产档案收集、鉴定、分类、保护等一系列业务活动，非物质文化遗产将借助档案之力得到妥善保存，具备了档案价值实现的基础，但由于档案价值的基础性、潜在性等特点，需要通过价值开发将档案价值由潜在状态转变成显性状态，由“不为人所知”到“为人所用”，虽然一些档案部门已通过展览、编辑出版物等方式对档案进行了开发，但总体来看还存在以下几个方面的问题。

（一）受重视程度不足

一方面，对于大部分档案部门而言，所拥有的与非物质文化遗产相关的档案资源较为有限，公众需求尚未被激发，相对于馆藏中的老字号档案、历史档案而言受重视程度不高；另一方面，对于大部分保护单位或传承者而言，比较重视其活态传承，一些因失去传承环境而逝去的文化事象只能令人扼腕叹息，而一些被传承下来的文化事象，人们往往对其文化价值、旅游价值、经济价值等显性的价值形态较为关注。从以上两方面来看，各个主体对档案价值开发均处于漠视或无视的状态。

（二）参与主体的主动性不均衡

档案价值的开发，表现为档案拥有者为了满足利用者凭证或参考的需要对档案资源进行进一步加工处理的过程，其中利用者的需求和反馈处于关键环节，满足其需求是开发的动力，利用者提供的反馈信息更是优化、调整开发工作的重要参考，但目前开发者和利用者之间的沟通无法有效实现，一方面利用者提供反馈信息的积极性不高，如档案馆举办的实体展览大多在档案馆内部，而大部分档案馆又深处政府大院，这无形中就拉大了公众与档案馆的距离，利用者如果不是特别有必要或有兴趣，提供反馈信息的积极性并不高。另一方面，利用者与拥有者之间信息不对称，利用者提出需求之前会有一定的期望，该期望往往是根据自己对该项非物质文化遗产的了解、以往的直接经验或间接经验提出的，而拥有者在提供利用之前不仅要考虑利用者的需求，还要考虑传承人权益的保护、档案现存的状况以及档案的安全，因此在这种不对称的情况下，如果沟通渠道缺乏，利用者可能会因与期望之间的差距而降低对档案价值开发参与的热情。

另外，由于目前档案分散保管的状况，档案价值开发主体也较为多元，相对于档案部门、非物质文化遗产保护中心等部门而言，传承者或是由于缺乏开发的意识或知识，或是出于保护自身利益的需要，参与开发的积极性不高。

（三）开发成果亟待深化

通过开发档案资源，能使非物质文化遗产以可触、可见的方式让人们感觉该文化事象的温度和力量，引起共鸣，从而更有利于其保护和传承。但从已有开发成果来看，深度亟待提高。其一是由于档案的分散保管而缺乏统筹管理，相对而言每一个主体拥有的档案都不全面，开发成果很难深入、系统地反映该文化事象的来龙去脉，如行政管理部门大多只有申遗档案，档案部门、博物馆等大多只拥有征集而来的非物质文化遗产档案。其二是大多数开发比较重视“有形”部分的展示，如实物、图片、历史遗留的文献等，其“无形”部分，如该文化事象的精神内涵、传承人掌握的经验、技艺和诀窍等往往被忽视，虽然一些博物馆或文化机构会请传承人进行现场展演，但由于离开其特定的文化空间，加上许多无形部分是需要受众细细品味的，往往很难得到沉浸式的体验。因此，开发成果大多是基于档案的展示，不同文化事象之间的关联、每一文化事象中蕴含的理念揭示的不够深刻。

(四)数字化开发建设的科学管理和规划尚待加强

在数字环境中,利用数字技术对档案资源进行开发是必然选择,在不少馆藏单位,利用扫描、图像处理等技术将馆藏档案进行数字化并将档案目录或全文通过网络提供给利用者享用已屡见不鲜,数字化录音录像、图文扫描、文字识别、数据库等技术在非物质文化遗产档案资源开发中也有一定程度的应用,图书馆、博物馆、非物质文化遗产保护中心甚至一些商业机构对已有的档案资源进行数字化开发,以数据库、网站等形式供公众利用。但总体来看,无论是从覆盖范围、分类、描述、检索等微观建设方面,还是从建设机制、标准化等宏观管理方面都需要科学管理和规划。

二、影响非物质文化遗产档案价值开发的因素

(一)非物质文化遗产自身传承状况的影响

非物质文化遗产的档案价值来自该文化事象对传承族群生产生活实践的客观记录,能够持续不断传承、演变的非物质文化遗产一般具有较高的档案价值。而若不是客观、真实地记录,也就丧失了其档案价值,目前来看主要有以下两种情况:一是某些非物质文化遗产本身濒危状况比较严重甚至已经消失,在非物质文化遗产保护大潮中,在现代价值观的引导下,依靠不准确的记忆或不完整的史料被"恢复"的非物质文化遗产,难免会丧失其真实的历史继承特性,档案价值必然大打折扣。二是在市场化冲击下,某些非物质文化遗产在工艺方法、表现形式等方面刻意迎合市场需求,过于追求经济效益或表演趣味而丧失其自身精神内涵,这些非物质文化遗产是一种被"扭曲"的镜子,丧失了档案价值。

(二)传承人档案意识的影响

档案价值最终是由完整、真实、可靠的档案资源呈现,虽然档案来源渠道较多,但一般而言,传承人往往拥有较为真实可靠的一手资料,他们也是口述档案的提供者,因此传承人档案意识较高、传承状况较好,非物质文化遗产本体档案、传承档案就易得到妥善保存,其演化过程和传承脉络越清晰,该非物质文化遗产的档案价值就越大。如起源于 1908 年的河北省保定市义春楼白肉罩火烧加工技艺在起源、菜品做法、主料制作等方面都得到了有效的传承,历代传承人都妥善保存了店内末代皇帝溥仪的叔叔爱新觉罗·溥新宇亲笔题匾、店内陈设的实物、反映保定旧貌的老照片,这些档案共同见证

了历史，价值较大。

（三）档案工作的影响

通过档案记录、反映活态的非物质文化遗产，必然需要有效的档案工作支持：

其一是档案理论研究，虽然非物质文化遗产档案已被列入《国家基本专业档案目录》，但关于非物质文化遗产档案的管理还亟待研究，如归档范围、鉴定方法、分类方案制定、各主体的权责分配等问题缺乏理论指导会影响档案管理的科学性。

其二是档案采集工作需要与非物质文化遗产的动态发展相一致，一方面体现在采集时间上的动态性，即伴随非物质文化遗产的演变，本体档案、传承档案、申报与保护档案会不断形成，档案采集要动态进行；另一方面体现在采集对象上，形成、拥有非物质文化遗产档案的主体非常多，甚至包括新闻媒体、普通社会公众，档案采集是否及时、全面决定了档案是否齐全完整，进而会影响档案价值的高低。

其三是档案工作者的素质，档案价值的发挥需要由档案部门代表其他主体对档案进行开发，一方面，要代表其他主体的意志对档案进行采集、加工、整理；另一方面，要预测其他主体的需求和行为，为其提供优质服务，尤其是在数字化、网络化环境下，要求档案工作者在知识结构、工作理念等方面都要进行适当的调整。因此档案工作者的素质决定了档案部门是否能够代表其他主体将非物质文化遗产这一客体有效地主体化，即档案价值的充分发挥。

（四）社会环境因素的影响

非物质文化遗产是社会的产物，其发展、演变与社会环境息息相关，档案价值的形成、实现也是诸多社会环境因素共同作用的结果。我国是拥有几千年悠久历史的文明古国，不计其数的非物质文化遗产在历史长河中繁衍生息，从历史传统上来看，我国自古以来就有非物质文化遗产保护的传统，从古代《诗经》的采集、整理到 20 世纪 80 年代的《中国民族民间文艺集成志书》、2003 年启动的“中国民族民间文化保护工程”，再到 2011 年《中华人民共和国非物质文化遗产法》颁布，也正是因为这些传统，我国大量非物质文化遗产得以有效的保存、传承，为档案价值的发挥奠定了基础。

随着社会文明程度的提高，人们对文化、精神方面的需求越来越多，非物质文化遗产作为一个民族的文化基因，承载着一个民族的智慧和精神，在满足人们精神文化需求方面具有不可替代的作用。社会文明程度越高，来自主体的需求越大，非物质文化遗产就越易得到科学保护、保存，档案价值就越大。

法律是协调社会各方面关系最有效的一种手段，制定、执行法律法规、方针政策已成为我国非物质文化遗产保护的常见手段，从 2003 年联合国颁布的《保护非物质文化遗产公约》到 2011 年我国颁布的《中华人民共和国非物质文化遗产法》，加上许多省市出台的保护条例都包括建档以及将档案提供给公众利用的条款，另外《中华人民共和国档案法》《科学技术档案工作条例》《知识产权法》《著作权法》等法律法规也都包含文化档案、非物质文化遗产档案管理的具体条款，这对档案价值实现也起着制约或规范的作用。

第二节　非物质文化遗产档案价值开发的策略

一、以促进保护与传承为目标

非物质文化遗产是人们千百年来的社会实践活动中经验、智慧的结晶，无论哪种形式的价值开发，都应以保护和传承为方向，档案价值开发也不例外。与其他价值形态开发不同，一方面，档案价值开发的受益群体是包括传承人在内的所有社会公众，通过建档以及档案资源数字化建设，使非物质文化遗产揭开神秘的面纱，突破传承群体和区域相对有限的空间，被广大群众所认知、熟悉、享用、保护，从而激发了群众的力量，保护与传承的队伍扩大；另一方面，经济价值、旅游价值、教育价值等价值形态的开发往往要结合文化事象的传承状态、表现形式、受众范围等方面情况有选择地进行，相对而言，档案价值开发更具有普适性，只要该文化事象需要保护，不管其生命力如何，都需要进行档案价值的开发，甚至越是濒危的文化事象就越需要档案价值的开发。只有这样，才能保持人类文化的多样性，促进人类文明的持续性发展。

二、以加强项目本体档案及传承档案建设为基础

档案资源是非物质文化遗产档案价值的载体，因此优化档案价值的实现效果，必须要加强档案资源建设。尤其是本体档案和传承档案的建设比较紧迫。首先，项目本体档案保存状况令人担忧，由于大多数非物质文化遗产时间跨度较长，我们能看到的只是它当下的情景，而它的历史状况只能靠留下的只

言片语或一些保留下来的历史积淀来诠释。为了避免我们的后人面临同样的遗憾，不仅要利用各种技术手段把当下状况保存、记录下来，还要通过田野调查、访问传承人、社区民众、史料研究等方法尽量对其历史进行真实的阐释。其次，传承档案亟须由"活态档案"向"固态档案"转变，传承人可谓非物质文化遗产的"活态档案"，虽然我国已采取代表性传承人认定与管理、提供经费、场地以方便传承活动等多项措施，但许多濒危的非物质文化遗产项目都面临传承人年事已高、新一代传承人难以确定的尴尬状况，因此通过采访、录音录像等方式将传承人的传承活动记录下来，这应该看作一件分秒必争的活动。

三、吸引传承人和利用者共同参与

档案价值的开发是档案拥有者将档案信息进行各种层次的加工、挖掘，以提供给利用者利用，满足其需求的过程。档案拥有者和利用者均是开发活动的主体，一方面，非物质文化遗产档案保管较为分散，其中传承人不仅拥有大量珍贵档案，更对该文化事象的含义、技巧有着最深刻的理解，但由于档案意识以及个人权利保护等方面的原因，在价值开发活动中参与较少；另一方面，利用者需求是价值开发的归宿，也是进一步优化开发效果的起点，利用者是价值开发活动的主体之一，他们的需求及心理状态决定着档案价值开发的方式和实现的效果。因此，关注利用者的需求及心理，吸引利用者参与到价值开发实践中来，而不只是被动地接受，能更有效地促进档案价值的实现。利用者是指基于研究、传承、休闲、兴趣等各种原因需要利用非物质文化遗产档案以获取关于该文化事项客观、真实信息的国家机构、社会组织和个人。一般情况下，由于不同利用者目的、档案意识、表达能力和习惯不同，表达需求往往不能准确表达自己的客观需求，档案价值开发需要通过与利用者的沟通来了解需求产生的情景，挖掘潜在需求。除此之外，微信、QQ、电子论坛、微博等交互方式已融入普通公众的生活之中，而这些也可视为与利用者沟通、获取其需求及反馈信息的途径。

四、"引进来"与"走出去"相结合

非物质文化遗产档案面对的是多元主体需求，开发者需要对主体类型、需求、不同利用方式的效果进行研究，以多元的方式提供利用。如要对档案资源进行不同程度的加工，能够以举办展览、编研、专题服务等多种方式吸引利用者，即将利用者"引进来"。其实，档案价值开发，除了要满足前来寻求服务的

利用者需求外,还需要主动参与到申遗、展演、传播等保护实践工作中,即档案资源“走出去”,将档案价值开发视为非物质文化遗产保护的一项措施,与其他价值形态相配合,目的在于促进该文化事象更好地被保护,如在申遗提交的项目申报书中,就需要说明该文化事象的历史、现状、价值和濒危状况①,此时系统、完整的档案资源就至关重要。

档案价值开发的“走出去”体现在与博物馆、图书馆、文化馆、新闻媒体等单位积极合作。如河北电视台杂技频道在省非遗保护中心的协助下,自2012年起推出《河北非遗》栏目,通过传承人讲述、代表作展示、制作技艺演示等方式宣传了唐山皮影、武强木版年画、无极剪纸等非物质文化遗产。非物质文化遗产档案资源丰富,来源众多,尤其是博物馆、图书馆、文化馆等单位也都进行了大量的整理、研究、学术交流、宣传、展示等活动,如2012年国家图书馆启动的“中国记忆”项目,文字、年画、剪纸以及一些传统技艺得以被抢救和保护。博物馆是展示、宣传、保护文化遗产的重要阵地,文字、书法艺术、雕刻技艺等非物质文化遗产也经常出现在博物馆的展览中。我国文化馆数量、种类繁多,宣传、挖掘、保护文化遗产也是其本职任务,这一点在文化和旅游部2020年颁布的《群众艺术馆、文化馆管理办法》中有明确规定。由此可以看出,不同文化机构在非物质文化遗产保护上均承担了一定的职责,各有优劣,并且目的相同,因此若能实现文化机构之间在非物质文化遗产资源开发、申遗、举办展览、出版物等方面的合作,将不同机构力量进行集成,必将更有利于非物质文化遗产的保护。

档案价值的“走出去”还体现在与其他保护模式相结合。如文化旅游、深度旅游成为当今人们休闲生活的重要组成部分,不少地方也将本地区特有的民俗、节庆活动、歌曲舞蹈作为招揽游客的重要方式,通过档案价值的开发,不仅使游客在有限的时间内能享受这些文化盛宴,更能了解其来龙去脉、探寻其深刻的文化内涵。作为一种文化事象,其档案价值开发也不能离开其特定的文化场景,如北京天坛在春节期间举行的气势恢宏的祭天仪式,让游客体会到中华民族天人合一的价值观念和传统礼乐文化的博大精深,但该仪式离不开天坛这个特定的场景,因此非物质文化遗产与物质文化遗产的价值开发、保护本身并不是泾渭分明的,其档案价值开发也可以与和其密切相关的其他文化

① 国务院办公厅:《国家级非物质文化遗产代表作申报评定暂行办法(国办发〔2005〕)》。

遗产结合进行。

五、以数字化开发与建设为新途径

由于非物质文化遗产自身以及其传承的特性，加上外界环境对其生存土壤的不断消解，大量非物质文化遗产面临“失存、失传、失众、失真、失信”的危险。在以互联网、大数据、社交媒体为主要特征的现代社会里，非物质文化遗产档案资源的数字化建设成为档案价值进一步开发、适应现代化趋势、抓住时代脉搏的必然选择，也是其强大生命力的内在要求及体现。目前的数字化建设与开发主要表现为利用数字技术对档案资源进行深度加工和挖掘，以网站或数据库的形式供社会公众利用，后面将重点对这一问题展开探讨。

第三节　非物质文化遗产档案资源的数字化建设

一、非物质文化遗产档案资源数字化建设的提出

正如尼葛洛庞帝在《数字化生存》中所指出那样，“计算机不再只和计算机有关，它决定我们的生存。”①随着人类社会逐步跨入数字化时代，人们的生产、生活、娱乐等各方面无不深受数字化的影响，数字化也因此成为非物质文化遗产在当今时代的“生存之道”，对其档案资源进行数字化建设也成为开发档案价值的重要途径。

数字化是指通过仪器设备及相关技术将文本、图片、录音录像、实物等素材转换成二进制数字“0”和“1”，以供计算机识别、处理、存储、传播的过程。由于经数字化转换后的信息更易处理、存储和传播，因此数字化技术也备受非物质文化遗产理论界和实践活动的关注。作家冯骥才在抢救年画、羌年、唐卡文化等非物质文化遗产及传统村落保护的实践活动中，提出利用先进的数字技术，并通过数据库、网络等方式实现对非物质文化遗产的保存、保护、共享与利用，以满足传承者、管理者、研究者以及社会公众等各个主体的需求是当前的重要任务。非物质文化遗产的数字化，不仅可以通过文字、图片、音频视频、动画等方式将非物质文化遗产真实地记录、永久地保存下来，还可以使其传承

① ［美］尼古拉·尼葛洛庞帝：《数字化生存》，胡泳、范海燕译，海南出版社 1997 年版，第 15 页。

和传播突破传统的人际、时间、地域等方面的局限，从而大大提高生命力。美国、欧洲、日本、韩国、新加坡等国家和地区的非物质文化遗产数字化也取得了很大进展，我国也建设了大量的非物质文化遗产数据库、数字博物馆、专门网站等。另外，我国已在法律法规中明确提出将数字化作为非物质文化遗产保护的一项具体措施，在《“十四五”非物质文化遗产保护规划》中将“加强非遗调查、记录和研究”作为新阶段非物质文化遗产保护的主要任务，并进一步指出需要加强非物质文化遗产档案和数据库建设，制定非物质文化遗产档案数据库建设标准和规范，完善数据库体系，推进非物质文化遗产档案和数据资源的社会利用。

从古今中外的保护实践来看，无论是对于濒危的非物质文化遗产，还是生命力依然旺盛的非物质文化遗产，建档一直都是对其实施保护的基础性工作，因此形成了大量的以纸张、照片、磁带或光盘、数码照片等为载体的非物质文化遗产档案资源。然而由于保管分散以及保管条件的不利，大量录音录像、照片档案出现了不同程度的问题，如中国艺术研究院 7000 小时的实地采录音乐（音响）档案中存在大量变形毁损和损耗①，这些档案资源亟须抢救和保护，否则前期普查、建档的大量劳动成果将付之东流，而目前来看，数字化是保护这些档案资源的有效途径，即利用数字化技术，如扫描技术、OCR 技术、数字摄影等，将不同载体的本体档案、申报与保护档案、传承档案转化为数字化的档案资源，并以数字化的形式存储、管理、传播和利用的过程。

利用数字化的优势，可以使档案资源失控、失存、失真、失用等难题得到有效解决。日本 1000 项左右的国家级非物质文化遗产已全部实现了资源的数据化管理②，在我国所有的非物质文化遗产网站上都能找到档案资源数字化的成果，如经扫描的纸质档案、照片、音频视频档案等。成都非物质文化遗产数字博物馆将古琴、川剧、成都糖画、蜀绣、成都漆艺、成都木偶戏、成都皮影戏等共 77 项列入国际名录、国家名录、省级名录及市级名录的非物质文化遗产档案进行了数字化处理，并通过文、图、影、音的方式供用户利用。中国磁州窑

① 卓颐：《基于数字化技术的音乐类非物质文化遗产保护策略》，《长春师范学院学报（人文社会科学版）》2013 年第 6 期。

② 雷国洪：《非物质文化遗产资源数据库建构：意义、研究现状及存在的问题》，《三峡文化研究》2009 年第 1 期。

博物馆将瓷器制作工艺、制作过程、传承人档案、原材料以及民间生活方式等档案进行了数字化处理，通过三维技术动态地展现。"水润雄安"文化网站自2019年上线以来，对雄安新区的自然风光、淀上文化、民俗、传统技艺等文化遗产进行展示和宣传，逐渐成为弘扬优秀传统文化、留住雄安乡愁、建设传统文化传承示范区的重要阵地。随着三维立体信息获取技术、数字化舞蹈编排与声音驱动技术、数字化图案数据库技术、虚拟现实技术、数字化模拟与再现技术、计算机辅助设计等新兴数字化技术在非物质文化遗产保护领域中的不断应用，数字化档案资源得到进一步开发。

二、非物质文化遗产档案资源数字化的必要性

随着以云计算、物联网、大数据、人工智能、移动互联等为代表的现代信息技术不断涌现，因特网、计算机及移动终端、社交媒体的不断普及，公民信息素养的不断提升，数字化自然成为非物质文化遗产保护的重要内容，这不仅得益于技术、社会公众、研究者、政府部门等外界力量的推动，更是非物质文化遗产顽强生命力的体现。

（一）是现代环境中维持其生存的内在要求

非物质文化遗产由主体要素、客体要素、精神内质以及环境要素构成，其中精神内质是非物质文化遗产的灵魂，主体要素和客体要素是非物质文化遗产的形体，人们通常是通过传承人（主体要素）和具体表现形式（客体要素）来领略其灵魂，环境是非物质文化遗产的家园，如若离开家园，非物质文化遗产必将无处安放。在历史发展中，非物质文化遗产能够世代相传是各要素相协调的结果。非物质文化遗产的核心是其所承载的精神内质，为了在某特定环境中将某种精神传承下去，需要其他要素进行适应性改变，这就是非物质文化遗产生命力的体现，而若无法进行适应性改变，其生命也将终结。

我国大多数非物质文化遗产产生于农耕时代，人类进入现代社会以后，大量非物质文化遗产由于失去了原生态环境而面临生存险境。毫无疑问，只有以其精神内质为核心，不断调整其他要素，才能保持非物质文化遗产的活态流变性。档案资源是非物质文化遗产的有形体现，档案资源的数字化也是为了适应现代环境而进行的必要改变，是非物质文化遗产生命力的自然体现，符合拥有者与传承者的利益与愿望，终极目的在于将数字化档案资源内化为非物质文化遗产的一部分，使其精神内质得以传承与发扬。如2015年11月18日

开始在上海人民大舞台献演的《决战天策府》就取材于网络游戏，在古老的粤剧中融入了当代的流行元素，在该剧中除故事剧本和场景设计外，音乐、服装也都取材于网络游戏，但文学剧本、台词格律、表演程式、唱腔等都严格遵循了粤剧传统，使古老的粤剧以新面貌走进了当代人的内心，增强了粤剧的生命力。

（二）是现代环境中增强其生命力的要求

在当今社会，文化已成为一个国家的“软实力”，非物质文化遗产的保护更是被提到了“对国家和历史负责的高度”和“维护国家安全的高度”。① “建档”是确保其生命力的重要措施，但建档的目的不在于形成档案并将其束之高阁，而在于将其用于非物质文化遗产的保护与传承，因此，在数字化的今天，建档与数字化、保护与传承是一致的。

档案数字化不仅包括将已经形成的传统载体档案进行数字化转换及存储，也包括直接使用数字摄影、三维立体信息获取等先进的数字技术生成数字档案，并将其与传统档案数字化的资源进行整合与集成，对非物质文化遗产声、色、形、像、神进行全方位的记录，相对于以文字、图片为主要表现形式的传统档案资源而言，其优势不言而喻。对于那些已失去生存环境，即将面临消逝的非物质文化遗产而言，档案资源的数字化本身就是一种抢救，使其通过有形的档案资源得以保存下来。对于那些仍具有生存环境的非物质文化遗产而言，档案资源的数字化能够使其生命力更加旺盛。比如当下许多年轻人为了寻求更好的生活条件，纷纷搬迁到城市中生活，这就使得许多扎根于民间的传统手工艺、民俗等民间文化的传承面临尴尬境地。档案资源数字化并通过网络进行传播，不仅能让年轻人随时随地体验到原汁原味的非物质文化遗产，更能通过年轻人的创新性思维使其大放异彩，使非物质文化遗产档案资源能真正“取之于民，用之于民，惠之于民”。

（三）是档案资源体系建设的需要

早在2008年，国家档案局原局长杨冬权就提出了“建立覆盖人民群众的档案资源体系”，这就要求档案资源不仅能够反映国家政治制度、行政管理、

① 雷国洪：《非物质文化遗产资源数据库建构：意义、研究现状及存在的问题》，《三峡文化研究》2009年第1期。

经济发展等方面的“大事”，也要能反映群众吃、穿、住、用、行、教育、医疗、社会保障等方面的“小事”，非物质文化遗产植根于民间，是对群众日常生活的记录，因此在建设“覆盖人民群众的档案资源体系”中，非物质文化遗产档案是不可或缺的一部分。非物质文化遗产档案也被列入《国家基本专业档案目录（第一批）》，由文化和旅游部主管。事实上，在保护非物质文化遗产过程中形成了大量档案，但由于技术缺失、档案意识淡漠、档案管理手段落后等原因，导致档案分散难以系统化、照片发黄褪色、录像带老化生霉、录音带声音失真甚至无法播放等问题普遍存在，这种情况下档案对非物质文化遗产的记录只能说是零星的、碎片化的。

通过各种数字技术对档案进行修复、分类、存储、保护、加工、整合，并借助网络进行传播，既有效地保护了档案实体，又发挥了档案在非物质文化遗产展示、交流、教育、研究等方面的重要作用，实现了其档案价值。中国艺术研究院通过先进的数字化技术对许多严重受损的原声带进行了修复，获得了非常好的效果。① 将非物质文化遗产档案与馆藏档案进行整合并通过档案信息网站展示、传播，已成为档案部门优化馆藏结构，丰富档案资源，提升档案部门价值的共同举措。在各地的档案信息网站中都以不同形式开放了非物质文化遗产档案资源，如北京市档案信息网的古都寻踪、天津档案网的沽上风情、陕西档案信息网的三秦风采、上海档案信息网的上海记忆、青岛档案信息网的老青岛、青岛风情等。

三、非物质文化遗产档案资源数字化的应用范围

非物质文化遗产档案资源数字化的应用范围主要包括档案资源的采集加工与处理、组织与存储、开发、提供利用等方面，涉及的技术如表 4-1 所示。

表 4-1　非物质文化遗产档案资源数字化所涉及的技术

数字化领域	数字化技术
档案采集加工与处理	数字化录音录像技术、图文扫描、文字识别、图像处理技术、立体扫描、全息拍摄、动态三维成像技术、运动捕捉技术、虚拟文物修复、复原与演变模拟技术等

① 卓颐：《基于数字化技术的音乐类非物质文化遗产保护策略》，《长春师范学院学报（人文社会科学版）》2013 年第 6 期。

续表

数字化领域	数字化技术
档案组织与存储	数据库技术(数字化图案数据库、多媒体数据库、素材数据库等)、磁盘列阵、光盘、光盘塔、云盘存储等
数字档案资源再开发	计算机辅助设计、数字化舞蹈编排与声音驱动技术、数字化故事与讲述技术等
数字档案资源提供利用	数字化模拟与再现技术、虚拟现实技术、增强现实技术、基于移动智能设备的数字化展示技术等

由表 4-1 可以看出,由于非物质文化遗产表现形式丰富,形成的档案载体、表现形式较多,非物质文化遗产档案数字化过程中所涉及的技术较多。在档案采集加工与处理阶段,需要对已经以文字、图片、录音带、录像带等形式形成的档案进行数字化转换,对与之密切相关的工艺品、生产工具、原材料等实物档案采用虚拟文物修复、复原与演变模拟技术、立体扫描技术对其进行数字信息的采集。为了保证档案的完整性,有些情况下还需要通过全息拍摄、运动捕捉技术、动态三维成像技术等采集被遗漏的重要信息。

在档案的组织与存储阶段,主要涉及的是数据库技术,不同类型的数据库是档案资源开发与提供利用的基础。

数字档案资源的再开发是利用已经组织存储起来的档案资源进行二次开发,形成新的档案成品或创新非物质文化遗产的表现形式,增强其生命力。如剪纸、年画等民间美术类非物质文化遗产中有大量图案,这些图案中有鲜明的地域特色和文化背景,可以通过计算机辅助设计技术进行图案的再创造,形成新的艺术作品。在音乐、戏剧、民间故事等非物质文化遗产中可应用具有自动对故事的情节进行编排、导演等功能的数字化故事编排与讲述技术,吸引人们参与到故事的导演中。① 数字化舞蹈编排与声音驱动技术可应用于音乐、舞蹈类非物质文化遗产中,浙江大学现代工业设计研究所研制的楚文化编钟乐舞系统利用该技术实现了具有"楚文化"特征的人物舞蹈活动场景的虚拟仿真。②

数字档案资源提供利用是利用数字化模拟与再现技术、虚拟现实技术、增

① 李学孺:《玉溪市非物质文化遗产的数字化保护》,《玉溪师范学院学报》2013 年第 9 期。

② 蔡群、任荣喜、邱望标:《贵州少数民族非物质文化遗产的数字化保护方法研究》,《贵州工业大学学报(自然科学版)》2007 年第 8 期。

强现实技术、基于移动智能设备的数字化展示等技术供用户通过展览馆、博物馆、体验馆、个人电脑、移动智能终端等多种平台利用非物质文化遗产资源。如“中国古典家具”是由中央美术学院彦风团队设计开发的一款应用程序，能够以 360°的旋转、张合拆组家具部件、深入零件至榫卯结构展示明清家具，通过简单富有趣味性的互动体验激发用户探寻古典家具的奥秘。① 通过多种途径的展示和提供利用，使数字化档案资源能够“用之于民，惠之于民”。

四、非物质文化遗产档案资源数字化中存在的风险及保障措施

从 20 世纪 90 年代光盘等存储介质的应用到目前三维动态成像技术、数字化模拟与再现技术、云盘存储等新技术的应用，实践不断证明，数字化是当今时代非物质文化遗产保护的新途径，这一点不容置疑。但数字化恰如一把“双刃剑”，若实施不当，可能会使非物质文化遗产面临风险。

非物质文化遗产蕴含着先辈们流传下来的有灵魂、有温度的文化，如果在寻求数字化过程中忽略了对非物质文化遗产精神内质的保护，忽略了其文化性和活态性，而一味地将其交付给数字技术，可能导致以下三种问题。

第一，可能会导致非物质文化遗产的失真。非物质文化遗产由其精神内质、主体要素、客体要素以及环境要素构成，每一个要素对其有效传承都至关重要，而大多数数字化保护只是针对主体要素和客体要素进行必要的描述，无法将其生存的文化空间完整地数字化。另外，数字化技术并不能全面记录所有文化代码，非物质文化遗产蕴含的知识和精神内质并不能全部有形化。因此，数字化并不是对非物质文化遗产镜像似的完整反映，而可能会有缺失。

第二，可能会导致非物质文化遗产展示的表层化。随着虚拟现实技术、动态三维成像技术、运动捕捉技术、数字化模拟与再现技术等现代数字技术的应用，可让非物质文化遗产有更多的机会被大众接纳，而如果只追求外在文化样式的新奇、酷炫，忽略精神内质和价值观念，就会使其成为仅被复制成文化产品而意涵流失的文化碎片②，失去了文化生态环境，仅作为数字时代的表层展示和被动传播，并终将被消解。

第三，可能会导致非物质文化遗产的过度产业化、娱乐化。有些非物质文

① 张旭：《非物质文化遗产的数字化展示媒介研究》，《包装工程》2015 年第 5 期。

② 常凌翀：《互联网时代西藏非物质文化遗产的数字化传播路径》，《中央民族大学学报（哲学社会科学版）》2014 年第 3 期。

化遗产如传统手工艺、传统中医药、民间美术、音乐、舞蹈等会给当地、传承人带来一定的经济效益，通过计算机辅助设计、数字化舞蹈编排与声音驱动技术等数字技术能够促进其创新，但并不是所有的非物质文化遗产都能进行产业化，如激光雕刻的剪纸作品、数码印刷的“木版年画”、3D 打印的“泥人张”泥塑等①，现代技术支撑下的制作工艺与传统工艺截然不同，公众很难体会到传承人凝结在其中的技艺、信仰、审美、习俗等。一些人将年画买回家，将其视为普通的美术作品张贴，而不管年画张贴的时间、位置以及与之相关的供奉习俗等。利用数字化档案资源以及数字技术在艺术创作和形象设计方面的优势，可让公众感觉非物质文化遗产更亲切、更熟悉，但若一味满足“消费”和“市场”需要，可能会由于过于娱乐化而丧失其本真含义。这也就是将民间生活中的一些民俗、礼仪搬到舞台上后不仅没有让观众觉得亲切、熟悉，反而更加陌生、遥远的原因。

以上三种情况虽然使该项非物质文化遗产以某种形式留存下来，但并没有抓住非物质文化遗产的核心，这种形式的“保护”不亚于一种“破坏”。

非物质文化遗产档案资源数字化对于传统文化的保存、保护、传承、发展而言，实属“功在当代，利在千秋”，但这本身是一项复杂的系统工程，需要技术、人才、管理体系、法律法规、资金投入等多方面的保障，才能在发挥数字化优势的同时，避免各种风险的发生。因此需要采取的保障措施包括以下几个方面。

第一，建档是档案资源数字化的基础，尽可能完整、系统地收集档案资源，其中有的档案是以传统载体形式存在的，有的是直接以数字化的形式生成的，以反映非物质文化遗产的起源、历史演变、保护实践与传承状况。

第二，虽然数字技术的应用是增强其生命力的内在要求，但每种数字技术都有其特定优势和应用领域，因此要结合非物质文化遗产本身的特点综合应用各种数字化技术，以避免单一技术的片面和不足。

第三，档案资源数字化是一项技术性、专业性、持续性很强的工作，需要一批既懂技术、懂档案工作业务，又懂文化遗产的人才队伍的支持，目前，传承人主要从事传承、研习活动，在档案资源数字化过程中参与度不高，较为被动。

---

① 张旭：《非物质文化遗产的数字化展示媒介研究》，《包装工程》2015 年第 5 期。

第四，非物质文化遗产档案资源数字化中仍有许多问题尚待研究解决，如数字档案资源的分类、档案资源描述标准、档案资源数据库系统建设、数字化档案资源的传播等。很显然，研究这些问题单靠档案学或某一学科的知识是远远不够的，还需要人类学、民族学、社会学、计算机科学、安全科学等多学科的通力协作。

第五，由于非物质文化遗产传承历史较长，档案资源分散，档案资源的数字化建设需要多主体的共建，如来自文化行政部门、非物质文化遗产保护中心、传承人、社会公众、档案馆、博物馆、纪念馆和艺术馆等其他文化事业机构、档案行政部门等相关主体①的档案资源投入、资金投入、智慧投入都是必不可少的。

第六，以数字化的形态存储于虚拟的数字环境中的档案资源，能通过四通八达的网络使其传播到全球的各个角落。但非物质文化遗产具有一定的私权属性和利益属性，如何保证诸如传统节日、民俗、礼仪、传统技艺、表演等类型的非物质文化遗产既能适当地进入公共领域，又不侵犯相关主体的利益，就需要有法律法规的保障，目前，我国已有《中华人民共和国档案法》《知识产权法》《民族民间文化保护法》《中华人民共和国非物质文化遗产法》及地方法规或条例，但专门适用非物质文化遗产档案工作的法律条款却依然有待完善。

第四节　建设我国非物质文化遗产档案数据库系统

数据库因其在海量信息存储、管理、提供利用等方面的优势而被广泛应用于企事业单位、政府部门等组织中。并且随着技术和市场的不断发展，数据库已从最初的数字、文字的存储与管理，发展到声音、图形、图像等多种类型。②在我国的非物质文化遗产保护活动中，形成、积累了大量的文字、图片、录音、录像等形式的档案资源，这些资源既是保护工作的成果，也是非物质文化遗产传承与发展的基础，迫切需要科学的方式予以存储和管理，建设全国范围内的档案资源数据库系统就成为非物质文化遗产档案价值开发的必然选择。

---

① 王巧玲、孙爱萍：《非物质文化遗产档案工作相关主体分析》，《山西档案》2013 年第 2 期。

② 马费成、宋恩梅：《信息管理学基础》，武汉大学出版社 2011 年版，第 225 页。

一、非物质文化遗产档案数据库分析

(一)档案数据库的含义

档案数据库,从广义的角度来讲,就是以特定方式组织起来的档案数据集合。具体地讲,就是为了满足多个用户需要,按照一定的数据模型将本单位所保管的档案信息存贮在计算机中的数据。① 非物质文化遗产档案数据库是将普查、保护、申报、管理过程中形成、积累的有价值的文字、图像、录音、录像等各种形式的档案和实物,进行数字化并按照一定的结构存储、组织起来的数据集合。

我国非物质文化遗产类型丰富,在其传承与保护中形成的档案数量巨大、形式多样,不仅同一项目内档案密切关联,不同项目之间档案也是有机联系的,如同一地区的不同文化遗产因具有共同的背景、反映同一族群的价值理念和生活态度而密切相连。非物质文化遗产一般都具有较长的历史,其档案的形成和积累是一个动态、不间断的过程。档案的利用者比较多元,除了有档案管理者和普通社会公众外,还有传承人、非物质文化遗产管理者、研究者、利益相关者等,不同利用者兴趣点不同,对档案的需求也不同。因此非物质文化遗产档案数据库除了要满足一般档案数据库的要求外,还要强调具有完备的数据类型,能够表达音频、视频、全文、动态三维图像等类型档案;数据容量大,便于日后档案的持续增加;数据整合能力强,档案数据描述规范,能实现相关项目、档案之间的关联;界面友好易用,能满足不同利用者的需求;检索功能强大,既有初级检索、高级检索等方式,也能实现全文检索、基于内容的多媒体检索等。

(二)数据库类型

《中华人民共和国非物质文化遗产法》规定,“文化主管部门应当全面了解非物质文化遗产有关情况,建立非物质文化遗产档案及相关数据库”②。目前我国已形成的档案数据库数量、类型众多,本书选择两个角度阐述。

首先,根据数据库所存储档案类型,分为文本、图片、多媒体等类型的档案数据库。自新中国成立以来,我国已进行了三次全国性的、大规模的非物质文

---

① 杨公之:《档案信息化建设实务》,中国档案出版社 2003 年版,第 103 页。

② 中华人民共和国第十一届全国人民代表大会常务委员会第十九次会议:《中华人民共和国非物质文化遗产法》,2011 年 2 月 25 日。

化遗产普查，分别为1959—1962年进行的全国民族调查、1979年开展的中国民族民间文艺集成志书的编纂及普查，以及2005—2009年开展的全国第一次非物质文化遗产普查。在这些普查活动中，不仅采集、形成大量文本型、图片型、录音录像等多媒体类型的档案，还形成了新闻纪录片、《国家民委民族问题五种丛书》（共109册）以及十部《中国民族民间文艺集成志书》等成果，将这些档案及成果视为数据库建设的资源基础，并按照表现形式分别进行数字化，以数据库的形式加以组织后，便形成了文本型、图片型、多媒体型档案数据库。

其次，根据数据库所涉及的项目范围，可分为各级名录数据库、地方非物质文化遗产档案数据库、专题非物质文化遗产档案数据库和传承人档案数据库等，每个数据库都是以单项非物质文化遗产为单元进行存储、组织并展示的。其中名录数据库以列入联合国名录以及国家、省、市、县级名录的项目为主体，如中国非物质文化遗产网·中国非物质文化遗产数字博物馆的联合国名录及国家名录、福客民俗网的非物质文化遗产名录数据库系统。地方非物质文化遗产档案数据库建设着眼于某一特定区域，随着我国四级保护体系的建立以及各地普查工作的进行，许多省、市、县建设了当地的非物质文化遗产数据库，以中国非物质文化遗产网·中国非物质文化遗产数字博物馆网站提供的省级非物质文化遗产网站为线索，可以发现我国已有上海、天津、重庆、河北等24个省、直辖市建立了当地的数据库。专题非物质文化遗产档案数据库是以某一民族、某一类或某一特定的非物质文化遗产项目档案为对象构建起来的数据库。如福客民俗网的中国56个民族数据库信息系统，集中展示每个民族的天文历法、历史、节日、宗教信仰、风俗、戏剧、音乐舞蹈、生产技术、医药卫生等情况。西安鼓乐数据库、潮剧大观园、述绎端砚等则集中展示某一特定非物质文化遗产。传承人档案数据库以传承人生平事迹、表演和展示才艺的图片和视频录像、开展技艺传承等①各方面的档案为对象，以帮助人们了解传承人现状。比如浙江非物质文化遗产网的《传人故事》栏目，收录了浙江省非物质文化遗产传承人的基本介绍与生平经历，通过实地采访获得照片

---

① 刘喜球：《基于湘西非物质文化遗产的数据库构建策略研究》，《现代情报》2012年第11期。

资源与传承人的心得感悟，使人们能够通过传承人来加深对非遗的关注与了解。

（三）非物质文化遗产档案数据库的功能

数据库作为数据的集合，不仅存储和管理数据，还要根据用户需求提供合理的数据管理方式。非物质文化遗产档案数据库的用户主要有工作人员（负责数据的录入、删除、更新等工作）、数据库管理员、浏览用户（对数据库页面浏览的非物质文化遗产研究人员、管理人员和社会公众）①，因此需要根据数据库各种用户需求设计其功能体系。总体而言，非物质文化遗产档案数据库需要的功能有权限管理、数据维护、页面内容保护、页面展示、检索、数据共享等。功能完备的数据库不仅能科学有效地管理数据，更能为非物质文化遗产网站、数字博物馆等提供源源不断的资源支撑。

二、非物质文化遗产档案数据库建设的现状调查

自21世纪初起，一些发达国家就开始了本国文化遗产的数字化，2002年，欧盟将非物质文化遗产数字化作为2006年第6次框架项目中的最优先项目，投入7000万欧元为图书馆、博物馆、档案馆搭建一个共同的平台，旨在改善对非物质文化遗产的利用。② 2005年，文化部批复中国艺术研究院启动中国非遗数据库建设工作。③ 2006年6月，中国非物质文化遗产网·中国非物质文化遗产数字博物馆上线。在该网站的带动下，全国各地非物质文化遗产数据库的建设全面铺开。

（一）调查情况

本书以中国非物质文化遗产网·中国非物质文化遗产数字博物馆为线索，访问了各省、市级非物质文化遗产网、福客民俗网以及一些专题非物质文化遗产网站共28个，以了解我国非物质文化遗产数据库的建设情况，如表4-2所示。

---

① 尧舜：《论湖南非物质文化遗产数据库建设》，《农业图书情报学刊》2014年第9期。

② 王建国：《基于图书馆保护"非遗"之文化现象激活吉林非物质文化遗产资源数据库的研究》，《内蒙古科技与经济》2009年第12期。

③ 杨红：《非物质文化遗产数字化研究》，社会科学文献出版社2014年版，第17页。

表 4-2　非物质文化遗产数据库网上调查情况一览表

序号	网站名称	数据库主要资源	资源分类依据	非遗项目或传承人展示	检索方式	建设主体
1	中国非物质文化遗产网·中国非物质文化遗产数字博物馆	联合国名录、国家名录、传承人	申报国家、地区或单位、表现形式	联合国名录:项目名称、申报时间、地区、国别、类别、简介;第一批国家名录:序号、名称、公布时间、地区、类别、编号、简介(文字)、相关传承人; 第二、三批国家名录:序号、项目编号、项目名称、申报地区或单位; 国家级代表性传承人名单:姓名、性别、出生日期、项目名称、地区	按照类别、公布批次、地区导航,联合国名录可按申报地区、国家、类别、申报方式、申报年份检索	中国艺术研究院
2	非物质文化遗产·上海	非遗风貌、传承人	表现形式	非物质文化遗产项目:概要、始于年代、视频、图片、传承人、专业文献、相关新闻; 代表性传承人:姓名、性别、出生年份、民族、类别、级别、传承谱系、学习与实践经历、技艺特点、个人成就、代表作	按类别、区域、年代导航,按类别、体系(级别)、区域、年代、关键字检索、地图检索、高级检索	上海市文化广播影视管理局、上海市非遗保护中心
3	天津市非物质文化遗产网	名录项目、传承人、传习展示 DIY(视频)	表现形式	名录项目:项目名称、项目编号、类别、项目级别、申报单位或地区、传承人、项目简介(文字、图片); 传承人名录:姓名、性别、出生年份、传承人级别、申报地区或单位、项目名称、项目类别、个人资料(文字)	按类别导航,关键字检索、地图检索	天津市非遗保护中心
4	河北非物质文化遗产保护网	保护名录、传承人	名录级别、表现形式、地区	名录项目:名录名称、编号、类别、申报地区、简介(文字、图片); 传承人:所属项目、所在地区、包括传承人姓名、性别、出生年份、传承谱系、学习与实践经历、技艺特点、个人成就等内容的个人简介(文字和图片)	有导航,无其他检索途径	河北省非遗保护中心
5	山西非物质文化遗产	名录项目、图片欣赏	表现形式、名录级别	非遗项目:项目名称及由来、特点、意义,与该项目有关的名人、民俗、故事、美食、戏曲(但目前为空)	按名称导航,无其他检索途径	中国互联网新闻中心
6	内蒙古自治区非物质文化遗产保护中心	名录项目、传承人、传统节日	表现形式	名录项目:项目名称、申报地区或单位、编号、简介(文字、图片); 传承人:个人简介(包括传承人姓名、性别、出生年份、传承项目、传承实践、技艺特点、成就等内容)	按类别导航、项目名称检索	内蒙古自治区非遗保护中心

续表

序号	网站名称	数据库主要资源	资源分类依据	非遗项目或传承人展示	检索方式	建设主体
7	辽海记忆·辽宁省非物质文化遗产保护	遗产名录、名录概览、艺海名录、人物传承、传统民俗	名录级别、表现形式	遗产名录:项目名称、批次、所属市(图片、文字简介); 人物传承:简介(文字、图片)	按类别和名录级别导航,无其他检索途径	辽宁省文化厅
8	江苏非物质文化遗产	名录项目、代表性传承人	级别、表现形式	名录项目:人类非物质文化遗产代表作项目以文字和图片的形式提供简介,国家级非遗项目以文字形式记录历史沿革及分布情况、基本内容及艺术特征、代表性人物及代表性作品、主要价值、目前保护情况,其他级别名录项目只提供目录; 传承人暂时为空	按级别导航,无其他检索途径	江苏省文化厅、江苏省非物质文化遗产保护中心
9	中国·浙江非物质文化遗产网	图片、非遗项目、非遗传人、传人故事	表现形式、级别	非遗项目:项目名称、简介(文字); 非遗传人:姓名、性别、年龄、项目名称、项目类别,包括传承谱系、学习与实践经历、技艺特点、个人成就等内容的个人简介(文字、图片)	按项目和级别导航,信息过滤、简单检索	浙江省非遗保护工作领导小组办公室
10	黑龙江省非物质文化遗产网	名录项目、传承人、世界遗产	表现形式	非遗项目:项目名称、简介(文字); 非遗传人:姓名、性别、民族、出生年月、文化水平、项目名称,包括传承谱系、学习与实践经历、技艺特点、个人成就等内容的个人简介(文字、图片)	按名称导航,无其他检索途径	黑龙江省非遗保护中心
11	安徽省非物质文化遗产网	非遗项目、非遗传人、非遗地图、非遗作品	表现形式、级别、地区、批次	非遗项目:传承人、级别、类别、批次、简介(历史、工艺、特点),以文字和图片的形式; 传承人:关联项目、传人级别、通过批次、传人性别、出生年月、项目类别,包括学习与实践经历、技艺特点、个人成就等内容的个人简介(文字、图片)	按级别、类别导航,无其他检索途径	安徽省非遗保护中心
12	福建省非物质文化遗产保护中心	遗产名录、传承人	级别、地区、批次、表现形式	非遗项目:级别、区域、类别、申报区域或单位、项目简介(文字、图片、视频); 传承人:姓名、性别、出生日期、项目名称、地区、类别	按级别、区域、类别、批次导航,关键字检索	福建省文化厅、福建省非遗保护中心

续表

序号	网站名称	数据库主要资源	资源分类依据	非遗项目或传承人展示	检索方式	建设主体
13	山东省文化馆——山东非物质文化遗产保护中心	四级名录、四级传承人	名录级别	非遗项目:文字、图片形式介绍历史渊源、现状、特点; 传承人:姓名、性别、出生年月、所在村或单位、包括学习与实践经历、技艺特点、个人成就等内容的个人简介(文字、图片)	按名录级别导航,无其他检索途径	山东省文化馆
14	河南非物质文化遗产网	非遗名录、传承人、非遗掠影、文化选粹	表现形式	非遗项目:历史渊源、现状、特点(文字); 传承人:姓名、性别、年龄、申报地区或单位、项目名称、类别(文字、图片)	按非遗项目和传承人姓名导航,无其他检索途径	河南省文化厅
15	守望精神家园·湖南非物质文化遗产	国家级名录、省级名录、国家级传承人、省级传承人	级别	非遗项目:历史渊源、现状、特点(文字、图片); 传承人:个人信息、传承信息、技艺及个人成就等(文字、图片)	按名称、传承人姓名导航,无其他检索途径	湖南省台办、湖南省非遗保护中心
16	海南省非物质文化遗产网	项目展示、代表性项目名录、传承人名录	级别	非遗项目:项目类别、名称、保护单位; 传承人:项目类别、项目名称、传承人姓名、性别、年龄、市县	按级别导航、地图检索	海南省群众艺术馆
17	贵州非物质文化遗产网	遗产名录、传承人、项目产品、非遗视频(暂时为空)	级别、批次	遗产项目:历史渊源及发展、现状、特点(文字、图片); 传承人:个人简介(文字、图片)	关键词检索、按级别、批次导航,无其他检索途径	贵州省文化厅、贵州省非遗保护中心
18	云南非物质文化遗产保护网	保护名录、传承人、图说非遗、民俗节庆	级别	遗产项目:历史渊源及发展、现状、特点(文字、图片); 传承人:姓名、性别、民族、出生年月、地区、项目名称,包括学习与实践经历、技艺特点、个人成就等内容的个人简介(文字、图片)	按级别、非遗项目名称、传承人姓名、分布区域导航,无其他检索途径	云南省文化厅、云南省非物质文化遗产保护中心
19	散落民间的珍宝——西藏非物质文化遗产	非遗百科、手工馆、美术馆、藏戏馆、文艺馆、医药馆、民俗馆、非遗目录	表现形式	以文字和图片的形式介绍非遗项目历史渊源及发展、现状、特点	按形式导航,无其他检索途径	中国西藏新闻网

续表

序号	网站名称	数据库主要资源	资源分类依据	非遗项目或传承人展示	检索方式	建设主体
20	陕西省非物质文化遗产数据库	国家级保护项目、省级保护项目、传承人	批次、类别	陕西民俗专场，陕西传统舞蹈专场介绍非遗历史渊源及发展、现状、特点（文字）； 传承人：项目编号、项目名称、分布地区、姓名、性别、出生年月、所在村或工作单位、职业、申报单位或个人	按批次、类别导航，无其他检索途径	陕西省文化厅，"全国文化信息资源共享工程"陕西省分中心
21	宁夏非物质文化遗产保护网	名录项目、传承人、民风民俗	无分类	非遗项目：历史渊源及发展、现状、特点（文字）； 传承人：姓名、出生年月、所在村或单位、学习与实践经历、技艺特点、个人成就、认定时间	按名称导航，无其他检索途径	宁夏非遗保护中心
22	新疆非物质文化遗产保护研究中心	遗产名录、传承人（暂时为空）	无分类	遗产项目：项目名称、主要特点、意义	按名称导航，无其他检索途径	新疆艺术研究所
23	记忆四川 · 非遗	蜀中瑰宝、四川省非物质文化遗产名录、古琴专题、非遗传人	表现形式	非遗项目：图片观赏、基本简介、渊源追溯、主要特征、重要价值（文字、图片） 传承人：大多为专访视频	按类导航，无其他检索途径	四川省委宣传部、文化厅，四川省新闻网传媒集团，四川省非遗保护中心
24	吉林省非物质文化遗产网	遗产名录、传承人、项目产品	级别	非遗项目：遗产名称、申报地区或单位、简介（文字、图片）； 传承人：简介（大多是专访）	按级别导航，无其他检索途径	吉林省艺术研究院、吉林省非遗保护中心
25	福客民俗网	民俗风情、民族渊源、非遗名录、民俗视频、民间故事、福客福厨、福客剧院、艺术家	名录级别、地区、表现形式、民族	非遗项目：编号、地区、遗产名称、类别、申报日期、申报人或申报单位、遗产级别、联系方式、详细介绍（文字）； 民间艺术家：简介（文字、图片）	简单检索、导航	福客网
26	西安鼓乐数据库	音乐资源	资源形式	西安鼓乐全书、僧派、俗派古乐曲集、长安古乐谱、曲目的音视频	目录导航，无其他检索途径	西安音乐学院

续表

序号	网站名称	数据库主要资源	资源分类依据	非遗项目或传承人展示	检索方式	建设主体
27	述绎端砚	专题简介、端砚视频、端砚动漫、端砚知识	专题	介绍端砚产品、相关传说、故事、风俗及知识（文字、图片、视频）	无其他检索途径	肇庆市图书馆
28	蜀风雅韵——成都非物质文化遗产数字博物馆	蜀风雅韵、古琴流韵、琴家	名录级别	非遗项目：简介及相关信息（文字、图片、视频）	导航，无其他检索途径	成都图书馆、成都非物质文化遗产保护中心

由以上网站调查的结果可以看出，总体上来看，无论是数据库的形式、内容、组织方式、覆盖范围，还是开发主体，都比较多样，可以看出，数据库建设已成为保护工作的重要内容。

（二）数据库建设中存在的主要问题

从建设机制上来看，由于缺少国家层面对数据库应该由谁来建、如何建等方面的统一规划和指导，当前数据库建设主体五花八门，并且大多数数据库是由多个主体合作开发的，这说明通过数据库建设来保护非物质文化遗产已引起许多部门的关注，据统计，涉及的主体包括非物质文化遗产保护中心（共 14 个）、文化厅（共 10 个）、商业或政府网站（4 个）、研究院（3 个）、图书馆（2 个），另外还有文化广播影视管理局（1 个）、非物质文化遗产保护领导小组（1 个）、文化馆（1 个）、群众艺术馆（1 个）、宣传部（1 个）、高等院校（1 个）等共 11 类主体。但不同机构建设理念不同，在资源管理和提供方面也各不相同。各个数据库缺乏沟通，形成了一个个“孤岛”，资源不能共享，重复建设严重，比如，一项列入市级名录的非物质文化遗产项目可能会重复出现在该市、该省、国家以及一些专题数据库中，相关的非物质文化遗产也无法建立有效关联。

从内容来看，现有数据库几乎已经覆盖了所有非物质文化遗产项目，一般数据库是通过各级项目名录信息和传承人信息来展示非物质文化遗产，但信息不全面，不能深刻反映该项目的发展历史及现状，也就不能充分满足人们查考、利用的需要。一方面项目信息不全面，对非物质文化遗产项目介绍手段比较单一，大多数以文字和图片为主，对于大部分非物质文化遗产而言，尤其是表现为传统音乐、加工制作技艺、民间舞蹈、传统戏剧、民俗等，项目表现为一个连续的过程，汇集了传承人语言、动作、表情、心理状态等多方面的信息，而这些只靠图片、文字等方式是不能完全记录的，需要视频、音频等记录方式相配合，而在所调查的网站中，仅有“福建省非物质文化遗产保护中心网站”“西安鼓乐数据库”“述绎端砚”“记忆四川 · 非遗”四个网站中有视频信息，这与多种数字化信息采集技术的应用以及非物质文化遗产的鲜活、生动是不对称的。而传承人信息被“忽略”的现象十分普遍，在所调查的 28 个数据库中，有 6 个数据库没有传承人信息，即使有也大多为用文字象征性的简单介绍，如姓名、性别、传承项目名称、实践经历等，图片大多为传承人个人照片、作品照片，只有“记忆四川 · 非遗”网站的传承人信息提供的是专访视频，“吉林省非物质文化遗产网”“蜀风雅韵——成都非物质文化遗产数字博物馆”是以文字的形式记录的个人专访，这并不能展现传承人的技艺、经验以及对项目的深刻理解。另外，同一非物质文化遗产会生成文本、图片、视频、音频等不同形式的档案，但现有数据库尚未建立起它们之间的关联，信息碎片化现象普遍存在。

从分类来看，分类是数据库中揭示、区分、组织非物质文化遗产时常用的技术方法，分类方案不仅是分类、选择、浏览非物质文化遗产的工具，也能概要性地反映某范围内的非物质文化遗产体系。据统计，当前各个数据库采用分类标准主要有表现形式（共 15 个）、名录级别（共 15 个）、所属区域（共 5 个）、批次（共 4 个）、民族（共 1 个），同一数据库可能采用多种分类标准，另外还有两个数据库没有对项目进行分类而是直接按项目名称展示。其中按表现形式进行的分类中，大多与国家级非物质文化遗产名录一致，分成十类，也有与“非物质文化遗产分类代码表”一致的，分成十六类。对于单项非物质文化遗产，大多数数据库是文字与图片形式的介绍，但在“山西非物质文化遗产”中，每一项非物质文化遗产中都会有与其相关的名人、民俗、故事、美食、戏曲等，但遗憾的是暂时没有具体内容。在述绎端砚数据库中，除了对该项非物质文化遗产有专题介绍外，还以图片、视频、动漫的形式介绍端砚产品、相关传说、故事、风俗及知识。由此可见，各数据库构建的分类方案互不相同。

从信息描述来看，一般而言，在同一数据库中，描述格式、字段、字段长度能够按照统一的标准进行，但由于国家没有出台统一的描述标准，从总体上看，各数据库的描述角度及深度各不相同。如福建、河北、江苏等省的数据库中对非物质文化遗产项目能够较系统地描述其项目名称、级别、区域、类别、申报区域或单位、项目简介、保护状况等，而有些数据库只是简单的文字简介。记忆四川·非遗和吉林省非物质文化遗产网对传承人的描述是以人物专访的形式进行介绍，而在大多数数据库中，以姓名、性别、出生年月、所在村或单位、学习与实践经历、技艺特点、个人成就等为主要描述字段，描述深度也各不相同，甚至有一些数据库没有任何传承人信息。

从信息检索来看，从总体来看，所提供的检索途径非常多，从调查结果来看，共有导航、按类别、按区域、关键字检索等共 10 种。不同检索方式满足用户不同的检索需求，如导航检索主要针对检索项目不明确的用户需求，而关键词检索、项目检索主要用于满足用户的特性检索。其中所有的数据库都提供导航检索（按类别、按级别、按批次、按项目名称），但导航深度不同，有些数据库在项目名录中直接按非物质文化遗产项目导航，有些数据库提供三级或四级导航。另外提供区域、关键字检索的各有 3 个，按年代检索的有 2 个。不同数据库提供的检索途径数量也不同，如“非物质文化遗产·上海”不仅提供了导航，还提供按类别、体系、区域、年代、关键字等多种检索途径，但大多数数据库检索功能简单，检索途径不全，有 18 个数据库除导航外没有其他检索途径。可喜的是，在浙江省、安徽省非物质文化遗产网站中，有“信息过滤”功能以帮助用户提高信息检索的效率，安徽戏曲数据库中提供了高级检索、布尔逻辑检索等①，可见检索功能已引起了数据库建设的重视。

可以看出，我国的非物质文化遗产数据库虽然数量不少，但大多为零敲细打，不成体系，缺少一个权威的、全面的档案数据库系统，即使是列入名录的项目，也没有完整档案可供人们利用，不能满足人们对非物质文化遗产了解、传承的需要，更有一些珍贵的非物质文化遗产散落民间，不被人所知。因此，数据库从宏观架构到微观操作都需要进一步优化。

三、全国非物质文化遗产档案数据库系统框架设计

非物质文化遗产档案数据库建设零敲细打，不仅因重复建设而造成浪费，

---

① 段运：《我国省级图书馆非物质文化遗产数据库建设现状与对策》，《图书馆学刊》2010年第 6 期。

而且由于没有统一的行动规划和规范而导致数据库建设水平基本处于停滞不前的状态。结合目前档案数据库建设的状况以及我国已建成的四级非物质文化遗产保护体系，优化档案数据库建设水平，需要进行顶层设计，即结合非物质文化遗产保护的需要，从国家层面开展建设和规划，设计全国的数据库系统框架，并提出数据库建设的基本要求，使全国各个数据库建设都能在统一框架下进行，从而打破现有数据库之间的壁垒，实现共建共享，回应《“十四五”非物质文化遗产保护规划》中关于数据库体系建设的要求。

（一）数据库系统建设的定位

全国非物质文化遗产档案数据库系统是以保护非物质文化遗产为根本目的，从国家层面对数据库系统进行宏观规划和设计，该数据库系统建设是站在对国家和历史高度负责、维护国家文化安全的角度，以数字化档案资源为主，以文本、图片、音视频等各种形式反映我国丰富的非物质文化遗产资源，并通过网络提供给全民利用的数字资源库系统。建设非物质文化遗产档案数据库系统是一项庞大的系统工程，是“覆盖人民群众的档案资源体系”的构成要素，是档案资源“资政惠民”的必然要求，是数字博物馆、网站建设的基础，也是非物质文化遗产资源“取之于民，惠之于民”的内在要求。

（二）数据库系统整体结构设计

综合考虑目前数据库建设的状况、已确定的四级名录保护体系及代表性传承人机制、档案事业组织系统状况以及档案工作的基本要求，本书尝试构建了全国非物质文化遗产档案数据库的系统框架，如图 4-1 所示。

由图 4-1 可以看出，全国非物质文化遗产档案数据库系统可由联合国名录项目库及国家级、省级、市级、县级项目库构成，因为到目前为止，全国以及各省、市、县均已成立了非物质文化遗产中心或相关机构，负责特定范围内政策咨询、计划实施、理论研究、举办学术、展览（演）及公益活动、宣传保护工作的成果和经验、人才培训等具体工作，各省、直辖市的非物质文化遗产网站及数据库也大多是由非物质文化遗产中心主办，具有一定的前期成果和工作基础。同时，各级档案局和档案馆作为某行政区域内档案工作的主管部门和档案资源集中存储中心，具有档案管理的专业知识和丰富经验。因此可通过二者通力协作，进行优势整合，建设各级非物质文化遗产档案库。数据库系统中各个子库是密切相关的，以河北省为例，由河北省级名

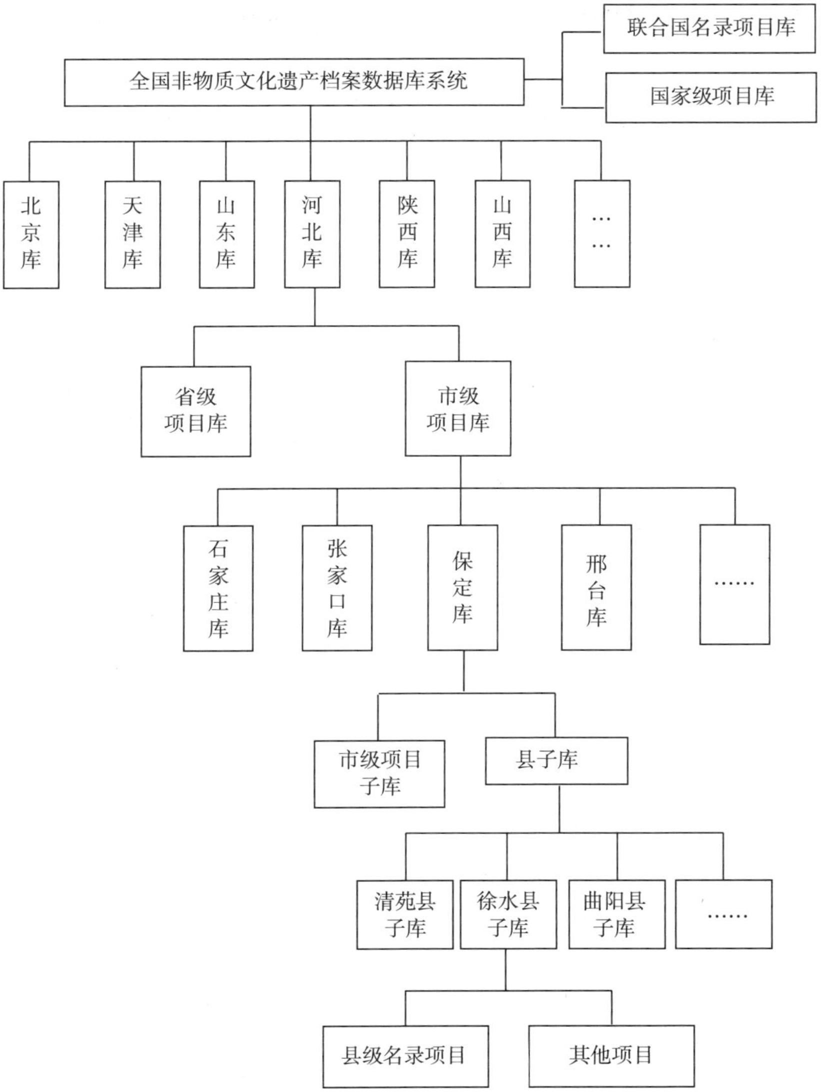

图 4-1　全国非物质文化遗产档案数据库的框架结构

录项目库和各市项目库构成，其中每一个市的项目库由被列入市级名录的项目和各县项目库构成，各县项目库中由被列入县级名录的项目及其他项目构成，其他项目包括在普查中被发现，但尚未被列入各级名录的项目，按此框架建设的档案数据库能够动态地囊括所有的遗产项目，而不只是被纳入名录的项目。

（三）数据库系统框架结构特点

政府主导，统筹规划。早在2005年《关于加强我国非物质文化遗产保护工作的意见》中就明确指出，非物质文化遗产保护工作的基本原则是“政府主导、社会参与，明确职责、形成合力；长远规划、分步实施，点面结合、讲求实效”①。数据库建设作为保护工作的基本内容，覆盖面广泛，涉及主体众多，没有政府的主导及统筹规划，建设成果参差不齐，尤其是大量重复建设不仅无益于保护，反而提高了管理成本。政府主导，统筹规划，不仅反映了政府在政策法规、组织工作、资金投入等方面的优势，也在总体规划、档案资源的范围和标准、项目管理及运作机制等方面具有指导意义。

分级建设，全国联动。我国已确立的非物质文化遗产的分级保护体系是保护非物质文化遗产的重要措施，但由于同一项目的档案可能被分散保存在多个主体，难以集中，建设全国非物质文化遗产档案数据库系统可由国家文化和旅游部、全国非物质文化遗产保护中心、国家档案局联合制定总体框架，提出总体目标，同时建设联合国项目库和国家级项目库，并把建设各省及直辖市库的具体任务分配到各地区中，各省及直辖市在建设同级库的同时，把建设各区、市级项目库的任务分配到各区或市，各区或市在建设同级项目库的同时，将各县级项目库的建设分配到各县，从而形成一个全国联动的系统工程，目标及任务的逐级具体化，既保证了项目的齐全完整，又因目标及步调的一致，最大限度地提高了建库效率。

多方合作，公众参与。非物质文化遗产保护工作参与主体众多，这一点从中国非物质文化遗产保护部级联席会议制度以及重庆、上海等地建设的具有当地特色的非物质文化遗产保护协调机构中可以看出，如上海市非物质文化遗产保护工作局际联席会议中会议成员共包括15个局级单位。在《中华人民共和国非物质文化遗产法》《关于加强我国非物质文化遗产保护工作的意见》等法律法规中也多次强调“图书馆、文化馆、博物馆、科技馆等公共文化机构和非物质文化遗产学术研究机构、保护机构”的参与。因此，不同主体已经开始建设非物质文化遗产数据库（见表4-2），然而全国非物质文化遗产数据

① 中华人民共和国中央人民政府：《关于加强我国非物质文化遗产保护工作的意见》，2015年8月15日。

库系统的建设必然要求各机构合作，突破机构间的局限。另外，由于非物质文化遗产的“草根性”，代表性传承人及特定区域公众参与的重要性不容忽视，国外利用 YouTube、Wiki、档案馆 2.0 等理念进行非物质文化遗产社会归档已取得一定进展。这种参与不仅体现在档案的提供上，还体现在档案资源的分类、组织方面。

四、档案数据库各功能模块优化建设策略

如图 4-1 所示，全国非物质文化遗产数据库系统由国家级项目库及多个省级项目库、市级项目库、县级项目库构成，其中每一个项目库所涉及的非物质文化遗产范围及保护级别不同，但大多都需要包括档案采集与转化、档案信息组织、档案信息挖掘、档案信息发布与展示、档案数据库管理等功能模块，如图 4-2 所示。

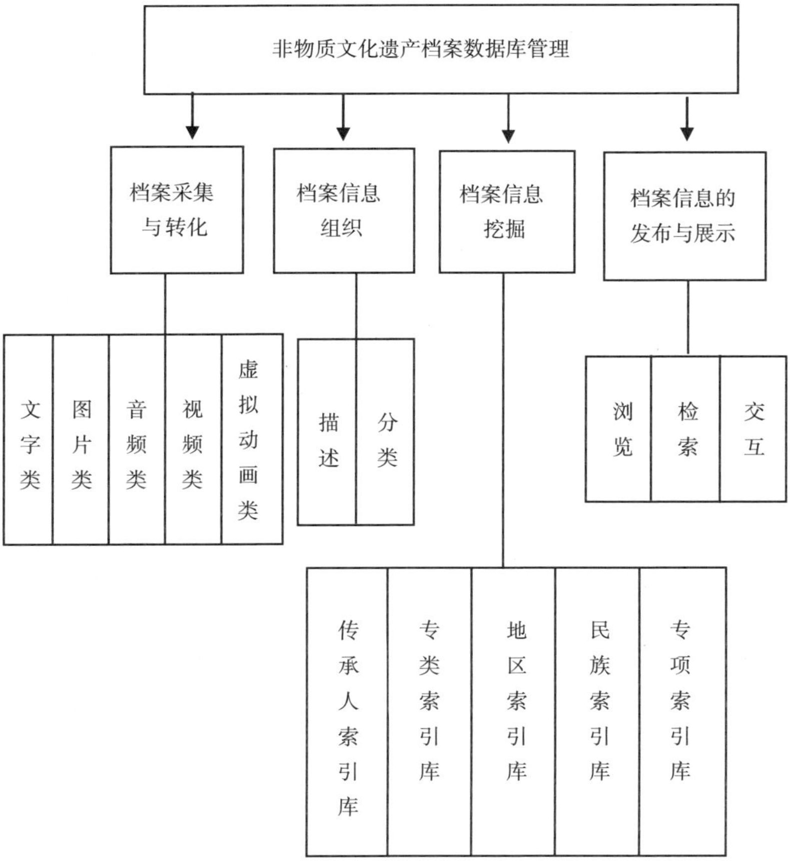

图 4-2 非物质文化遗产档案数据库模块结构示意图

(一)档案采集与转化模块

根据本书第四章对非物质文化遗产档案种类的界定,为了保证项目内档案的齐全完整,采集的范围主要是非物质文化遗产项目本体档案、申报与保护工作中形成的档案以及传承档案三部分,不仅包括文本档案,还包括图形、图片等静态图像档案以及音频、视频等各种形式的多媒体档案。比如陕西华县的皮影资料中,除文本资料外,其制作工艺流程、舞台设计方法、影人与影景、道具的设计与雕刻方法等是利用二维三维扫描技术、数字摄影摄像、三维建模与虚拟场景及图像处理等技术采集形成的多媒体信息记录。① 档案的采集与转化模块是为了完整保存每项非物质文化遗产档案,而将档案集中并通过录入、扫描、转化、拍摄、录制等方式将档案转化成数字化形式。根据档案的不同类型,具体分为以下几种情况。

1. 文字类档案的采集与转化

文字是人们文化表达与传播的主要方式,文字类档案会出现在任何非物质文化遗产项目中,由于计算机的运用已经非常普遍,有些文字类档案是以数字化的形式存在,但有大量档案是以传统载体形式存在的,如从民间征集而来的大量剧本、唱本、田野调查中的记录等,就需要通过录入、扫描等形式实现其数字化的转换,对个别文字不清楚、识别不正确的内容,还需要经过文字识别甚至专家考证等过程,将其转化为 DOC、CAJ、PDF 等数字化形式进行保存。

2. 图片类档案的采集与转化

图片是继文字以后,用来记录、保存非物质文化遗产信息的重要方式。在非物质文化遗产的普查和保护中,不仅工艺生产过程、场景、所使用的工具、代表性作品、传承人的传承、表演过程等大量信息被以图片的形式保存下来,还有乐谱、地图、建筑工程图纸、航空、医疗等领域内的专用图像使人们可以更直观地了解非物质文化遗产的形式和内涵。在数码相机普遍应用于图像采集之前,图像一般都以照片、底片等形式存在,这就需要通过扫描将这些图像转化为 BMP、JPG、GIF 等数字化形式。

---

① 侯君奕:《数字技术在非物质文化遗产保护中的应用——论陕西华县皮影的数字化保护》,《价值工程》2011 年第 30 期。

3. 音频类档案的采集与转化

一方面我国有民间音乐、戏曲、曲艺等大量以声音为主要流传形态的非物质文化遗产,另一方面在非物质文化遗产普查中有大量访谈也以音频形式保存,非物质文化遗产音频类档案中除了使用录音笔、有录音功能的手机等便携式录音工具形成的数字音频档案外,还有以传统唱片、录音带的形式保存下来的档案,而这些档案就需要转化成 WAV、MP3 等格式的数字音频档案。如最初用钢丝录音机抢救下的民间音乐家阿炳(原名"华彦钧")的《二泉映月》等六部作品恰恰是经过数字化转换后才得以安全保存。

4. 视频类档案的采集与转化

对于以"活态"形式存在的非物质文化遗产,如民间美术、民间音乐、舞蹈、戏曲、曲艺、民间手工技艺、生产商贸习俗、消费习俗、人生礼俗、游艺、传统体育与竞技等大多数非物质文化遗产都需要以视频的形式才能全面记录其风格、手法、韵味和特色。随着数码摄像设备的日益普及,在非物质文化遗产普查、保护、项目展演过程中形成了大量以 AVI、MPEG 等格式存在的视频类档案。但是在网络调查中发现能够将视频档案有效采集并提供在线利用的数据库比较少。

5. 虚拟动画类档案的采集

虚拟动画类档案是随着立体扫描、动态三维成像技术、运动捕捉技术、虚拟文物修复、复原与演变模拟技术等在档案采集加工与处理中的应用而形成的 3DS、MAX、AVI 等格式的档案类型。这类档案能够立体地、全角度地记录制作工艺流程、复杂的内部结构,甚至能够对已经失传的非物质文化遗产及其场景进行模拟与再现。但这类档案的形成对设备、技术以及工作人员的要求都比较高,在现存的档案数据库中并不多见。

(二)档案信息组织模块

经过采集和转化后,同一非物质文化遗产项目的档案实现了数字化并按项目实现了集中,档案信息组织则是在采集与转化后,对档案特征描述与序化的过程。该模块的主要任务为描述与分类。

首先,为日后满足多种检索的需要,要为每份档案确定其在数据库中的"坐标",关键是要确定该档案区别于其他档案的特征并以适当的方式加以描述,非物质文化遗产档案的特征是多维的,如标题、形成者、表现形式、所属项目等，描述时所选择的特征不仅决定是否能够有效反映档案，还能影响未来数据库检索的效果（因为这些特征有可能是未来数据库检索的入口）。① 为了对已数字化的档案进行详细、全面的描述，元数据堪称最为有效的工具。对于数字信息组织而言，元数据不仅具有描述功能，还具有定位、检索、评估、选择等功能，因此，元数据已在信息组织中广泛应用，如都柏林核心元素集（以下简称"DC"）、我国的《电子文件元数据标准（征求意见稿）》、澳大利亚的《澳大利亚联邦机构电子文件保管元数据标准》、TEI（text encoding initiative，一种用于电子文本交换的国际编码标准）、VRA Core3.0（VRA 可视资源核心类目第三版，可视资源协会为规范描述可视文化作品及其图像资源而发布）等，其中由于 DC 简单明了、语义互操作性强、可扩展性强，成为目前世界上使用最为广泛的元数据格式。

笔者结合 DC 以及档案管理的需要，设计了非物质文化遗产档案描述的框架，如表 4-3 所示。

表 4-3 非物质文化遗产档案描述项目集合②

序号	项目名称	释　义
1	题名	题名为所属非物质文化遗产项目名称及档案的标题或题目，可包括正题名、副题名、并列题名以及针对题名的说明性文字
2	责任者	形成档案或对档案内容负责的团体或者个人，可包括原作者、采集者、编辑者、审核者等
3	主题和关键词	表达档案主题内容、具有检索意义的词或词组（一般需经过规范化控制）
4	描述	对档案主要内容、重要数据、相关背景信息的说明和解释
5	出版者	使档案能以现有方式被获得和利用的责任实体，一般表现为数据库管理机构
6	其他责任者	在"责任者"项中未指明，但对该档案及管理作出了一定贡献的其他相关实体，如扫描者、加工者等
7	日期	与档案生命周期中某一流程有关的日期，包括采集日期、编辑日期、审核日期、入库日期等
8	资源类型	档案的种类，包括文本、图像、音频、视频、虚拟动画等

① 冷伏海、徐跃权、冯璐：《信息组织概论》，科学出版社 2008 年版，第 16 页。
② 冷伏海、徐跃权、冯璐：《信息组织概论》，科学出版社 2008 年版，第 106 页。

续表

序号	项目名称	释　　义
9	格式	档案的媒介类型,包括存储格式及其主要指标;数字资源的数据量(包括占用存储空间大小、音视频时长);数字资源的压缩算法等特性;数字化、显示或使用该资源时所需的软硬件环境信息及其他附加条件
10	资源标识符	用来唯一标识该档案的号码,如档号
11	来源	与该档案来源有关的信息,如所属非物质文化遗产项目的相关信息
12	语言	档案内容中所使用的语言
13	关联	与该档案直接相关的其他资源,主要表现为同属一项非物质文化项目的档案
14	覆盖范围	档案具有的空间或/和时间方面的特征
15	权限管理	主要指档案本身或被赋予的权限信息,如知识产权、版权声明以及授权使用者、使用期限、使用地点、使用方式等

其次,经过描述后,每一档案都有一条记录与之相对应,而这些记录的集合处于相对无序的状态,因此需要经过分类使之序化。无论是国家级非物质文化遗产项目库还是县级项目库,所覆盖的非物质文化遗产项目众多,而几乎每一项非物质文化遗产都具有文本档案、图片档案、音视频档案和虚拟动画类档案,因此可将全国非物质文化遗产档案数据库系统中各库分成文本档案库、图片档案库、音视频档案库和虚拟动画类档案库四个部分,其中文本档案库为整个档案子库的核心,其他部分与文本档案库相关联。①

(三)档案信息挖掘模块

档案数据挖掘模块是通过分析已采集加工过的档案以及用户可能的需求,按照某种标准建立索引库,并将索引库与各档案库相连接的过程,其目的在于将非物质文化遗产档案以更多元的方式展示出来。一般而言各库可建设如下索引库。

1. 传承人索引库

非物质文化遗产是以“人”为载体的活态文化,传承人作为非物质文化遗产的重要承载者和传递者,掌握着其中文化与技艺的精髓,可视为非物质文化遗产的守护神。建立传承档案实质上也是对传承人的一种保护。在档案信息

---

① 陈东华:《吉林省图书馆非物质文化遗产数据库建设研究》,《图书馆学研究》2012 年第 23 期。

挖掘过程中,可将档案中有关传承档案进行整合,以项目为单元建立索引库,可集中存储传承人在非物质文化遗产传承、展示、宣传、展演、教育等相关活动中形成的档案。

2. 专类索引库

由于全国非物质文化遗产档案数据库是分级、分地区建设的,一个项目库将一个地区某一级别非物质文化遗产档案进行了集中,如河北省项目库主要存储的是河北省范围内省级非物质文化遗产的档案,而河北省到目前为止已公布省级非物质文化遗产名录五批,共683项,涉及民间文学、音乐、美术、舞蹈等十个类目,属同一类目的非物质文化遗产必然在表现形式、精神内涵等方面存在关联,还可以在传承、教育等方面互相启发,因此,可开发专类索引库,将同一类别项目集中,有利于满足研究者、传承者的需求。

3. 地区索引库

全国非物质文化遗产档案数据库系统框架是按行政地区设计的,一个项目库只保存与之相应级别的非物质文化遗产档案,如河北省保定市项目库只保存保定市范围内的市级非物质文化遗产档案,而曲阳石雕、保定老调、安国药市等国家级非物质文化遗产以及直隶官府菜系烹饪技艺、槐茂酱菜制作技艺、刘伶醉酒酿造技艺等省级非物质文化遗产以及保定市各县的县级非物质文化遗产的档案都被存储在不同子库中,这是全国联动、统筹协调、协力共建的要求,但同一地区丰富多彩的非物质文化遗产具有相同的文化生态、历史背景,都是该区域内人们生活的一部分,这与名录级别无关。因此,在资源共建共享的理念下,有必要打破各库之间的局限,建立地区索引库。同时,“地区”不仅局限于“行政区域”,如有必要还可建立自然区域、经济区域索引库,如在长江流域、京津冀、珠江三角洲等区域设立,以保持各项目之间的有机联系。

4. 民族索引库

中华民族由56个民族共同组成,从各民族居住地情况来看,形成了“大杂居,小聚居”的状态,中华民族传统文化由56个民族共同创建,大多数民族分布在多个省份,而同一区域居住着不同民族的人,如上海市拥有37个民族的居民,云南省拥有20多个民族的居民。同一民族不管是否聚居一地,在语言、风俗、饮食、禁忌、服装、宗教信仰、舞蹈、节日等方面都具有密切关联,表达相同或相近的价值追求和理念。非物质文化遗产档案则是反映这些文化特质的重要载体，因此可根据非物质文化遗产所属的民族，建立民族索引库，以满足各族人民对中华民族传统文化传承的需要。

5. 专项索引库

在各项目库建设中，同一项非物质文化遗产档案实现了集中，以已采集到的档案为线索，可对一些特殊的非物质文化遗产项目，如濒危项目、入选联合国名录的项目、对当地群众影响重大的项目等进行深度开发，如述绎端砚数据库、西安鼓乐数据库、潮剧数据库等，除档案外，还要搜集大量研究性、报道性、展演性等材料，形成专项数据库，以满足人们对特定非物质文化遗产的兴趣。

（四）档案信息的发布与展示

非物质文化遗产档案数据库建设的目的在于“取之于民、用之于民、惠之于民”，将非物质文化遗产档案提供给公众利用，以助非物质文化遗产保护一臂之力，因此“发布与展示”模块是档案资源与公众之间的桥梁，是实现档案价值最重要的“门面”，因此在设计时不仅要结合档案的实际情况，更要考虑到不同用户的需求。档案信息的发布与展示往往是通过网页和网站实现的，考虑到用户利用档案时一般表现为浏览、检索以及一些个性化服务，因此档案信息的发布与展示模块需要做到以下几点。

首先，完善导航系统。由表 4-2 可以看出，目前大部分数据库都能够以导航的方式供人们浏览信息，既能快速让人们了解该数据库全貌，又能满足研究者、学习者、传承者获取非物质文化遗产信息的需要。完善浏览功能主要是从多角度设置导航系统，如按传承人、地区、民族、项目等。

其次，完善检索途径。通过对国内 28 个非物质文化遗产数据库的网络调查发现，有 20 个数据库没有专门的检索入口，用户只能通过浏览、导航的方式找到所需信息，在另外 8 个数据库中提供了简单检索、关键词检索、按项目名称检索、按传承人检索等，其中上海非物质文化遗产网、天津市非物质文化遗产网还提供了地图检索。实际上，非物质文化遗产档案表现形式多样，非物质文化遗产工作人员、专家学者、传承人、普通群众等用户及需求复杂，完善检索功能包括开发多种检索途径、多种检索技术和方式的应用，如 CBIR①、跨库检

① 基于内容的多媒体检索技术，可用于完善对图片、音频、视频档案的检索，CBIR 技术发展已经较为成熟，但到目前为止，在档案数据库中的应用仍较为有限。

索、高级检索、二次检索、加权检索、布尔逻辑检索等。

最后，实现社会参与。社会参与是我国非物质文化遗产保护工作基本原则之一，因此完善数据库的“交互功能”是实现社会参与的重要基础。从参与方式而言，除可用留言板、论坛、电子邮件、热线电话等传统方式外，Web2.0技术以提倡用户参与网站内容创造、注重交互性以及强大的信息交互功能而深入人心，QQ、MSN、微博、博客等交互方式也可充分利用。随着移动网络、智能终端的日益普及，已有上海、安徽、贵州、云南、四川等省市的非物质文化遗产网站推出了官方微信，与用户实现互动。从参与内容来看，与用户的沟通和交流不应局限于答疑和咨询而应该是通过交互，使用户参与到数据库建设中来，不仅允许用户共享档案，还可以提供档案。非物质文化遗产产生于公众的生活，公众掌握着最直接的形态。Sheenagh Pietrobruno(2013)提出“社会归档”这一理念，并以伊斯兰教的托钵僧舞蹈仪式为例说明档案馆在保存文化遗产方面存在的僵化、因过于受政治力量影响而可能存在不真实等方面的不足，提出利用 YouTube、Wiki、档案馆 2.0 等理念进行社会归档，并将公众上传到 YouTube 的视频视为档案，按照来源原则进行管理。[①] Sheenagh Pietrobruno(2014)又提出通过社交媒体、基于用户产生的内容更能全面、动态、真实的反映非物质文化遗产的发展演变过程。[②]

(五)档案数据库管理模块

该模块是面向系统管理员，主要是进行整个系统数据的录入、增删、编辑审查、日常维护、权限管理、数据库备份等工作。建设档案数据库的目的在于促进非物质文化遗产的传承与发展，这就注定档案数据库是开放的，因此在档案数据库开放共享的同时，存在着一定的安全隐患，需要对数据库做到科学管理。如用户权限管理，浏览用户、录入人员、数据库管理员在数据库中的角色、任务不同，通过权限设置与管理不仅保证了档案信息的安全，更重要的是保证项目传承人、传承群体利益不受侵害。另外，数据库中有许多关键数

① Sheenagh Pietrobruno,“Youtube and the Social Archiving of Intangible Heritage”, *New Media Society*, Vol.15, No.8, 2013, pp.1259-1276.

② Sheenagh Pietrobruno, “Between Narratives and Lists: Performing Digital Intangible Heritagethrough Global Media”, *International Journal of Heritage Studies*, Vol.20, No.7-8, 2014, pp.742-759.

据,一旦发生病毒侵蚀、磁盘故障、电源故障、软件故障等状况,后果不堪设想,做好数据备份工作能保证数据库一旦发生故障能尽快恢复到正常状态。①

第五节 非物质文化遗产数字档案建设与开发案例

钧瓷是我国五大名瓷之一,也是河南省禹州市神垕镇独有的国宝瓷器,以独特、传神的窑变而著称于世,素有"家有万贯,不如钧瓷一件"的美誉,其烧制技艺被列为国家级非物质文化遗产,具有丰富的科学艺术价值、历史文化价值以及技艺资本价值。关于钧瓷烧制技艺的保护,已有学者进行了不同视角的研究,如谢一菡②基于对钧瓷烧制技艺内在规律的研究,从市场角度提出"生产性保护"的方式;卢青③基于对钧瓷价值的分析,从法律角度提出"知识产权保护"的方式;陈帅铭④基于国内外非遗数字化保护的先进经验,从技术角度提出"数字化保护"的方式,并提倡"活态保护为主、静态保护为辅"的数字化保护方法。

上述研究成果虽已基本覆盖钧瓷烧制技艺保护模式,但多集中于钧瓷及其技艺价值、传承人保护等方面,未涉及钧瓷烧制技艺数字档案资源建设与开发的相关研究。2021 年 5 月 25 日文化和旅游部发布的《"十四五"非物质文化遗产保护规划》中指出非物质文化遗产(以下简称"非遗")保护主要任务之一是要加强非遗调查、记录和研究,要完善非遗记录体系、加强非遗档案和数据库建设。钧瓷烧制技艺作为国家级非物质文化遗产,需加强其数字档案资源的建设与开发,应用数字技术推动非遗档案资源的传播与利用。本书结合钧瓷烧制技艺数字档案建设与开发现状,阐述数字技术对钧瓷烧制技艺档案资源建设与开发的多重赋能,在此基础上探讨钧瓷烧制技艺数字档案资源建设与开发的策略。

---

① 柳霞:《非物质文化遗产资源数据库的建设》,《东岳论丛》2008 年第 6 期。

② 谢一菡:《禹州钧瓷传统制作技艺传承研究》,博士学位论文,中国艺术研究院,2014 年。

③ 卢青:《钧瓷非物质文化遗产的价值及其传承策略》,《许昌学院学报》2017 年第 3 期。

④ 陈帅铭:《钧瓷烧制技艺的数字化保护与传承研究》,硕士学位论文,华中师范大学,2018 年。

一、钧瓷烧制技艺数字档案资源建设与开发现状

(一)钧瓷烧制技艺档案资源建设与开发中取得的成果

钧瓷烧制技艺作为无形的文化遗产,需要通过各种外在的表现形式或信息载体才能被人感知。档案式保护通过档案资源建设的方式将非物质文化遗产"有形"化。钧瓷烧制技艺档案资源建设是将记载钧瓷及其烧制技艺的文字、图片、音视频等各种形式的具有保存价值的档案资源,以及与其相关的有价值的档案资源,如非遗传承人档案,申报各级非遗保护名录过程中形成的档案以及保护档案,按照档案管理的方法进行收集、整理、保管,在实践探索中主要包括以下几个方面。

1. 收集钧瓷技艺档案

2008年,禹州市政府以北宋钧官窑遗址为核心创建禹州钧官窑址博物馆,设有钧瓷艺术陈列室、传统钧艺操作展示、专家工作室、青少年陶艺教育中心等,集遗址保护、文物陈列、学术交流、钧瓷制作、宣传教育于一体。该博物馆收集有许多钧瓷烧制技艺的实体档案,如钧瓷制作模具、拉坯工具等。禹州市非遗保护中心则收集了非遗申报活动中所形成的档案,如非物质文化遗产项目申报报告、相关证明材料、照片和视频等辅助资料以及各级政府正式公布的保护计划、评审意见等。

2. 建立代表性传承人名录

截至2020年9月,《钧瓷烧制技艺》国家级非物质文化遗产代表性传承人有4人,分别为孔相卿、任星航、杨志行、翟群;省级非物质文化遗产代表性传承人有11人,有刘建军、晋晓瞳、周松建、杨晓峰等;市级非物质文化遗产代表性传承人有67人。代表性传承人名录体系的建立,使非遗档案式保护更加系统化、规范化。

3. 宣传钧瓷技艺档案知识

近年来,禹州市政府及相关文化主管部门多次举办钧瓷活动,如钧瓷文化节、钧瓷烧制技艺项目传承人授徒技艺大赛、钧瓷文化产业发展主题征文活动、"钧瓷烧制技艺"项目优秀作品全国巡展活动,以及依托抖音平台开展的"众口一瓷"系列直播活动等。钧瓷烧制技艺档案通过这些活动以不同形式向社会公众开放,有力促进了钧瓷技艺的传承和发展,同时也开阔了钧瓷艺人的视野,有利于钧瓷技艺的创新。

4. 建设钧瓷档案网站

目前,关于钧瓷档案的网站已有禹州市非物质文化遗产网、钧瓷网、名窑钧瓷网等。其中,钧瓷网建设较好,设有新闻资讯、艺术家、窑口、文献、影像等十余个栏目,而且内容也在不断更新,相当于钧瓷烧制技艺的"活态"档案。此外,还借助多媒体技术制作了《神奇的钧瓷》等数字化专题片,运用虚拟技术,对钧瓷文化及历史发展进行全景式记录。①

(二)钧瓷烧制技艺数字档案资源建设与开发存在的问题

1. 数字档案形式单一,数据库建设缓慢

目前,虽然建立了钧瓷烧制技艺档案数据信息库,但大多是对非遗项目申报材料进行记录和保存,记录内容简单,对钧瓷形成的民族历史、内涵等方面没有进行充分记录和展示,使钧瓷烧制技艺数字档案资源缺少了深入研究的价值,影响其文化内涵与艺术价值的传承。

2. 数字化技术主要应用于信息传播,加工与挖掘方面应用不足

钧瓷烧制技艺数字档案多数用来拍摄宣传片、资料片以及各种宣传图片,对钧瓷及当地旅游业的发展起到很好的宣传作用。但非遗数字档案资源建设的目的不仅在于扩大非遗宣传面,还在于通过数字资源的挖掘加强非遗的传承与保护。在非遗保护实践中,数字化技术是"术",文化是"道",前者应该服从于后者的内在要求。②

3. 网站更新缓慢,服务质量较低

虽已建设钧瓷网站,但网站内容更新缓慢。例如,截至 2021 年 6 月 21 日,禹州市非物质文化遗产网站最新的通知公告是 2020 年 12 月 9 日发布的。而且网站的多数栏目内容不够丰富,甚至还存在"无效链接"情况。禹州市非物质文化遗产网站界面虽有代表性传承人栏目,但点击进去是空白的。此外,网站首页只有新闻动态、通知公告、政策法规等内容,没有展示代表性传承人、非遗名录、遗产精粹等内容,总体服务质量较低,用户体验不佳,影响非遗数字档案资源的利用。

---

① 李丛:《河南非物质文化遗产数字化建档保护问题与对策研究》,硕士学位论文,武汉大学,2017 年。

② 陈心林、杨晓茜:《进退失据:我国非物质文化遗产保护实践的反思》,《湖北民族大学学报(哲学社会科学版)》2021 年第 1 期。

二、数字技术赋能钧瓷烧制技艺档案资源建设与开发

(一)应用数字化采集和存储技术保障非遗档案的完整性

传统记录和保存钧瓷烧制技艺档案的方式,如通过摄像记录、保存钧瓷的制作过程,通过拍照保存钧瓷的图案,通过文字记录钧瓷烧制步骤等在一定程度上虽发挥了保护非遗的作用,但也存在一定的局限性,如记录和保存的载体不能长久可用,不利于保护非遗档案的完整性。数字技术的产生为钧瓷烧制技艺档案的保存提供了多种全新的收集、存储手段,相较而言能够最大限度地保障非遗档案的完整性。目前应用较为普遍的数字化采集和存储技术有图片拍摄技术、三维建模技术、扫描技术、声音录制技术、元素提取技术、数据库技术、动作捕捉技术、网络图存储技术等。

相关工作人员,首先,可以利用图片拍摄技术、扫描技术等数字采集技术收集钧瓷烧制技艺档案资料,并将纸质图文如制作手稿以及制作技艺影像转换成数字档案。其次,结合实际情况,依据一定的分类方式对收集到的钧瓷烧制技艺档案进行分类归档,如针对实物档案可以以非遗名录体系为基础,以该实物在非遗传承中的作用为依据进行分类,再依据其具体的形成时间、完整性、珍贵性等进行分类。再次,可以应用数据库技术、存储技术等构建钧瓷烧制技艺数据库。该数据库既要保证安全保存非遗档案,又要协助各建档主体对钧瓷烧制技艺进行动态记录和管理,有效改善在历史传承中非遗档案资源的空缺,保障非遗档案的完整性。最后,通过数字技术实现钧瓷烧制技艺的知识产权保护。不同的传承人都有自己独特的技艺,如孔相卿的孔家钧窑、苗长强的苗家钧窑等生产的钧瓷都有不同的特点。此类非遗档案在被收集归档时,需要特别注重知识产权保护。对于在网上共享的钧瓷相关数字资源,可以将数字水印技术运用于这些无形的非物质文化遗产,证明版权归属,能够有效保护钧瓷档案的安全和完整性,同时也保障了钧瓷烧制技艺传承人的权益。

(二)应用数字化复原和再现技术支撑非遗档案的可靠性和真实性

钧瓷烧制技艺作为国家级非物质文化遗产,多是通过家族师徒传承模式进行传承。虽然地方政府从政策、财政等方面予以支持和保护,但其和许多非遗一样面临着传承难题,主要是因为其存在的文化空间越来越小。早期的钧瓷在日常生活中比较常见,有日用品如酒具、茶具、蜡烛台、鱼缸等,宗教用品如佛像、鼎、香炉等,装饰品如瓷板画、挂盘、钧瓷壁挂等,以及收藏品、纪念品

等。如今随着科技的发展、公众审美的变化以及外来文化的影响，公众更喜欢时尚、轻巧、科技感强的物品。钧瓷故而逐渐淡出公众视野，仅以收藏品、艺术品、纪念品等身份为部分受众所了解。据史料记载，历史上钧瓷曾有过六百年的传承断裂。因此流传下来的钧瓷相关资料不仅缺乏完整性和系统性，可靠性和真实性也有待考证。

数字化复原和再现技术包括 3D 技术、全息投影技术、数字化模拟技术、数字化仿真技术、逆向工程技术、数字化备份恢复技术等，可以多角度、全方位、全过程地记录钧瓷及其技艺档案的形成和流转，为钧瓷烧制技艺档案的可靠性和真实性提供有效支撑。相关人员可以借助 3D、数字化模拟、逆向工程等技术建立钧瓷原料加工、拉坯成型、配釉上釉等活态文化的可视化展示数据，通过实景重现，考证和完善钧瓷烧制技艺档案资料的真实与可靠。非遗的传承既需要坚守对非遗项目的本真性复原，又需要开拓对非遗项目的活态性创新。[①] 同时，传承主体在开展创新性传承时，可依据钧瓷烧制技艺数据库的数据对传承效果进行预设，使传承的来源逻辑清晰、有据可依，避免在创新过程中偏离传承路径。利用数字化技术对非遗的本真性复原或创新性传承，钧瓷烧制技艺数据库中的档案数据都为其提供了有效保障，同样，在复原和传承过程中数字化技术的运用也支撑着钧瓷烧制技艺档案的可靠性、真实性。

（三）应用数字化展示与传播技术增强非遗档案的可用性

保存非遗档案的目的就是利用，通过档案编研、开发等促进非遗文化的传播。非遗传播有别于一般的文化传播，世代相承的非遗传统提供了纵向持续绵延的传播惯性。[②] 即非遗的传播性是非遗传承的重要自然属性。从一定角度上来看，钧瓷烧制技艺档案的保存是一种静态保护，利用数字化技术增强其档案的可用性则是一种动态保护。例如，陕西历史博物馆采用数字化技术实现馆内文物的网络虚拟展示，并在三维模型左侧呈现器物的详细档案，通过对物化媒介进行档案解读，使用户全方位、深层次观看、了解器物，充分感受民族文化的魅力。国外非遗档案的数字化是主要的保护措施。各国的各类文化机构立足于自身馆藏，利用数字化技术对非遗档案进行编研，形成众多内容丰富、

---

① 黄雪萌：《数字化辅助梁平木版年画保护研究》，硕士学位论文，重庆大学，2018 年。

② 何华湘：《非物质文化遗产的传播研究——以女书为例》，科学出版社 2013 年版，第 29—167 页。

形态多样的非遗数字化产品。这些都为钧瓷烧制技艺档案的开发提供了很好的范例。

孟磊认为非遗的传播内容应包括:意识形态、生产方式、生活方式和文化空间。① 借此理论,钧瓷烧制技艺档案数字化展示与传播的内容主要有以下几个方面:一是关于钧瓷及其技艺意识形态的档案,包括历史发展、艺术特征、工艺价值等;二是关于钧瓷生产方式的档案,包括烧制过程、烧制工具等;三是关于钧瓷及其技艺生活方式的档案,包括钧瓷与当地人文、自然环境、经济、社会结构等要素之间的联系;四是关于钧瓷文化空间的档案,即进行钧瓷制作、交易、流通等的时间性和空间性场所。相关人员首先是通过数据库中的数据以及建模软件建立钧瓷模型,再结合钧瓷烧制技艺虚拟场景展示,对钧瓷烧制技艺的制作方式进行真实再现;其次是利用数字化技术将与钧瓷及其烧制技艺相关的文字档案、口述档案、视频档案等通过 APP、小程序等平台进行展示与传播;最后是采用无损伽马技术显示屏,配备智能传感器调节显示和智能光传感技术,结合人工智能将钧瓷烧制技艺完美展现,呈现钧瓷原有的质感。通过数字化展示与传播技术开发钧瓷烧制技艺档案,挖掘深层次价值,增强非遗档案的可用性,促进其在新时代的创新发展。

三、钧瓷烧制技艺数字档案资源建设与开发策略

(一)数据库建设支撑非遗档案动态记录与管理

数据库是非遗数字化保护的重要步骤,也是对非遗数字档案进行有效管理的基础。非遗数据库就是充分利用数字技术对非遗进行学术分类、信息化存储,建立科学管理数据的仓库,是我国非遗保护工作中档案资料和信息资源收集、管理、利用的主要手段和主流趋势。② 钧瓷烧制技艺数据库是以钧瓷及其技艺为载体,按照"资源内容、表现形式、技术水平、交互性能等用户需求"③,通过数字技术构建内容丰富多样、分类归档有序、便于搜索利用的档案数据库。数据库系统应由文本数据库、图像数据库、音频数据库、视频数据库

---

① 孟磊:《体验文化生态场景——非物质文化遗产馆的展示理念与运营模式》,南京大学出版社 2016 年版,第 107—113 页。

② 杨红:《档案部门与非物质文化遗产数据库建设》,《北京档案》2011 年第 3 期。

③ 马莉、方芳:《"互联网+"背景下非遗技艺的保护和传承应用研究——以芜湖铁画为例》,《电脑知识与技术》2020 年第 23 期。

等构成,对钧瓷烧制技艺档案进行全方位、立体化构建,从而能够更精准、更多样地记录和管理技艺档案信息。通过数据库系统,可以对钧瓷烧制技艺的传统纸质档案以及电子档案进行搜集、筛选、加工等,实现非遗档案在保存过程中的调整、修订、增补等动态管理。

数据库内容是数据库建设的核心。周耀林等人认为非遗档案主要包括三大部分:非遗本体档案、申报与保护工作中形成的档案、传承人档案。[①] 结合上述观点,钧瓷烧制技艺数据库内容应包括以下档案:钧瓷烧制技艺本体档案,包括钧瓷作品、制作工具、制作流程以及文化空间;钧瓷烧制技艺增补档案,即记录非遗申报和保护过程以及结果的档案等;钧瓷烧制技艺传承人档案,包括传承人基本信息、传承谱系与脉络、传承活动以及活动中形成的档案、代表作品等。如图 4-3 所示。

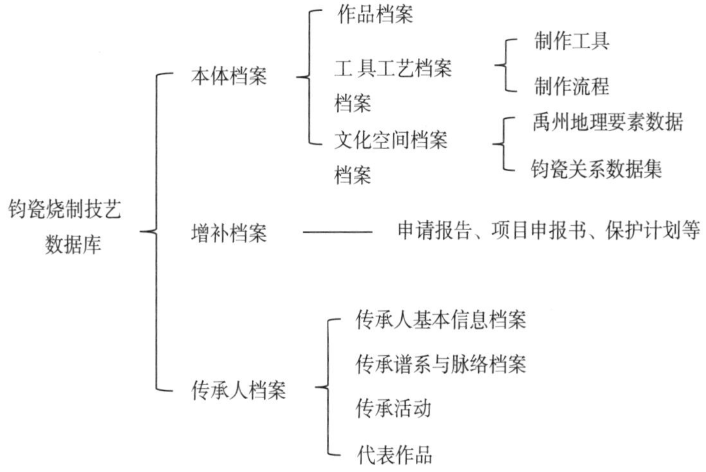

图 4-3　钧瓷烧制技艺数据库

(二)虚拟现实协助非遗档案创新性开发

虚拟现实,是一门综合性的学科技术,是一门交叉性强的实用型信息技术,它既拥有多媒体技术、多元图形学科的特点,同时又具备了人工智能和网络化特征,它是由电子计算机技术、电子信息工程技术、人体工程学、生物仿真

① 周耀林、戴旸、程齐凯:《非物质文化遗产档案管理理论与实践》,武汉大学出版社 2013 年版,第 83—127 页。

学等综合而成的,其主要的运用方式就是利用电子计算机的软件和硬件功能,为体验者构建出一个高度真实的数字化情境。① 目前,虚拟现实可分为沉浸式虚拟现实,简称 VR;增强现实,简称 AR;混合现实,简称 MR。三种形式都旨在推动虚拟空间与现实世界的互动,从而方便公众获取真实可靠的信息。目前,虚拟现实技术已有很多应用案例,非遗方面的如“云游故宫”、北京大学的“龙门石窟”数字化保护项目用虚拟现实技术完美再现龙门石窟的场景,浙江大学的敦煌莫高窟虚拟参观旅游系统、壁画临摹技术等。

虚拟现实对于非遗档案的开发利用具有很大的优势,其虚拟空间不受时间和空间的限制。使用者可以通过虚拟空间,全方位地了解非遗档案信息,并在仿真虚拟环境中完成档案的搜索、查找和利用,提升用户体验感。不仅节省了人力、时间等成本,同时也提高了档案利用的满意度。虚拟现实技术应用于钧瓷烧制技艺档案的开发利用,首先需要在对异构非遗档案数据整体描述的基础上进行实体建模,其次结合用户的各项认知与传感器单元,进行“实体—感知”关系映射,开发出具体的交互式感应功能,从而进行沉浸式场景模拟。② 借助虚拟现实技术开发钧瓷烧制技艺档案,可以实现档案的充分利用,使受众更加广泛,利用方式更加多元。

(三)短视频平台助力非遗档案多途径传播

移动互联网时代短视频平台已发展成为重要媒介,深刻影响着人们的日常生活。与传统媒体相比较,短视频平台传播速度更快、范围更广,可以促进非遗文化的全网传播。此外,短视频平台倡导用户参与,使内容生产者连接更多受众,建立互动网络,形成一种新的文化参与形式,有助于激活非遗原有的生命力。以快手为例,快手大数据研究院与快手非遗学院联合发布的《2020快手非遗生态报告》显示,截至 2020 年 12 月 31 日,快手国家级非遗项目覆盖率达 96.3%,1372 项国家级非遗项目中,快手涵盖 1321 项。通过快手直播,甚至解决了一些非遗传承人传承难、变现难的问题。由此可见,短视频平台在我国非遗保护工作中发挥着不可忽视的重要作用。非遗档案是优秀文化的重要载体,具有重要的历史价值、文化价值、经济价值和教育价值,其档案信息的

① 臧谷钰鑫:《虚拟现实技术在环境艺术设计中的运用》,《科技风》2021 年第 5 期。

② 程秀峰、张小龙、翟姗姗:《虚拟现实技术在非遗信息资源展示中的应用调查研究》,《数字图书馆论坛》2019 年第 1 期。

传播有利于增进公众对非遗的了解程度，有助于推动档案文化建设，增强国家和民族的文化自信。借助短视频平台的低门槛、易操作、互动性强等优势，开展钧瓷烧制技艺档案信息的多途径传播，以更加有趣的方式来让公众了解钧瓷文化，使钧瓷技艺的传承带有时代的烙印。

钧瓷短视频平台的内容构成和运营技巧是提高非遗档案信息传播效果的关键环节。在内容构成方面，首先选题要具有专业性、知识性、实用性，保证公众在进行碎片化浏览时能快速获得有价值的钧瓷档案信息；其次内容创造风格要轻松幽默，贴近公众生活，拉近与公众的距离，要将“硬知识”进行“软处理”，使钧瓷档案的呈现兼具实用性和趣味性；最后一定要做到“核心内容前置”，短视频的主要特点就是“短”，因此要在尽量短的时间内突出关键档案信息，将最重要、最精彩的内容快速呈现给公众，引发他们对钧瓷及其技艺的关注。在运营技巧方面，首先要保持高活跃度，即发布作品频率要高，保持较高的更新频率有利于提高账号的整体传播效果，这就要求短视频账号运营人员思维活跃、有较强的创新精神；其次要善于联系热点，通过热点事件展示自身，同时更要注重原创性、与自身关联度及内容整体质量；最后可以聚焦某类主题建立特色账号，如聚焦传承人档案主题，账号可以围绕传承人的传承脉络、传承活动等进行相关非遗档案信息的传播，同时要注意对传承人隐私的保护，相关信息的发布一定要征得传承人的同意或授权。

数字档案资源建设能够极大地推动钧瓷烧制技艺的保护与传承。数据库的建设，可以使钧瓷烧制技艺档案的保护更加系统化、完整化。虚拟现实技术的应用将打破地域与时空的限制，实现钧瓷烧制技艺档案的充分利用。短视频平台的运营，可以实现钧瓷烧制技艺档案信息的多途径传播，促进非遗文化的全网传播。随着我国社会主义建设事业新征程的开启，非遗数字档案资源建设与开发也进入重要时期。这是一项复杂的、开放的、可持续的长期工程，需要在相关部门的支持和指导下，社会多元力量协同参与，共同推动非遗数字档案资源建设工作的开展，激活中华文明的生命力，携手走向优秀传统文化的复兴。

结　　语

“夫源远者流长，根深者枝茂。”文化就像一条源远流长的河流，流过历史，流到今天，流向未来。非物质文化遗产作为文化遗产的重要组成部分，是国家的根基、民族的血脉，对于人类文化的发展与繁荣、国家和谐社会的建设、个人与族群的身份认同弥足珍贵，需要世世代代传承。

我国是四大文明古国中文明唯一得以延续的国家，在上下五千年文明的传承与发展中积累了丰富的非物质文化遗产。马克思的“两个尺度”思想认为价值是以主体尺度为尺度的主客体关系，非物质文化遗产的价值是其本身在与人类的相互关系中对人类的意义。一方面，与非物质文化遗产发生相互关系的主体是多元的，包括传承者、享用者、行政管理部门、文化事业部门乃至社会公众；另一方面，非物质文化遗产具有多重属性，如活态性、无形性、传承性、地域性、民间性、独特性等，因而能够满足人们的多种需求，这也就注定非物质文化遗产具有多维的、立体的价值体系。其中，档案价值是该价值体系中的一种具体价值形态，表现为满足主体在寻求凭证或参考等方面需求而具有的意义。如今现代工业的发展、全球经济一体化的蔓延、人口的迁移、旅游业的发展等在促进全球经济发展的同时，也使非物质文化遗产处于失存、失真、失传、失众的危险境地，研究、开发非物质文化遗产的档案价值，刻不容缓。

然而档案价值的实现同经济价值、教育价值的实现一样，必须依靠一定的外部条件才能实现。条件之一是要为非物质文化遗产资源建设档案资源，即通过为非物质文化遗产建档，并对档案进行收、藏、管、用，从而使其形成可利用的档案资源体系，只有这样才能使非物质遗产的档案价值由潜在状态变为显在状态。条件之二是将档案资源转化为社会资源，使非物质文化遗产形成档案资源，虽然有利于档案价值发挥，但毕竟受众有限，并且有可能导致这部分资源的僵化，必须将非物质文化遗产转化为社会资源，为公众无障碍利用创造条件，达到“取之于民、用之于民、惠之于民”的效果。

在以互联网、大数据、社交媒体为主要特征的现代社会里，非物质文化遗产档案资源的数字化建设成为寻求档案价值进一步开发、抓住时代脉搏的不二选择。实践证明，档案资源的数字化建设，是传统文化与现代技术的结合点，是非物质文化遗产强大生命力的内在要求及体现。数据库作为数据的集合，具有强大的数据存储和管理功能，笔者以中国非物质文化遗产网·中国非物质文化遗产数字博物馆为线索，访问了各省级非物质文化遗产网、福客民俗网以及一些专项非物质文化遗产网站共 28 个，在了解我国非物质文化遗产数据库建设情况的基础上，提出中国的非物质文化遗产数据库虽然数量不少，但不成体系，迫切需要建设全国非物质文化遗产档案数据库系统，据此初步构建了全国非物质文化遗产档案数据库系统的宏观结构，并提出各个构成部分的优化策略。

非物质文化遗产档案价值与开发研究是一项基础却极具挑战性的研究。虽然国内外已展开相关研究，但关联度不大，尤其是非物质文化遗产档案价值与开发本身是一个跨越非物质文化遗产、档案、计算机技术等多个领域的研究。由于笔者知识结构和论证水平有限，从选题到资料搜集、数据获取、难点突破等各个环节都面临着一定的困难，虽然在导师、同学、友人的群策群力下基本达到了研究的最初目标，但深知还存在一定的不足，需要在以后的学习和研究中继续深入。其一，与任何价值研究一样，非物质文化遗产的档案价值本身是一个颇具哲学含义的概念，尤其是非物质文化遗产是人类非常复杂的一种文化现象，表现形式多样，所表达的精神意义丰富，透过纷繁复杂的现象抓住其规律并透析其档案价值的全部内涵需要扎实的理论基础，尤其是哲学基础，由此看来，本书的分析可能略显单薄。其二，建设覆盖全国范围的非物质文化遗产档案数据库系统是一项需要全国联动的事业，能否实现不仅需要理论研究，更是需要标准、体制、制度的支撑，然而目前人们对档案价值的认知状态不高，档案界在非物质文化遗产保护中参与热情有余，力量不足，在全国非物质文化遗产保护工作部际联席会议中尚未取得一席之位，档案馆、图书馆、博物馆、文化馆等各文化事业机构在非物质文化遗产保护工作中都投入了大量的精力，但大多数分兵作战，单打独斗，没有有效的协作，因此构建全国非物质文化遗产档案数据库系统尚需一个过程。其三,各库是该系统的基本单元,虽然各库建设在技术上不存在困难,但按照统一规范来开发各个数据库,不仅需要统一的标准,更需要标准执行中资金、人力、法律法规等方面的支持,而这些恰恰都是非物质文化遗产保护研究中需要重点解决的问题。

参考文献

一、中文

(一)专著

[1][德]马克斯·韦伯:《社会科学方法论》,韩水法等译,中央编译出版社2002年版。

[2][美]彼得·德鲁克:《个人的管理》,沈国华译,上海财经大学出版社2003年版。

[3][法]莫里斯·哈布瓦赫:《论集体记忆》,毕然等译,上海人民出版社2002年版。

[4]吴宝康:《档案学理论与历史初探》,四川科学技术出版社1986年版。

[5]冯惠玲、张辑哲:《档案学概论》,中国人民大学出版社2006年版。

[6]丁海斌、方鸣、陈永生:《档案学概论》,辽宁大学出版社2012年版。

[7]张美芳、张松道:《文献遗产保护技术管理理论与实践》,吉林文史出版社2009年版。

[8]张斌:《档案价值论》,中央文献出版社2000年版。

[9]张斌:《新经济时代的企业档案管理》,中国档案出版社2007年版。

[10]王英玮:《档案文化论》,中国人民大学出版社1998年版。

[11]王立清:《信息检索教程》,中国人民大学出版社2008年版。

[12]马费成、宋恩梅:《信息管理学基础》,武汉大学出版社2011年版。

[13]冷伏海、徐跃权、冯璐:《信息组织概论》,科学出版社2008年版。

[14]周晓英:《信息组织与信息构建》,中国人民大学出版社2011年版。

[15]杨公之:《档案信息化建设实务》,中国档案出版社2003年版。

[16]周耀林:《非物质文化遗产档案管理理论与实践》,武汉大学出版社2013年版。

[17]李德顺:《价值论——一种主体性的研究》,中国人民大学出版社2013年版。

[18]王文章:《非物质文化遗产概论》,文化艺术出版社2006年版。

[19]杨红:《非物质文化遗产数字化研究》,社会科学文献出版社2014年版。

[20]康保成:《中国非物质文化遗产保护发展报告(2013)》,社会科学文献出版社2013年版。

[21]康保成:《中国非物质文化遗产保护发展报告(2012)》,社会科学文献出版社2012年版。

[22]康保成:《中国非物质文化遗产保护发展报告(2011)》,社会科学文献出版社2011年版。

[23]宋俊华:《中国非物质文化遗产保护发展报告(2014)》,社会科学文献出版社2014年版。

[24]钱永平:《UNESCO〈保护非物质文化遗产公约〉述论》,中山大学出版社2013年版。

[25]向云驹:《非物质文化遗产学博士课程录》,中华书局2013年版。

[26]李欣:《数字化保护:非物质文化遗产保护的新路向》,科学出版社2011年版。

[27]白庚胜:《文化遗产保护诠说》,宁夏人民出版社2010年版。

[28]周耀林:《可移动文化遗产保护策略》,北京图书馆出版社2006年版。

[29]中国人民大学博物馆、中国人民大学家书文化研究中心、抢救民间家书项目组委会:《打开尘封的记忆——中国民间手写家书图录展》,中国人民大学出版社2009年版。

[30]王姗、萨师煊:《数据库系统概论》,高等教育出版社2014年版。

[31]王姗、陈红:《数据库原理教程》,清华大学出版社2013年版。

[32]马莉:《非物质文化遗产与历史变迁中的地方社会》,人民出版社2011年版。

[33]中国民族民间文化保护工程国家中心:《中国民族民间文化保护工程普查工作手册》,文化艺术出版社2005年版。

[34]彭兆荣:《文化遗产学十讲》,云南教育出版社2012年版。

[35]何永斌、邹吉辉、李生军:《四川民族地区国家级非物质文化遗产》,四川大学出版社2009年版。

[36]张益民:《浦江方言内涵探究——回溯非物质文化遗产》,中国书籍出版社2013年版。

[37]朱祥贵等:《非物质文化遗产保护模式创新实证研究——以宜昌长阳土家族自治县为例》,厦门大学出版社2014年版。

[38]冯骥才:《漩涡里:1990—2013我的文化遗产保护史》,人民文学出版社2019年版。

[39]费孝通:《乡土中国》,北京大学出版社2012年版。

[40]周耀林:《非物质文化遗产档案资源建设"群体智慧模式"研究》,武汉大学出版社2020年版。

[41]夏三鳌:《非物质文化遗产数字化研究——以女书为例》,中国社会科学出版社2017年版。

[42][德]赫尔曼·哈肯:《大自然成功的奥秘:协同学》,凌复华译,上海译文出版社2016年版。

[43]骆毅:《走向协同——互联网时代社会治理的抉择》,华中科技大学出版社2017年版。

[44]向云驹:《非物质文化遗产的若干哲学问题及其他》,文化艺术出版社2017年版。

[45][美]埃雷兹·艾登等:《可视化未来:数据透视下的人文大趋势》,王彤彤等译,浙江人民出版社2015年版。

[46]戴旸:《中国非物质文化遗产建档标准体系研究》,中国社会科学出版社2019年版。

[47]余日季:《AR技术与非物质文化遗产数字化开发》,人民出版社2017年版。

[48]王历:《非物质文化遗产数字化》,法律出版社2019年版。

[49]彭冬梅:《非物质文化遗产数字化保护与传播研究:以剪纸艺术为例》,山东人民出版社2014年版。

[50]刘正宏:《非物质文化遗产数字化应用与教育化传承研究》,中国轻工业出版社2018年版。

（二）论文

[1]赵逵:《川盐古道上的传统聚落与建筑研究》,博士学位论文,华中科技大学,2007年。

[2]李豫闽:《闽南与台湾地区民间工艺调查研究》,博士学位论文,福建师范大学,2008年。

[3]黄梅:《云南傣族贝叶档案保护研究》,博士学位论文,云南大学,2010年。

[4]方允璋:《图书馆与非物质文化遗产》,硕士学位论文,武汉大学,2005年。

[5]覃美娟:《非物质文化遗产档案式保护研究》,硕士学位论文,广西民族大学,2007年。

[6]赵林林:《非物质文化遗产档案资源的管理、开发与利用》,硕士学位论文,山东大学,2007年。

[7]陈竹君:《非物质文化遗产档案研究》,硕士学位论文,安徽大学,2010年。

[8]董甜甜:《"非物质文化遗产"视角下大理白族特色档案的开发利用》,硕士学位论文,云南大学,2010年。

[9]王超:《论档案与社会记忆》,硕士学位论文,安徽大学,2011年。

[10]金文杰:《档案工作参与云南少数民族非物质文化遗产保护研究》,硕士学位论文,云南大学,2011年。

[11]汪俊:《档案在社会记忆建构过程中的作用研究》,硕士学位论文,安徽大学,2012年。

[12]储蕾:《非物质文化遗产档案化保护研究》,硕士学位论文,苏州大学,2012年。

[13]陈建:《非物质文化遗产档案展览研究》,硕士学位论文,山东大学,2012年。

[14]史星辰:《我国非物质文化遗产档案管理研究》,硕士学位论文,安徽大学,2013年。

[15]郑美云:《试论潍坊地区非物质文化遗产的档案化保护》,硕士学位论文,山东大学,2013年。

[16]黄蓝青:《徽州非物质文化遗产档案建设研究》,硕士学位论文,安徽大学,2013年。

[17]韩凤:《我国非物质文化遗产的档案式管理研究》,硕士学位论文,南昌大学,2013年。

[18]刘曼曼:《保定市非物质文化遗产的档案式保护探析》,硕士学位论文,河北大学,2013年。

[19]陈松山:《闽南地区非物质文化遗产档案保护研究——以闽南地区木偶戏档案保护为例》,硕士学位论文,厦门大学,2014年。

[20]魏娇:《档案式管理在非物质文化遗产保护中的应用研究》,硕士学位论文,湘潭大学,2014年。

[21]国健:《传统戏剧类非物质文化遗产档案管理研究》,硕士学位论文,山东大学,2014年。

[22]孙丽娜:《云南省佤族口述档案开发利用研究》,硕士学位论文,云南大学,2014年。

[23]张斌等:《档案价值与档案的价值》,《山西档案》1995年第2期。

[24]陈健:《关于数字化档案开发利用的探讨》,《浙江档案》2003年第6期。

[25]王向明:《论档案馆的功能》,《档案学通讯》2003年第6期。

[26]冯惠玲:《论档案馆的"亲民战略"》,《档案学研究》2005年第1期。

[27]戴廉:《非物质文化遗产保护的困惑》,《瞭望新闻周刊》2005年第30期。

[28]祁庆富:《论非物质文化遗产保护中的传承及传承人》,《西北民族研究》2006年第3期。

[29]蔡丰明:《中国非物质文化遗产的文化特征及其当代价值》,《上海交通大学学报(哲学社会科学版)》2006年第4期。

[30]黄胜进:《从"文化遗产"到"文化资本"——非物质文化遗产的内涵及其价值考察》,《青海民族研究》2006年第9期。

[31]覃凤琴:《从"非物质"到"外化物质再现"——非物质文化遗产档案式保护及其价值考察》,《档案与建设》2007年第10期。

[32]吴红、王天泉:《为流逝的文明建档》,《中国档案》2007年第2期。

[33]赵林林、王云庆:《非物质文化遗产档案的特征与意义》,《档案与建设》2007年第12期。

[34]邢素华:《音乐类非物质文化遗产的记录和存储》,《山东大学学报(哲学社会科学版)》2007年第4期。

[35]乌丙安:《非物质文化遗产的界定和认定的若干理论与实践问题》,《河南教育学院学报》2007年第1期。

[36]蔡群、任荣喜、邱望标:《贵州少数民族非物质文化遗产的数字化保护方法研究》,《贵州工业大学学报(自然科学版)》2007年第8期。

[37]彭林绪:《非物质文化遗产价值实现方式》,《湖北民族学院学报(哲学社会科学版)》2008年第2期。

[38]张斌、徐拥军:《档案事业:从"国家模式"到"社会模式"》,《中国档案》2008年第9期。

[39]仇壮丽、刘歌:《"女书档案"的征集、保护与开发研究》,《档案学研究》2008年第5期。

[40]孙大东:《非物质文化遗产的开发利用——以衍圣公府食事档案为例》,《中国档案》2008年第9期。

[41]张春珍:《对建立非物质文化遗产档案的思考》,《山西档案》2008年第1期增刊。

[42]柳霞:《非物质文化遗产资源数据库的建设》,《东岳论丛》2008年第6期。

[43]薛鹤婵:《非物质文化遗产档案及其管理》,《大众文艺(理论)》2009年第4期。

[44]李波:《让档案以特殊的方式记录历史——谈谈档案馆如何参与非物质文化遗产的保护》,《兰台世界》2009年第6期。

[45]雷国洪:《非物质文化遗产资源数据库建构:意义、研究现状及存在的问题》,《三峡文化研究》2009年第9期。

[46]仝艳锋:《档案的文物价值论》,《档案管理》2009年第2期。

[47]彭毅:《非物质文化遗产档案的数字化保护》,《档案与建设》2009年第1期。

[48]吴志峰:《基于运动捕捉技术的传统木偶戏数字化研究》,《艺苑》

2009 年第 9 期。

[49]徐艺乙、董静:《中国工艺美术的传承发展状况分析报告》,《南京艺术学院学报》2009 年第 5 期。

[50]孙展红:《浅谈非物质文化遗产档案管理》,《黑龙江档案》2009 年第 3 期。

[51]王建国:《基于图书馆保护“非遗”之文化现象激活吉林非物质文化遗产资源数据库的研究》,《内蒙古科技与经济》2009 年第 12 期。

[52]段运:《我国省级图书馆非物质文化遗产数据库建设现状与对策》,《图书馆学刊》2010 年第 6 期。

[53]王云霞:《文化遗产的概念与分类探析》,《文化遗产保护与管理》2010 年第 11 期。

[54]莫里生:《论中山市非物质文化遗产档案资源的开发》,《云南档案》2010 年第 3 期。

[55]张美芳:《国家记忆——加拿大国家档案馆珍藏》,《中国档案》2010 年第 9 期。

[56]王云庆、李许燕:《为非物质文化遗产传承人建档的路径探析》,《浙江档案》2011 年第 12 期。

[57]归吉官:《对档案价值与档案客体价值的再认识》,《档案》2011 年第 3 期。

[58]周耀林、程齐凯:《论基于群体智慧的非物质文化遗产档案管理体制的创新》,《信息资源管理学报》2011 年第 2 期。

[59]李姗姗、周耀林、戴旸:《非物质文化遗产信息资源档案式管理的瓶颈与突破》,《信息资源管理学报》2011 年第 3 期。

[60]陈祖芬:《非物质文化遗产档案管理主体研究——以妈祖信俗档案管理为例》,《档案学通讯》2011 年第 1 期。

[61]戴旸、周耀林:《论非物质文化遗产档案信息化建设的原则与方法》,《图书情报知识》2011 年第 5 期。

[62]韩英、章军杰:《论非物质文化遗产的档案资源开发》,《档案学通讯》2011 年第 5 期。

[63]张丁:《民间家书的抢救性征集与编研实践》,《民间文化论坛》2011

年第 2 期。

［64］吴品才、储蕾：《非物质文化遗产档案化式保护的理论基础》，《档案学通讯》2012 年第 5 期。

［65］王云庆、陈建：《非物质文化遗产档案展览研究》，《档案学通讯》2012 年第 4 期。

［66］陈祖芬：《妈祖信俗口述档案受访者及访谈提纲研究》，《档案学研究》2012 年第 1 期。

［67］汤建容：《武陵山区非物质文化遗产档案及其分类》，《兰台世界》2012 年第 29 期。

［68］李英：《非物质文化遗产档案的特点和建档原则》，《档案管理》2012 年第 1 期。

［69］孙康燕：《非物质文化遗产文件材料归档范围研究》，《兰台世界》2012 年第 2 期增刊。

［70］杨红：《非物质文化遗产档案管理法律政策背景研究》，《中国档案》2012 年第 12 期。

［71］张丁：《民间家书的定位及分类探析》，《山西档案》2012 年第 2 期。

［72］常杰、郑美云：《从〈非物质文化遗产法〉探析档案馆参与非遗保护之依据》，《山东档案》2012 年第 1 期。

［73］刘喜球：《基于湘西非物质文化遗产的数据库构建策略研究》，《现代情报》2012 年第 11 期。

［74］陈东华：《吉林省图书馆非物质文化遗产数据库建设研究》，《图书馆学研究》2012 年第 23 期。

［75］韩凤：《江西非物质文化遗产档案信息开发研究》，《兰台世界》2013 年第 10 期。

［76］陈心杰：《探索真实的文化属性——以河北高庄村“音乐会”为例》，《人民音乐》2013 年第 7 期。

［77］徐拥军、王薇：《美国、日本和台湾地区文化遗产档案数据库资源建设的经验借鉴》，《档案学通讯》2013 年第 5 期。

［78］王云庆、樊树娟：《谈非物质文化遗产档案管理的主体与客体》，《山东艺术学院学报》2013 年第 4 期。

[79]刘敏:《谈非物质文化遗产档案管理工作——以德江傩堂戏为例》,《陕西档案》2013年第5期。

[80]卓颐:《基于数字化技术的音乐类非物质文化遗产保护策略》,《长春师范学院学报(人文社会科学版)》2013年第6期。

[81]李学孺:《玉溪市非物质文化遗产的数字化保护》,《玉溪师范学院学报》2013年第9期。

[82]徐欣云:《非物质文化遗产档案式保护中的"新来源观"研究》,《档案学通讯》2013年第5期。

[83]王巧玲、孙爱萍:《非物质文化遗产档案工作相关主体分析》,《山西档案》2013年第2期。

[84]赵爱国、刘磊:《电影的档案价值探析》,《档案学通讯》2013年第3期。

[85]陈玉萍、徐拥军:《非物质文化遗产档案管理制度建设》,《兰台世界》2014年第5期。

[86]叶鹏、周耀林:《论我国非物质文化遗产档案元数据的创立思路与语意标准》,《忻州师范学院学报》2014年第2期。

[87]毛灵芳:《老字号企业档案的价值探析》,《中国档案》2014年第2期。

[88]单晓维:《谈非物质文化遗产档案文化价值的实现》,《兰台世界》2014年第35期。

[89]王水维、许苏明:《非物质文化遗产价值生成机制研究》,《艺术百家》2014年第5期。

[90]戴旸:《应然与实然:对我国非物质文化遗产建档主体的思考》,《档案学通讯》2014年第4期。

[91]常凌翀:《互联网时代西藏非物质文化遗产的数字化传播路径》,《中央民族大学学报(哲学社会科学版)》2014年第3期。

[92]尧舜:《论湖南非物质文化遗产数据库建设》,《农业图书情报学刊》2014年第9期。

[93]王巧玲、孙爱萍、陈考考:《档案部门参与非物质文化遗产保护工作的现状及对策研究》,《北京档案》2015年第1期。

[94]张美芳:《中美图书档案修复高等教育的对比研究》,《大学图书馆学

报》2015 年第 1 期。

[95]张美芳:《基于文化记忆与社会记忆的历史档案装帧工艺的传承》,《档案学通讯》2015 年第 1 期。

[96]冯丽、戴旸:《Web2.0 技术下我国非物质文化遗产建档保护促进研究》,《北京档案》2015 年第 5 期。

[97]陈新宇、牛熠、邓毓博、杨裔:《基于体感识别的非物质文化遗产数字化交互技术》,《甘肃科学学报》2015 年第 2 期。

[98]马芸馨:《国外非物质文化遗产建档实践》,《兰台世界》2015 年第 3 期。

[99]王明月:《非物质文化遗产保护的数字化风险与路径反思》,《文化遗产》2015 年第 3 期。

[100]张旭:《非物质文化遗产的数字化展示媒介研究》,《包装工程》2015 年第 5 期。

[101]李雪霞:《数字创意背景下非物质文化遗产档案保护研究》,《档案管理》2019 年第 6 期。

[102]倪晓春、张蓉:《关于非物质文化遗产档案数字资源库建设的思考》,《档案学通讯》2017 年第 2 期。

[103]褚缨:《挖掘整理非物质文化遗产档案的思考——以柘荣剪纸为例》,《财富时代》2020 年第 12 期。

[104]赵跃:《新时期档案机构参与非遗保护的反思与再定位》,《档案学通讯》2020 年第 2 期。

[105]邓抒扬、许旸:《非物质文化遗产雕版印刷技艺的数字化保护研究》,《出版广角》2019 年第 20 期。

[106]戴旸:《非物质文化遗产建档标准的建设:国外经验与中国对策》,《档案学通讯》2016 年第 6 期。

[107]黄玉婧、刘为:《傈僳族国家级非物质文化遗产建档保护研究》,《档案管理》2017 年第 2 期。

[108]王海弘:《非物质文化遗产档案的凋零与繁荣——基于旅游发展视角》,《档案学通讯》2015 年第 6 期。

[109]仇兵奎、许子婵:《非物质文化遗产生产性保护的生成逻辑与实践

模式》,《晋中学院学报》2021 年第 5 期。

[110]曾晶芳等:《新媒体视域下非遗文化传承创新路径探究》,《传媒论坛》2021 年第 20 期。

[111]张举文:《从实践概念“非物质文化遗产”到学科概念“文化遗产”的转向》,《民俗研究》2021 年第 5 期。

[112]冯莉:《中国保护非物质文化遗产“建档”实践与理论探索——以〈中国唐卡文化档案〉项目为例》,《中央民族大学学报(哲学社会科学版)》2021 年第 3 期。

[113]李希、王巧玲:《知识管理在非物质文化遗产档案领域的应用探析》,《北京档案》2021 年第 3 期。

[114]莫灿:《民间美术类非物质文化遗产档案管理研究》,《档案管理》2020 年第 4 期。

[115]陈义德:《非物质文化遗产档案保护研究述评》,《档案管理》2020 年第 3 期。

[116]黄华:《民间戏剧类非物质文化遗产档案管理模式研究》,《档案管理》2020 年第 1 期。

[117]王箐:《基于区块链技术的非物质文化遗产档案管理优化探析》,《北京档案》2018 年第 10 期。

[118]刘婧:《非物质文化遗产档案信息传播调查研究》,《浙江档案》2018 年第 9 期。

[119]谢海洋:《档案学语境下直隶非物质文化遗产数字化保护与传播策略研究》,《档案学研究》2018 年第 4 期。

[120]陈智慧:《基于档案多元理念的非物质文化遗产档案化管理研究》,《中国档案》2018 年第 5 期。

[121]韩双:《非物质文化遗产保护视角下的口述档案研究》,《档案管理》2017 年第 5 期。

[122]肖文建、黎杜:《非物质文化遗产档案长久保存策略》,《档案学研究》2017 年第 3 期。

[123]腾春娥:《档案记忆观视角下的档案与非物质文化遗产功能互动研究》,《档案管理》2017 年第 1 期。

（三）其他

［1］中国社会科学院语言研究所词典编辑室：《现代汉语词典》，商务印书馆 1994 年版。

［2］联合国教科文组织世界遗产中心、国际古迹遗址理事会、国际文物保护与修复研究中心、中国国家文物局：《国际文化遗产保护文件选编》，文物出版社 2007 年版。

［3］联合国教科文组织（UNESCO）：《保护非物质文化遗产公约》，2003 年 10 月 17 日。

［4］中华人民共和国第十一届全国人民代表大会常务委员会第十九次会议：《中华人民共和国非物质文化遗产法》，2011 年 2 月 25 日。

［5］中华人民共和国中央人民政府：《关于加强我国非物质文化遗产保护工作的意见》，2015 年 8 月 15 日，见 http://www.gov.cn/zwgk/2005-08/15/content_21681.htm。

［6］中国人大网：《保护非物质文化遗产公约》，2003 年 10 月 17 日，见 www.npc.gov.cn。

［7］中国记忆项目实验网站：《中国记忆项目简介》，2020 年 10 月 22 日，见 http://www.nlc.cn/cmptest/int/。

［8］人民网：《宋徽宗曾封一兽医为广禅侯，故事已成陕西非遗》，2015 年 6 月 30 日，见 http://culture.people.com.cn/2015-06/30/。

［9］上海档案信息网：《对“城市记忆工程”的考察和思考》，2015 年 9 月 10 日，见 http://www.archives.sh.cn/shjy/shzg/201203/t20120313_9195.html。

［10］中国文明网：《保护文化遗产是我们共同的责任》，2015 年 1 月 8 日，见 http://www.wenming.cn/wmpl_pd/yczl/201501/t20150108_2390674.shtml。

［11］中华人民共和国国家档案局：《国家档案局关于印发〈国家基本专业档案目录（第一批）〉的通知》，2015 年 9 月 9 日，见 https://www.saac.gov.cn/daj/tzgg/201110/30c616a02615425dbbe8b5a3ce2fddec.shtml。

［12］中国非物质文化遗产网、中国非物质文化遗产数字博物馆：《〈半月谈〉特稿：非物质文化遗产代表性传承人调查》，2015 年 9 月 30 日，见 http://www.ihchina.cnarticle/index/detail? id=8229。

［13］中国图书馆分类法：中图分类号查询，2015 年 10 月 20 日，见

http://www.ztflh.com/。

二、英文

(一)专著

[1] Yehudda E. Kalay, Thomas Kvan, Janice Affleck, *New Heritage: New Media and Cultural Heritage*, New York: Routledge, 2008.

[2] Beth Simone Noveck, *Wiki Government: How Technology Can Make Government Better, Democracy Stronger and Citizens More Powerful*, Washington DC: Brookings Institution Press, 2009.

[3] Burns, N., Schlozman, K.L., Verba S., *The Private Roots of Public Action: Gender, Equality, and Political Participation*, Cambridge, Ma: Harvard University Press, 2001.

[4] Gant, J., Turner-Lee, N., *Government Transparency: Six Strategies for More Open and Participatory Government*, Washington DC: The Aspen Institute, 2011.

[5] Sparks, C., *The Internet and the Global Public Sphere*//Bennett, L.W., Entman, R.M., *Mediated Politics: Communication in the Future of Democracy*, Cambridge: Cambridge University Press, 2001.

[6] Michelle L.Stefano, Peter Davis, Gerard Corsane, *Safeguarding Intangible Cultural Heritage: Touching the Intangible*, UK: The Boydell & Brewer Inc., 2012.

[7] Artese, M.T., Gagliardi, I., *Cataloging Intangible Cultural Heritage on the Web//Progress in Cultural Heritage Preservation*, Heidelberg Springer Berlin Heidelberg, 2012.

[8] Page, S. E. The Difference: *How the Power of Diversity Creates Better Groups, Firms, Schools, and Societies*, Princeton, New Jersey: Princeton University Press, 2008.

(二)论文

[1] Kolovos Andy, "Archiving Culture: American Folklore Archives in Theory and Practice", Indiana University, 2010.

[2] Chiranthi Wijesundara, Shigeo Sugimoto, "Metadata Model for Organizing Digital Archives of Tangible and Intangible Cultural Heritage, and Linking Cultural Heritage Information in Digital Space", *Libres: Library and Information Science Re-*

search e-Journal, Vol.28, No.2, 2018, pp.58–80.

[3] "A Study on the Construction and Utilization of Digital Archives for Intangible Cultural Heritage in Korea", *Journal of the Korean Biblia Society for Library and Information Science*, Vol.27, No.2, 2016, pp.95–134

[4] Karampampas Panas, "(Re) inventing Intangible Cultural Heritage through the Market in Greece", *International Journal of Heritage Studies*, Vol.27, No.6, 2021, pp.654–667.

[5] Debarbieux Bernard, Munz Hervé Antoine, "Scaling Heritage: The Construction of Scales in the Submission Process of Alpinism to UNESCO's Intangible Cultural Heritage List", *International Journal of Heritage Studies*, Vol.25, No.12, 2019, pp.1248–1262.

[6] Eichler Jessika, "Intangible Cultural Heritage, Inequalities and Participation: Who Decides on Heritage?" *The International Journal of Human Rights*, Vol.25, No.5, 2021, pp.793–814.

[7] Maria Katelieva, Andreas Muhar, Marianne Penker, "Nature-related Knowledge as Intangible Cultural Heritage: Safeguarding and Tourism Utilisation in Austria", *Journal of Tourism and Cultural Change*, Vol. 18, No. 6, 2019, pp. 673–689.

[8] Toji Simone, "Whose Intangible Cultural Heritage? Cowboy Culture, Heritage Self-determination and the Expression of a Divided Nation in the Context of Populist Politics in Brazil", *International Journal of Heritage Studies*, Vol.27, No.9, 2021, pp.846–856.

[9] Yan Wenjie, Chiou Shangchia, "The Safeguarding of Intangible Cultural Heritage from the Perspective of Civic Participation: The Informal Education of Chinese Embroidery Handicrafts", *Sustainability*, Vol. 13, No. 9, 2021, pp. 4958–4958.

[10] Lan E. Wilson, "Information, Knowledge, and the Role of Archives", *Canadian Journal of Information and Library Science*, Vol.25, No.1, 2000, pp.19–34.

[11] Richard Kurin, "Safeguarding Intangible Cultural Heritage in the 2003 UNESCO Convention: A Critical Appraisal", *Museum International*, Vol. 56,

No.1-2,2004,pp.66-77.

[12]John Miles Foley,"From Oral Performance to Paper-Text to Cyber-Edition",*Oral Tradition*,Vol.20,No.2,2005,p.233.

[13]Bellagamba,Alice,"Before It Is Too Late:Constructing an Archive of Oral Sources and a National Museum in Independent Gambia",*Africa Today*,Vol.52,No.4,2006,pp.28-52,154.

[14]Zhang Dongjie,De Xin,Lao Shifu,Wang Xiaoxiong,"Should Feng Shui Be Recognized as an Intangible Cultural Heritage?"*Beijing Review*,No.9,2007,pp.46-47.

[15] Pigliasco, Guido Carlo, " Intangible Cultural Property, Tangible Databases,Visible Debates:The Sawau Project",*Intangible Journal of Cultural Property*,Vol.16,No.3,2009,pp.255-272.

[16] Cristina, Garduño, Freeman, " Photosharing on Flickr: Intangible Heritage and Emergent Publics",*International Journal of Heritage Studies*,Vol.16,Nos.4-5,2010,pp.352-368.

[17]Lenzerini,Federico,"Intangible Cultural Heritage:The Living Culture of Peoples",*European Journal of International Law*,Vol.22,No.1,2011,pp.101-120.

[18] Kim, Hee-Euu, " Changing Climate, Changing Culture: Adding the Climate Change Dimension to the Protection of Intangible Cultural Heritage",*International Journal of Cultural Property*,Vol.18,No.3,2011,pp.259-290.

[19]Fernando G.Alberti,Jessica D.Giusti,"Cultural Heritage,Tourism and Regional Competitiveness:The Motor Valley",*City*,*Culture and Society*,Vol.3,No.4,2012,pp.261-273.

[20]Xiao Xiguo,Yang Li,Qin Zhang,"Analysis of the Characteristics of Intangible Cultural Heritage Changli to Yangko",*Proceedings of the 2nd International Conference on Green Communications and Networks*,Vol.5,2012,pp.181-185.

[21] McCardwell, K., " Intangible Heritage and the Museum: New Perspectives on Cultural Preservationg",*Choice*,Vol.116,No.4,2013,p.923.

[22]Cho,Hyojung,"Fermentation of Intangible Cultural Heritage:Interpretation of Kimchi in Museum",*Museum Management and Curatorship*,Vol.28,No.2,

2013,p.209.

[23] Nicole Ferdinand, Nigel L. Williams, "International Festivals as Experience Production Systems", *Tourism Management*, Vol.34, 2013, pp.202-210.

[24] Sheenagh Pietrobruno, "Between Narratives and Lists: Performing Digital Intangible Heritagethrough Global Media", *International Journal of Heritage Studies*, Vol.20, Nos.7-8, 2014, pp.742-759.

[25] Juarez, Gerardo Fernandez, "A Threatened Sanctuary: Pachjiri Hill (Bolivia) and its Preservation an Intangible Cultural Heritage by UNESCO", *Revista de Antropologia Social*, Vol.23, 2014, pp.137-156.

[26] Li Wei, Wang Xiaojun, "On the Countermeasures for the Educational Inheritance of the Intangible Cultural Heritages of the Man Ethnic Group: Taking Liaoning Province as an Example", *Cross-Cultural Communication*, Vol. 11, No. 3, 2015, pp.1-6.

[27] Yalcinkaya, Elvan, "Creative Drama Study about Intangible Cultural Heritage: Turkish Wedding traditions", *Creative Education*, Vol.6, No.1, 2015, pp. 22-31.

[28] Dachlan, Rangga, "Indonesia's Implementation of Inventory Obligation under UNESCO's Intangible Cultural Heritage Convention: Problems in the Online Inventories", *International Journal of Cultural Property*, Vol.22, No.1, 2015, pp. 131-151.

（三）其他

[1] Library and Archives Canada, "Library and Archives Canada: Aboriginal Heritage", 2018-02-25, http://www.bac-lac.gc.ca/eng/discover/aboriginal-heritage/Pages/introduction.aspx.

[2] International Council on Archives, "Universal Declaration on Archives", 2015-12-23, Universal Declaration on Archives | International Council on Archives (ica.org).

[3] International Council on Archives, "What are Archives?", 2020-05-15, What are archives? | International Council on Archives (ica.org).

[4] UNESCO, "New Study: How UNESCO's World Heritage Forests Play a

Vital Role in Mitigating Climate Change”,2021-10-25.

[5] The National Archives and Records Administration, “Reformatting Approaches Based on Original Record Type”, 2020-08-05, Digitization Services Products and Services(archives.gov).

[6] The National Archives and Records Administration, “Citizen Archivist Dashboard”,2017-11-03,Citizen Archivist | National Archives.

[7] The National Archives and Records Administration, “Strategic Plan 2018-2022”,2019-03-24,Strategic Plan 2018-2022 | National Archives.

[8] UNESCO, “UNESCO General Conference: Landmark Global Agreements Expected on Artificial Intelligence and Open Science as the Agency Celebrates Its 75th Anniversary”,2021-11-01.

[9] United Nations Educational, Scientific and Cultural Organization, “Text of the Convention for the Safeguarding of the Intangible Cultural Heritage”, 2019-03-28.

[10] United Nations Educational, Scientific and Cultural Organization, “Living Heritage and Indigenous Peoples”,2020-10-23.Living Heritage and Indigenous Peoples-intangible Heritage-Culture Sector-UNESCO.

[11] United Nations Educational, Scientific and Cultural Organization, “Ethics and Intangible Cultural Heritage”, 2020-10-23, Ethics and Intangible Cultural Heritage-intangible Heritage-Culture Sector-UNESCO.

[12] United Nations Educational, Scientific and Cultural Organization, “Dive into Intangible Cultural Heritage!”, 2020-10-23, Dive into Intangible Cultural Heritage-intangible Heritage-Culture Sector-UNESCO.

[13] United Nations Educational, Scientific and Cultural Organization, “Living Heritage and the COVID-19 Pandemic: Responding, Recovering and Building Back for a Better Future”,2021-10-25.

[14] United Nations Educational, Scientific and Cultural Organization, “Community-based Inventorying of Intangible Heritage in Urban Areas”,2021-10-25, Community-based Inventorying of Intangible Heritage in Urban Areas-Intangible Heritage-Culture Sector-UNESCO.

后　　记

本书是在我博士学位论文的基础上，经过不断地更新、深入、完善而成的。如今犹记得博士学位论文写作时百思不得其解的困顿、柳暗花明又一村的欣喜，论文完成时的高兴与欣慰。求学路上，体会到了浓浓的亲情、友情和爱情，没有老师、朋友、同学、家人的支持，本书的写作是不可能完成的，在此对所有帮助和支持过我的人道一声感谢！

首先要感谢恩师张美芳教授，论文从选题到定稿，都得到了她的悉心指导。论文初期选题时，张老师以其极强的科研能力和社会责任感对选题给予了充分肯定，这是我坚持此项研究的最大动力。写作期间，不仅在写作视角、研究规范等方面给予指导，甚至还提供论文的参考资料，这让我觉得论文写作不再是孤军奋战。犹记得毕业那年，我万般不舍地向老师告别，老师真诚地说“根已扎下，随时回来”，一句话让我内心踏实、平静了很多。是啊，博士毕业是一个结束，也是一个开始，有老师如此，何其幸也。多年来，张老师是良师，也是益友，她渊博的学识、勤勉的品格、严谨的作风、低调谦和的态度时时感染着我，我将张老师视为榜样并带着她的嘱托和期盼继续前行。在求学路上能遇到张老师，实乃三生有幸！感谢二字，实在不足以表达感激之情，我一定不负老师厚望，会带着她的嘱托和期盼继续前行。

中国人民大学是一个令人神往的地方，读博时的三年美好时光历历在目，中国人民大学信息资源管理学院档案学专业老师们的指导让我终身受益。感谢温文尔雅、学术渊博的张斌教授，优雅智慧的冯惠玲教授，充满思辨与创新精神的胡鸿杰教授，风趣幽默、循循善诱的王瑛玮教授，优雅干练的刘越男教授，感谢各位老师的大力支持和无私帮助。感谢中国人民大学博物馆家书研究中心张丁主任、武汉大学信息管理学院周耀林教授为研究提出的宝贵意见和提供的大力支持。感谢本书引用和参考的文献作者！

感谢非遗的“守护神们”，是他们的坚守才让我们有机会领略传统文化的精彩。在论文写作过程中，访谈、调研了多位传承人，深深地被他们的责任感和使命感所震撼，白肉罩火烧加工技艺的传承人李师傅用最朴素的语言道出了大多数传承者的心声：“文化传承不能有一丁点的私心杂念”，“不能让这项传统在我们这一代断档，要给我们的子孙后代留下点念想”。谈到动情处，老人闪烁的泪光和郑重的嘱托都赋予我坚持下去的动力。我深知博士论文只是一个开端，非遗保护这条路崎岖漫长，但非遗保护是当代人义不容辞的责任！

感谢河北大学 2013 级档案学博士班的同学，大家一起度过的快乐时光必将是我一生的宝贵财富！

感谢我挚爱的家人——我的父母、丈夫和孩子，他们的悉心照顾和全力支持，他们每一次爱的拥抱和肯定的眼神，使我能全身心地投入学习，没有后顾之忧。在此将这份成就与喜悦与他们共享！

在写作过程中，我深深体会到了“书山有路勤为径，学海无涯苦作舟”的真谛，也深知未来的学习和研究还有很长的路要走。2016 年，博士学位论文答辩通过以后，我依然保持对本主题的密切关注，并在此基础上进行了多角度的深入探索，特别是非物质文化遗产档案化保护的公众参与、数据库系统建设与数字平台建设、档案资源质量控制等问题，并完成了多篇论文对研究的过程和内容进行梳理，包括《公众参与非遗档案化保护的 SWOT 分析及优化策略》（《山西档案》2017 年第 4 期）、《我国非物质文化遗产档案资源数据库系统建设研究》（《浙江档案》2017 年第 6 期）、《饮食技艺类非物质文化遗产档案式保护探析》（《北京档案》2017 年第 7 期）、《“后申遗时代”非遗档案化保护的公众参与研究》（《档案与建设》2018 年第 8 期）、《我国档案众包质量控制探析》（《档案学通讯》2019 年第 3 期）、《省级档案网站参与非物质文化遗产档案信息传播的研究》（《浙江档案》2019 年第 5 期）等。

本书的撰写，汇集了太多人的智慧和力量，再次向给予无私支持的同行、师长、同学们道声感谢！

尽管撰写过程已竭尽全力，一方面，增加众多案例使内容尽量生动、有趣、易理解；另一方面，动态跟踪了解非物质文化遗产保护领域和档案学的最新研究成果并适当吸纳,但由于能力和水平有限,难免存在一些欠妥之处,恳请专家学者多多批评指正。

锅艳玲

2021 年 7 月于河北保定

责任编辑：刘海静
责任校对：张红霞

图书在版编目(CIP)数据

非物质文化遗产的档案价值与开发研究/锅艳玲 著. —北京：人民出版社，2022.4

ISBN 978-7-01-024587-4

Ⅰ.①非… Ⅱ.①锅… Ⅲ.①非物质文化遗产-档案-管理-研究-中国 Ⅳ.①G279.2②G122

中国版本图书馆 CIP 数据核字(2022)第 032274 号

非物质文化遗产的档案价值与开发研究

FEI WUZHI WENHUA YICHAN DE DANG'AN JIAZHI YU KAIFA YANJIU

锅艳玲 著

人民出版社 出版发行
(100706 北京市东城区隆福寺街 99 号)

中煤(北京)印务有限公司印刷 新华书店经销

2022 年 4 月第 1 版 2022 年 4 月北京第 1 次印刷
开本:710 毫米×1000 毫米 1/16 印张:12.75
字数:208 千字

ISBN 978-7-01-024587-4 定价:69.00 元

邮购地址 100706 北京市东城区隆福寺街 99 号
人民东方图书销售中心 电话 (010)65250042 65289539